全国监理工程师执业资格考试辅导与实战训练

建设工程投资控制

(2012年版)

王清祥　主编
王肖一　王双增　副主编

中国建筑工业出版社

图书在版编目(CIP)数据

建设工程投资控制(2012年版)/王清祥主编.—北京：中国建筑工业出版社，2012.1
(全国监理工程师执业资格考试辅导与实战训练)
ISBN 978-7-112-12770-2

Ⅰ.①建… Ⅱ.①王… Ⅲ.①基本建设投资—控制—工程技术人员—资格考核—自学参考资料 Ⅳ.①F283

中国版本图书馆CIP数据核字(2010)第254949号

本书是《全国监理工程师执业资格考试辅导与实战训练》(2012年版)丛书之一，根据全国监理工程师执业资格考试大纲和教材编写而成，对考纲进行详细分解，精选典型考生答疑，依考试难点、重点进行例题解析，每章均提供大量实战练习题，书后附有模拟试卷，全书注重考试辅导和实战训练的双重功效，可作为监理工程师考试考生的应试参考。

*　*　*

责任编辑：封　毅　岳建光
责任校对：王雪竹

全国监理工程师执业资格考试辅导与实战训练
建设工程投资控制
(2012年版)

王清祥　主编
王肖一　王双增　副主编

*

中国建筑工业出版社出版、发行(北京西郊百万庄)
各地新华书店、建筑书店经销
北京天成排版公司制版
北京市密东印刷有限公司印刷

*

开本：787×1092毫米　1/16　印张：15　字数：365千字
2011年1月第一版　2011年12月第二次印刷
定价：37.00元
ISBN 978-7-112-12770-2
(21696)

版权所有　翻印必究
如有印装质量问题，可寄本社退换
(邮政编码　100037)

本书编委会

主　　　　编： 王清祥

副　主　编： 王肖一　王双增

编委会成员： 王双增　王清祥　孙玉保　柏立岗　贾彦芳
　　　　　　　付庆红　刘秉禄　张文英　赵海江　郝彬彬
　　　　　　　陈宝华　孙国宏　冀景武　张南妹　王炳福
　　　　　　　张福建　王自宇　耿文慧　贾彦格　申玉辰
　　　　　　　乔玉辉　游杜平　何云涛　郭　涛　郑海滨
　　　　　　　邱密桓　李　丹　韩　猛　来　茜　刘　鑫

前 言

随着我国通过投资拉动内需政策的实施，固定资产投资亦呈现快速增长趋势，工程监理人员的需求量也越来越大。

建设工程监理考试相对来说难度不算很大，但是要求从业人员素质高。考试的四个科目综合考核了应考人员对建设工程监理基本概念、基本原理、基本程序和基本方法的掌握程度，检验应考人员灵活应用所学知识解决监理工作实际问题的能力。特别要求应考人员具有综合分析、推理判断等能力。

考试虽然分为四个科目，但是考试用的教材却分为六本，其中案例考试没有考试用书，需要我们自己对其他科目总结归纳。为方便大家有针对性的学习，本套辅导书共有六册，分别对应《建设工程监理概论》（含《建设工程信息管理》）、《建设工程合同管理》、《建设工程质量管理》、《建设工程投资管理》、《建设工程进度管理》、《建设工程监理案例分析》。这样设置，方便了大家针对不同知识点学习，尤其是有了案例分析专册，更是有利于仅仅考一门案例的考生学习。

本辅导书的编写思想是：站在考生的立场上，面向广大工程技术人员，力争通俗易懂、说理透彻、理清原理，灵活应用，便于记忆。本套书不仅理清了每章每节思路，还对考试大纲进行了细化，并具体到将每个知识点的把握程度、相互关联解释清楚，以应对考试难题。

在本书编写过程中，我们认真分析考生的复习过程发现，大部分考生的问题总是产生在学习的过程中的。开始看书时不会有过多的疑问，即使有，也是肤浅的，大多数疑问很快就会在下面的学习里得到解决。但是，随着知识的进一步把握，就会有新的问题产生，这些问题往往就显得比较综合，这些问题如果得不到解决就会影响到理解和记忆，并进一步妨碍考生应用知识解决问题的能力，严重的还会使考生的知识体系处于一种逻辑混乱状态。而考试，往往是以考察对知识的综合掌握和应用为目的的。考过其他注册考试的同志都有类似的感觉，某些选项，好像对，又好像不对，在犹豫间时间过去了。在案例考试中，这一现象尤其突出，看到题，似曾相识，又不知从何答起。有时即使答出来，往往还是不对。这也是有些同志出了考场，自我感觉良好，等成绩出来却大失所望的原因。

通过辅导和与学员的交流，我们意识到，答疑解惑是很重要的环节，本辅导书在理清原理思路，对考试大纲进行细化，并具体到知识点的把握程度的基础上，还兼具另一个特点，那就是：答疑解惑！我们总结了在之前几年的辅导过程中考生提出问题较多的地方，针对典型的问题进行详细的解答，力争使考生在学习和复习的过程中所遇到的大多数问题都能在辅导书里得到解释，在典型问题解释中，力争用通俗易懂的事例说明教材中较专业的晦涩难懂的说法，使考生能够既知其然，也知其所以然，达到理解记忆的目的，更好地应对考试。在本书中有些答疑的内容超出了教材，有的也不是特别严密，主要是出于帮助大家理解的思路上作出的，希望大家不要深究。

对于教材的学习，建议大家对各类方法、公式，要从以下几个方面入手：

1. 做法、特点、优缺点、适用条件、不适用场合；

2. 原理和不同角度的含义；

3. 计算公式，包括单位、系数的取值范围、字母所代表概念的准确含义；

4. 结果判断标准和方法。做法、特点和原理决定了优缺点及其适用范围的同时也决定了结果的判断。

最后，我想告诉大家"机会永远是给有准备的人准备的"。希望大家做好准备工作，从广度和深度上把握大纲和教材。学习也是有三个层次，按照武侠小说作家金庸大师所说的，先要做到"手中有剑"然后升华到"心中有剑"，最后是炉火纯青，达到"心中无剑"的地步。希望我们大家到考试的时候，都能到达炉火纯青、"心中无剑"的地步并顺利地通过考试。

本套辅导书在编辑过程里参考了许多资料，在这里一并向原作者致谢。

由于作者水平有限，本书中难免会有疏漏和不当之处，希望读者给予原谅，也请读者不吝赐教，予以指正，在这里预先表示感谢。联系邮箱：ZXGCS@163.com。

最后，预祝大家都能顺利通过考试！

目 录

第一章 建设工程投资控制概述 ································· 1
 考纲分解 ································· 1
 重要考点 ································· 2
 答疑解析 ································· 2
 例题解析 ································· 4
 实战练习题 ································· 11
 实战练习题答案 ································· 15

第二章 建设工程投资构成 ································· 16
 考纲分解 ································· 16
 重要考点 ································· 21
 答疑解析 ································· 22
 例题解析 ································· 27
 实战练习题 ································· 44
 实战练习题答案 ································· 50

第三章 建设工程投资确定的依据 ································· 51
 考纲分解 ································· 51
 重要考点 ································· 55
 答疑解析 ································· 56
 例题解析 ································· 59
 实战练习题 ································· 65
 实战练习题答案 ································· 69

第四章 建设工程投资决策 ································· 70
 考纲分解 ································· 70
 重要考点 ································· 75
 答疑解析 ································· 76
 例题解析 ································· 79
 实战练习题 ································· 94
 实战练习题答案 ································· 100

第五章 建设工程设计阶段的投资控制 ································· 101

考纲分解	101
重要考点	109
答疑解析	110
例题解析	113
实战练习题	127
实战练习题答案	133

第六章　建设工程施工招标阶段的投资控制　134
考纲分解	134
重要考点	139
答疑解析	139
例题解析	144
实战练习题	153
实战练习题答案	159

第七章　建设工程施工阶段的投资控制　160
考纲分解	160
重要考点	170
答疑解析	170
例题解析	177
实战练习题	192
实战练习题答案	200

第八章　建设工程竣工决算　201
考纲解析	201
重要考点	202
答疑解析	203
例题解析	205
实战练习题	208
实战练习题答案	210

模拟试题（一）　211
| 参考答案 | 217 |

模拟试题（二）　218
| 参考答案 | 224 |

模拟试题（三）　225
| 参考答案 | 231 |

第一章　建设工程投资控制概述

📖 考纲分解

一、考纲要求：了解建设工程投资的特点

考纲解析：建设工程投资的特点是由建设工程的特点决定的。

具体考点：建设工程投资的特点有六点，包括：

(1) 建设工程投资数额巨大；

(2) 建设工程投资差异明显；

(3) 建设工程投资需单独计算；

(4) 建设工程投资确定依据复杂；

(5) 建设工程投资确定层次繁多；

(6) 建设工程投资需动态跟踪调整。

二、考纲要求：掌握项目监理机构在建设工程投资控制中的主要任务

考纲解析：分为国外项目监理机构和我国项目监理机构在建设工程投资控制中的主要任务两部分。在这里主要是我国项目监理机构在建设工程投资控制中的主要任务。

具体考点：我国项目监理机构在建设工程投资控制中的主要任务：

(1) 在建设前期阶段进行工程项目的机会研究、初步可行性研究、编制项目建议书，进行可行性研究，对拟建项目进行市场调查和预测，编制投资估算，进行环境影响评价、财务评价、国民经济评价和社会评价。

(2) 在设计阶段，协助业主提出设计要求，组织设计方案竞赛或设计招标，用技术经济方法组织评选设计方案。协助设计单位开展限额设计工作，编制本阶段资金使用计划，并进行付款控制。进行设计挖潜，用价值工程等方法对设计进行技术经济分析、比较、论证，在保证功能的前提下进一步寻找节约投资的可能性。审查设计概预算，尽量使概算不超估算，预算不超概算。

(3) 在施工招标阶段，准备与发送招标文件，编制工程量清单和招标工程标底；协助评审投标书，提出评标建议；协助业主与承包单位签订承包合同。

(4) 在施工阶段，依据施工合同有关条款、施工图，对工程项目造价目标进行风险分析，并制定防范性对策。从造价、项目的功能要求、质量和工期方面审查工程变更的方案，并在工程变更实施前与建设单位、承包单位协商确定工程变更的价款。按施工合同约定的工程量计算规则和支付条款进行工程量计算和工程款支付。建立月完成工程量和工作量统计表，对实际完成量与计划完成量进行比较、分析，制定调整措施。收集、整理有关的施工和监理资料，为处理费用索赔提供证据。按施工合同的有关规定进行竣工结算，对竣工结算的价款总额与建设单位和承包单位进行协商。

重要考点

1. 建设工程投资；
2. 建设工程投资的特点；
3. 投资控制的动态原理；
4. 投资控制的目标；
5. 投资控制的重点；
6. 投资控制的措施；
7. 国外项目监理机构在建设工程投资控制中的主要任务；
8. 我国项目监理机构在建设工程投资控制中的主要任务。

答疑解析

1. 建设工程总投资一般是指什么？

答：一般是指进行某项工程建设花费的全部费用。

2. 建设投资由什么组成？

答：建设投资，由设备工器具购置费、建筑安装工程费、工程建设其他费用、预备费（包括基本预备费和涨价预备费）、建设期利息和固定资产投资方向调节税（目前暂不征）组成。

3. 设备工器具购置费由什么组成？

答：设备工器具购置费，由设备原价、工器具原价和运杂费（包括设备成套公司服务费）组成。

4. 建筑安装工程费是指什么？

答：建筑安装工程费，是指建设单位用于建筑和安装工程方面的投资，它由建筑工程费和安装工程费两部分组成。

5. 工程建设其他费用是指什么？

答：工程建设其他费用，是指未纳入以上两项的，根据设计文件要求和国家有关规定应由项目投资支付的为保证工程建设顺利完成和交付使用后能够正常发挥效用而发生的一些费用。

6. 动态投资部分包括什么？

答：动态投资部分，是指在建设期内，因建设期利息、建设工程需缴纳的固定资产投资方向调节税和国家新批准的税费、汇率、利率变动以及建设期价格变动引起的建设投资增加额。

7. 静态投资由什么组成？

答：静态投资部分由建筑安装工程费、设备工器具购置费、工程建设其他费和基本预备费组成。

8. 工程造价与建设投资的关系？

答：工程造价，一般是指一项工程预计开支或实际开支的全部固定资产投资费用，在这个意义上工程造价与建设投资的概念是一致的。在实际应用中工程造价还可指工程价格，即为建成一项工程，预计或实际在土地市场、设备市场、技术劳务市场以及承包市场等交易活动中所形成的建筑安装工程的价格和建设工程的总价格。

9. 招标阶段中合同价确定的依据是什么？

答：企业定额。

10. 技术设计阶段中修正总概算确定的依据是什么？

答：概算定额。

11. 估算指标控制什么？概算定额(指标)控制什么？

答：估算指标控制概算定额(指标)的水平，概算定额(指标)控制预算定额的水平。

12. 单项工程怎么理解？

答：在建设项目中，凡是具有独立的设计文件，竣工后可以独立发挥生产能力或工程效益的工程称为单项工程。

13. 建设工程投资控制如何理解？

答：所谓建设工程投资控制，就是在投资决策阶段、设计阶段、发包阶段、施工阶段以及竣工阶段，把建设工程投资控制在批准的投资限额以内，随时纠正发生的偏差，以保证项目投资管理目标的实现，以求在建设工程中能合理使用人力、物力、财力，取得较好的投资效益和社会效益。

14. 动态控制过程中，应着重做好哪几项工作？

答：(1)对计划目标值的论证和分析；(2)及时对工程进展做出评估，即收集实际数据；(3)进行项目计划值与实际值的比较，以判断是否存在偏差；(4)采取控制措施以确保投资控制目标的实现。

15. 投资控制目标如何设置？

答：投资控制目标的设置应是随着工程建设实践的不断深入而分阶段设置。

16. 在初步设计阶段、技术设计阶段、施工图设计阶段，影响项目投资的可能性分别为多少？

答：分别为75%～95%；35%～75%；5%～35%。

17. 投资控制的重点是什么？

答：投资控制贯穿于项目建设的全过程。影响项目投资最大的阶段，是约占工程项目建设周期1/4的技术设计结束前的工作阶段。

18. 投资控制从技术上采取措施，包括哪些？

答：包括重视设计多方案选择，严格审查监督初步设计、技术设计、施工图设计、施工组织设计；深入技术领域研究节约投资的可能性。

19. 投资控制从经济上的措施包括什么？

答：经济上采取措施，包括动态地比较项目投资的实际值和计划值，严格审核各项费用支出，采取节约投资的奖励措施等。

20. 投资控制的具体任务是什么？

答：项目的投资效益分析(多方案)；初步设计时的投资估算；项目实施时的预算控制；工程合同的签订和实施；物资采购；工程量的核实；工时与投资的预测；工时与投资的核实；有关控制措施的制定；发行企业债券；保险审议；其他财务管理等。

21．在英联邦国家，负责项目投资控制的通常是哪些公司？

答：是工料测量师行。

22．我国项目监理机构在施工招标阶段中建设工程投资控制的主要任务有哪些？

答：在施工招标阶段，准备与发送招标文件，编制工程量清单和招标工程标底；协助评审投标书，提出评标建议；协助业主与承包单位签订承包合同。

23．我国项目监理机构在建设前期阶段中建设工程投资控制的主要任务有哪些？

答：在建设前期阶段进行工程项目的机会研究、初步可行性研究、编制项目建议书，进行可行性研究，对拟建项目进行市场调查和预测，编制投资估算，进行环境影响评价、财务评价、国民经济评价和社会评价。

24．我国项目监理机构在设计阶段中建设工程投资控制的主要任务有哪些？

答：在设计阶段，协助业主提出设计要求，组织设计方案竞赛或设计招标，用技术经济方法组织评选设计方案。协助设计单位开展限额设计工作，编制本阶段资金使用计划，并进行付款控制。进行设计挖潜，用价值工程等方法对设计进行技术经济分析、比较、论证，在保证功能的前提下进一步寻找节约投资的可能性。审查设计概预算，尽量使概算不超估算，预算不超概算。

25．我国项目监理机构在施工阶段中建设工程投资控制的主要任务有哪些？

答：在施工阶段，依据施工合同有关条款、施工图，对工程项目造价目标进行风险分析，并制定防范性对策。从造价、项目的功能要求、质量和工期方面审查工程变更的方案，并在工程变更实施前与建设单位、承包单位协商确定工程变更的价款。按施工合同约定的工程量计算规则和支付条款进行工程量计算和工程款支付。建立月完成工程量和工作量统计表，对实际完成量与计划完成量进行比较、分析，制定调整措施。收集、整理有关的施工和监理资料，为处理费用索赔提供证据。按施工合同的有关规定进行竣工结算，对竣工结算的价款总额与建设单位和承包单位进行协商。

📖 例题解析

一、单项选择题

1．在建设投资中，（　　）属于动态投资部分。

　　A．基本预备费　　　B．建设期利息　　　C．设备运杂费　　　D．铺底流动资金

答案：B

【解析】 建设投资可以分为静态投资部分和动态投资部分。静态投资部分由建筑安装工程费、设备工器具购置费、工程建设其他费和基本预备费组成。动态投资部分，是指在建设期内，因建设期利息、建设工程需缴纳的固定资产投资方向调节税和国家新批准的税费、汇率、利率变动以及建设期价格变动引起的建设投资增加额。包括涨价预备费、建设期利息和固定资产投资方向调节税。

2．初步设计阶段投资控制的目标是（　　）。

　　A．施工图预算　　　B．修正总概算　　　C．设计总概算　　　D．投资估算

答案：D

【解析】 根据建设工程投资确定示意图，能看出初步设计阶段对应的是设计总概算，

那控制的目标就是上一级来控制,即是投资估算。

3. 生产性建设工程总投资包括( )两部分。
    A. 建设投资和流动资金   B. 建设投资和铺底流动资金
    C. 静态投资和动态投资   D. 固定资产投资和无形资产投资
    答案:B

【解析】 建设工程总投资,一般是指进行某项工程建设花费的全部费用。生产性建设工程总投资包括建设投资和铺底流动资金两部分;非生产性建设工程总投资则只包括建设投资。

4. 某项目,建筑安装工程费 1000 万元,设备工器具购置费 700 万元,工程建设其他费 500 万元,涨价预备费 250 万元,基本预备费 100 万元,建设期利息 80 万元,则该项目的静态投资为( )万元。
    A. 2300   B. 2450   C. 2550   D. 2630
    答案:A

【解析】 静态投资部分由建筑安装工程费、设备工器具购置费、工程建设其他费和基本预备费组成。即 1000+700+500+100=2300 万元。

5. 所谓建设工程投资控制,就是在投资决策阶段、( )、发包阶段、施工阶段以及竣工阶段,把建设工程投资控制在批准的投资限额以内。
    A. 招标阶段   B. 设计阶段
    C. 可行性研究阶段   D. 技术性研究阶段
    答案:B

【解析】 所谓建设工程投资控制,就是在投资决策阶段、设计阶段、发包阶段、施工阶段以及竣工阶段,把建设工程投资控制在批准的投资限额以内,随时纠正发生的偏差,以保证项目投资管理目标的实现,以求在建设工程中能合理使用人力、物力、财力,取得较好的投资效益和社会效益。

6. 建设工程投资中的积极投资部分是指( )。
    A. 建筑安装工程费   B. 设备工器具购置费
    C. 工程建设其他费   D. 固定资产投资方向调节税
    答案:B

【解析】 在生产性建设工程中,设备工器具投资主要表现为其他部门创造的价值向建设工程中的转移,但这部分投资是建设工程中的积极部分,他占工程投资比重的提高,意味着生产技术的进步和资本有机构成的提高。

7. 工料测量师行受雇于( ),根据工程规模的大小、难易程度,按总投资 0.5%~3%收费,同时对项目投资控制负有重大责任。
    A. 工料测量师行   B. 业主   C. 监理方   D. 施工方
    答案:B

【解析】 工料测量师行受雇于业主,根据工程规模的大小、难易程度,按总投资 0.5%~3%收费,同时对项目投资控制负有重大责任。

8. 某项目设备工器具购置费为 2000 万元,建筑安装工程费为 1500 万元,工程建设其他费为 500 万元,基本预备费为 200 万元,涨价预备费为 100 万元,建设期贷款利息为

120万元,铺底流动资金为100万元,则该项目的静态投资为( )万元。

A. 4000　　　　B. 4200　　　　C. 4300　　　　D. 4420

答案:B

【解析】 静态投资部分由建筑安装工程费、设备工器具购置费、工程建设其他费和基本预备费组成。静态投资为=2000+1500+500+200=4200万元。

9. 设备工器具购置费由设备原价、工器具原价和( )组成。

A. 运杂费　　　　B. 税金　　　　C. 运输费　　　　D. 增值税

答案:A

【解析】 设备工器具购置费由设备原价、工器具原价和运杂费组成。

10. 在建设项目中,凡是具有独立的设计文件,竣工后可以独立发挥生产能力或工程效益的工程称为( )。

A. 分项工程　　　　B. 分部工程　　　　C. 单位工程　　　　D. 单项工程

答案:D

【解析】 在建设项目中,凡是具有独立的设计文件,竣工后可以独立发挥生产能力或工程效益的工程称为单项工程。

11. 影响项目投资最大的阶段,是约占工程项目建设周期1/4的技术设计结束前的工作阶段。在初步设计阶段,影响项目投资的可能性为( )。

A. 75%～95%　　B. 5%～35%　　C. 15%～35%　　D. 35%～75%

答案:A

【解析】 投资控制贯穿于项目建设的全过程。影响项目投资最大的阶段,是约占工程项目建设周期1/4的技术设计结束前的工作阶段。在初步设计阶段,影响项目投资的可能性为75%～95%;在技术设计阶段,影响项目投资的可能性为35%～75%;在施工图设计阶段,影响项目投资的可能性则为5%～35%。

12. 项目监理机构在施工阶段投资控制的主要任务不包括( )。

A. 审查工程变更方案　　　　　　　　B. 进行工程计量

C. 协助业主与承包单位签订承包合同　　D. 签署工程款支付证书

答案:C

【解析】 项目监理机构在建设工程投资控制中的主要任务:

(1)在建设前期阶段进行工程项目的机会研究、初步可行性研究、编制项目建议书,进行可行性研究,对拟建项目进行市场调查和预测,编制投资估算,进行环境影响评价、财务评价、国民经济评价和社会评价。

(2)在设计阶段,协助业主提出设计要求,组织设计方案竞赛或设计招标,用技术经济方法组织评选设计方案。协助设计单位开展限额设计工作,编制本阶段资金使用计划,并进行付款控制。进行设计挖潜,用价值工程等方法对设计进行技术经济分析、比较、论证,在保证功能的前提下进一步寻找节约投资的可能性。审查设计概预算,尽量使概算不超估算,预算不超概算。

(3)在施工招标阶段,准备与发送招标文件,编制工程量清单和招标工程标底;协助评审投标书,提出评标建议;协助业主与承包单位签订承包合同(C)。

(4)在施工阶段,依据施工合同有关条款、施工图、对工程项目造价目标进行风险分析，并制定防范性对策。从造价、项目的功能要求、质量和工期方面审查工程变更的方案(A)，并在工程变更实施前与建设单位、承包单位协商确定工程变更的价款。按施工合同约定的工程量计算规则和支付条款进行工程量计算(B)和工程款支付(D)。建立月完成工程量和工作量统计表，对实际完成量与计划完成量进行比较、分析，制定调整措施。收集、整理有关的施工和监理资料，为处理费用索赔提供证据。按施工合同的有关规定进行竣工结算，对竣工结算的价款总额与建设单位和承包单位进行协商。

13. 项目监理机构在建设工程投资控制中的主要任务在施工招标阶段有（　　）。
    A. 就竣工结算的价款总额与建设单位和承包单位进行协商
    B. 进行工程计量
    C. 编制工程量清单和招标工程标底
    D. 协商确定工程变更的价款
    答案：C

【解析】 项目监理机构在建设工程投资控制中的主要任务在施工招标阶段有：准备与发送招标文件，编制工程量清单和招标工程标底；协助评审投标书，提出评标建议；协助业主与承包单位签订承包合同。

14. FIDIC 代表的组织是（　　）。
    A. 工料测量师行   B. 国际监理工程师联合会
    C. 国际咨询工程师联合会   D. 国际造价工程师联合会
    答案：C

【解析】 FIDIC 代表的组织是国际咨询工程师联合会。

二、多项选择题

1. 项目监理机构在施工阶段投资控制的主要任务包括（　　）。
    A. 审查设计概预算   B. 对工程项目造价目标进行风险分析
    C. 开展限额设计   D. 审查工程变更
    E. 审核工程结算
    答案：B、D、E

【解析】 (1)在建设前期阶段进行工程项目的机会研究、初步可行性研究、编制项目建议书，进行可行性研究，对拟建项目进行市场调查和预测，编制投资估算，进行环境影响评价、财务评价、国民经济评价和社会评价。(2)在设计阶段，协助业主提出设计要求，组织设计方案竞赛或设计招标，用技术经济方法组织评选设计方案。协助设计单位开展限额设计工作，编制本阶段资金使用计划，并进行付款控制。进行设计挖潜，用价值工程等方法对设计进行技术经济分析、比较、论证，在保证功能的前提下进一步寻找节约投资的可能性。审查设计概预算，尽量使概算不超估算，预算不超概算。(3)在施工招标阶段，准备与发送招标文件，编制工程量清单和招标工程标底；协助评审投标书，提出评标建议；协助业主与承包单位签订承包合同。(4)在施工阶段，依据施工合同有关条款、施工图，对工程项目造价目标进行风险分析，并制定防范性对策。从造价、项目的功能要求、质量和工期方面审查工程变更的方案，并在工程变更实施前与建设单位、承包单位协商确定工程变更的价款。按施工合同约定的工程量计算规则和支付条款进行工程量计算和工程款支付。建立月完成工程量和工作量统计表，对实际完成量与计划完成量进行比较、分析,制定调整措施。收集、整理有关的施工和监理资料,为处理费用索赔提供证据。按施工合同的有关规定进行竣工结算,对竣工结算的价款总额与建设单位和承包单位进行协商。

2. 项目监理机构在建设工程投资控制中的主要任务包括( )。
   A. 对拟建项目进行市场调查和预测 B. 编制投资估算
   C. 编制与审查设计概算 D. 评标定标
   E. 协助业主与承包商签订承包合同
答案:A、B、E

【解析】 (1)在建设前期阶段进行工程项目的机会研究、初步可行性研究、编制项目建议书,进行可行性研究,对拟建项目进行市场调查和预测,编制投资估算,进行环境影响评价、财务评价、国民经济评价和社会评价。(2)在设计阶段,协助业主提出设计要求,组织设计方案竞赛或设计招标,用技术经济方法组织评选设计方案。协助设计单位开展限额设计工作,编制本阶段资金使用计划,并进行付款控制。进行设计挖潜,用价值工程等方法对设计进行技术经济分析、比较、论证,在保证功能的前提下进一步寻找节约投资的可能性。审查设计概预算,尽量使概算不超估算,预算不超概算。(3)在施工招标阶段,准备与发送招标文件,编制工程量清单和招标工程标底;协助评审投标书,提出评标建议;协助业主与承包单位签订承包合同。(4)在施工阶段,依据施工合同有关条款、施工图,对工程项目造价目标进行风险分析,并制定防范性对策。从造价、项目的功能要求、质量和工期方面审查工程变更的方案,并在工程变更实施前与建设单位、承包单位协商确定工程变更的价款。按施工合同约定的工程量计算规则和支付条款进行工程量计算和工程款支付。建立月完成工程量和工作量统计表,对实际完成量与计划完成量进行比较、分析,制定调整措施。收集、整理有关的施工和监理资料,为处理费用索赔提供证据。按施工合同的有关规定进行竣工结算,对竣工结算的价款总额与建设单位和承包单位进行协商。

3. 建设工程项目的投资控制应贯穿于项目建设的全过程,但各阶段对投资的影响程度是不同的,应以( )阶段为重点。
   A. 决策 B. 设计 C. 招标投标 D. 施工
   E. 试运行
答案:A、B

【解析】 投资控制贯穿于项目建设的全过程。影响项目投资最大的阶段,是约占工程项目建设周期1/4的技术设计结束前的工作阶段。在初步设计阶段,影响项目投资的可能性为75%~95%;在技术设计阶段,影响项目投资的可能性为35%~75%;在施工图设计阶段,影响项目投资的可能性则为5%~35%。很显然,项目投资控制的重点在于施工以前的投资决策和设计阶段,而在项目做出投资决策后,控制项目投资的关键就在于设计。

4. 建设工程投资的特点( )。
   A. 建设工程投资数额巨大 B. 建设工程投资核算复杂
   C. 建设工程投资差异明显 D. 建设工程投资确定依据复杂
   E. 建设工程投资确定层次繁多

答案：A、C、D、E

【解析】 建设工程投资的特点：(1)建设工程投资数额巨大；(2)建设工程投资差异明显；(3)建设工程投资需单独计算；(4)建设工程投资确定依据复杂；(5)建设工程投资确定层次繁多；(6)建设工程投资需动态跟踪调整。

5. 建设工程的静态投资部分包括(　　)。
   A. 基本预备费　　　　　　　　B. 涨价预备费
   C. 建筑安装工程费　　　　　　D. 铺底流动资金
   E. 工程建设其他费

答案：A、C、E

【解析】 静态投资部分由建筑安装工程费、设备工器具购置费、工程建设其他费和基本预备费组成。

6. (　　)应是施工阶段投资控制的目标。
   A. 标底价　　　　　　　　　　B. 设计概算
   C. 投资估算　　　　　　　　　D. 建安工程承包合同价
   E. 施工图预算

答案：D、E

【解析】 投资估算应是建设工程设计方案选择和进行初步设计的投资控制目标；设计概算应是进行技术设计和施工图设计的投资控制目标；施工图预算或建安工程承包合同价则应是施工阶段投资控制的目标。有机联系的各个阶段目标相互制约，相互补充，前者控制后者，后者补充前者，共同组成建设工程投资控制的目标系统。

7. 建设工程投资中的动态投资部分包括(　　)。
   A. 工程建设其他费　　　　　　B. 设备工器具购置费
   C. 涨价预备费　　　　　　　　D. 建设期利息
   E. 建筑安装工程费

答案：C、D

【解析】 动态投资部分，是指在建设期内，因建设期利息、建设工程需缴纳的固定资产投资方向调节税和国家新批准的税费、汇率、利率变动以及建设期价格变动引起的建设投资增加额。包括涨价预备费、建设期利息和固定资产投资方向调节税。

8. 在动态控制过程中，应着重做好(　　)工作。
   A. 对计划目标值的论证和分析
   B. 及时对工程进展做出评估，即收集实际数据
   C. 采取控制措施以确保投资控制目标的实现
   D. 进行项目计划值与实际值的比较，以判断是否存在偏差
   E. 流动资金

答案：A、B、C、D

【解析】 在这一动态控制过程中，应着重做好以下几项工作：
(1) 对计划目标值的论证和分析；
(2) 及时对工程进展做出评估，即收集实际数据；
(3) 进行项目计划值与实际值的比较，以判断是否存在偏差；

(4) 采取控制措施以确保投资控制目标的实现。

9. 下列属于项目监理机构在施工阶段投资控制工作内容的有（　　）。
   A. 就竣工结算的价款总额与建设单位和承包单位进行协商
   B. 变更施工组织设计
   C. 协商确定工程变更的价款
   D. 变更工程量清单
   E. 进行工程计量

   答案：A、C、E

   【解析】 在施工阶段，依据施工合同有关条款、施工图，对工程项目造价目标进行风险分析，并制定防范性对策。从造价、项目的功能要求、质量和工期方面审查工程变更的方案，并在工程变更实施前与建设单位、承包单位协商确定工程变更的价款(C)。按施工合同约定的工程量计算规则和支付条款进行工程量计算(E)和工程款支付。建立月完成工程量和工作量统计表，对实际完成量与计划完成量进行比较、分析，制定调整措施。收集、整理有关的施工和监理资料，为处理费用索赔提供证据。按施工合同的有关规定进行竣工结算，对竣工结算的价款总额与建设单位和承包单位进行协商(A)。

10. 我国建设工程监理在设计阶段（　　）。
    A. 参与施工图设计   B. 组织设计方案竞赛
    C. 协助业主提出设计要求   D. 组织设计招标
    E. 用技术经济方法组织评选设计方案

    答案：B、C、D、E

    【解析】 在设计阶段，协助业主提出设计要求，组织设计方案竞赛或设计招标，用技术经济方法组织评选设计方案。协助设计单位开展限额设计工作，编制本阶段资金使用计划，并进行付款控制。进行设计挖潜，用价值工程等方法对设计进行技术经济分析、比较、论证，在保证功能的前提下进一步寻找节约投资的可能性。审查设计概预算，尽量使概算不超估算，预算不超概算。

11. 项目监理机构在施工阶段投资控制的主要任务包括（　　）。
    A. 协商确定工程变更价款   B. 协助业主与承包单位签订承包合同
    C. 对工程项目造价目标进行风险分析   D. 审查设计概算
    E. 为处理费用索赔提供证据

    答案：A、C、E

    【解析】 项目监理机构在建设工程投资控制中的主要任务：

(1) 在建设前期阶段进行工程项目的机会研究、初步可行性研究、编制项目建议书，进行可行性研究，对拟建项目进行市场调查和预测，编制投资估算，进行环境影响评价、财务评价、国民经济评价和社会评价。

(2) 在设计阶段，协助业主提出设计要求，组织设计方案竞赛或设计招标，用技术经济方法组织评选设计方案。协助设计单位开展限额设计工作，编制本阶段资金使用计划，并进行付款控制。进行设计挖潜，用价值工程等方法对设计进行技术经济分析、比较、论证，在保证功能的前提下进一步寻找节约投资的可能性。审查设计概预算，尽量使概算不超估算，预算不超概算。

(3) 在施工招标阶段，准备与发送招标文件，编制工程量清单和招标工程标底；协助评审投标书，提出评标建议；协助业主与承包单位签订承包合同。

(4) 在施工阶段，依据施工合同有关条款、施工图，对工程项目造价目标进行风险分析，并制定防范性对策。从造价、项目的功能要求、质量和工期方面审查工程变更的方案，并在工程变更实施前与建设单位、承包单位协商确定工程变更的价款。按施工合同约定的工程量计算规则和支付条款进行工程量计算和工程款支付。建立月完成工程量和工作量统计表，对实际完成量与计划完成量进行比较、分析，制定调整措施。收集、整理有关的施工和监理资料，为处理费用索赔提供证据。按施工合同的有关规定进行竣工结算，对竣工结算的价款总额与建设单位和承包单位进行协商。

12. 建设工程投资确定依据复杂，在下列对应关系中哪个是正确的(　　)。
   A. 项目建议书——投资估算　　　　B. 初步设计——修正总概算
   C. 技术设计——设计总概算　　　　D. 施工图设计——施工图预算
   E. 招标——合同价

答案：A、D、E

【解析】 (1)项目建议书对应投资估算；(2)初步设计对应设计总概算；(3)技术设计对应修正总概算；(4)施工图设计对应施工图预算；(5)招标对应合同价；(6)合同实施对应结算价；(7)竣工验收对应竣工决算。

13. 投资控制的措施，从经济上采取措施，包括(　　)。
   A. 动态地比较项目投资的实际值和计划值
   B. 明确项目投资控制者及其任务
   C. 严格审核各项费用支出
   D. 深入技术领域研究节约投资的可能性
   E. 采取节约投资的奖励措施

答案：A、C、E

【解析】 投资控制的措施：要有效地控制项目投资，应从组织、技术、经济、合同与信息管理等多方面采取措施。从组织上采取措施，包括明确项目组织结构，明确项目投资控制者及其任务，以使项目投资控制有专人负责；明确管理职能分工；从技术上采取措施，包括重视设计多方案选择，严格审查监督初步设计、技术设计、施工图设计、施工组织设计；深入技术领域研究节约投资的可能性；从经济上采取措施，包括动态地比较项目投资的实际值和计划值，严格审核各项费用支出，采取节约投资的奖励措施等。

📖 实战练习题

一、单项选择题

1. 建设工程总投资，一般是指进行某项工程建设花费的(　　)。
   A. 全部费用　　　　　　　　　　B. 建筑安装工程费
   C. 建筑工程费　　　　　　　　　D. 建筑工程费＋安装工程费

2. 非生产性建设工程总投资包括(　　)。
   A. 建设投资　　　　　　　　　　B. 建设工程总投资

  C. 工程建设花费的全部费用　　　　D. 建设投资和铺底流动资金
3. （　　）目前暂不征收。
  A. 建设期利息　　　　　　　　　　B. 预备费
  C. 固定资产投资方向调节税　　　　D. 工程建设其他费用
4. 项目投资控制的重点在于施工以前的投资决策和（　　），而在项目做出投资决策后，控制项目投资的关键就在于设计。
  A. 招标阶段　　B. 结算阶段　　C. 施工阶段　　D. 设计阶段
5. 因监理工作过失而造成重大事故的监理企业，要对事故的损失承担一定的（　　）。
  A. 质量责任　　　　　　　　　　　B. 经济补偿责任
  C. 经济责任　　　　　　　　　　　D. 法律责任
6. 建筑安装工程费由（　　）组成。
  A. 建筑工程费和电器工程费　　　　B. 建筑工程费和安装工程费
  C. 建筑工程费和设备工程费　　　　D. 建筑安装工程费和取费
7. 建设工程总投资，一般是指进行某项工程建设花费的全部费用。生产性建设工程总投资包括建设投资和（　　）两部分；非生产性建设工程总投资则只包括建设投资。
  A. 预备费　　　　　　　　　　　　B. 无形资产
  C. 有形资产　　　　　　　　　　　D. 铺底流动资金
8. 按工程构成分部组合计算是指计算建设工程投资时，按（　　）顺序计算，并逐层汇总。
  A. 分项、分部、单位、单项工程　　B. 单位、单项、分项、分部工程
  C. 分部、分项、单项、单位工程　　D. 分项、分部、单项、单位工程
9. 实行建设工程投资控制最有效的手段是（　　）。
  A. 实行经济承包责任制　　　　　　B. 进行招标和投标
  C. 经济核算　　　　　　　　　　　D. 技术与经济相结合
10. 建设工程投资构成中的"积极投资"是指（　　），其占投资费用的比例大小，意味着生产技术的进步和资本有机构成的程度。
  A. 建筑安装工程投资　　　　　　　B. 固定资产投资方向调节税
  C. 建设工程其他投资　　　　　　　D. 设备工器具投资
11. 建设工程动态投资部分，是指在建设期内，因建设期利息、建设工程需缴纳的（　　）和国家新批准的税费、汇率、利率变动以及建设期价格变动引起的建设投资增加额。
  A. 营业税　　　　　　　　　　　　B. 土地使用税
  C. 固定资产投资方向调节税　　　　D. 城乡建设维护税
12. 工程变更由（　　）审查批准。
  A. 业主　　　　　　　　　　　　　B. 监理工程师
  C. 承包商　　　　　　　　　　　　D. 造价工程师
13. 据西方一些国家分析，设计费一般只相当于建设工程全寿命费用的（　　），但正是这费用却基本决定了几乎全部随后的费用。
  A. 10%以下　　B. 1%以下　　C. 10%　　　　D. 1%

14. 影响项目投资最大的阶段是( )。
    A. 初步设计阶段
    B. 技术设计阶段
    C. 施工图设计阶段
    D. 约占工程项目建设周期 1/4 的技术设计结束前的工作阶段
15. 因监理工作的过失而造成重大事故的监理企业,要对事故的损失承担一定的经济补偿责任,补偿办法( )。
    A. 按国家规定   B. 按甲方损失实际额
    C. 按甲乙方损失实际额   D. 由监理合同事先约定

二、多项选择题
1. 建设投资,由( )、建设期利息和固定资产投资方向调节税(目前暂不征)组成。
    A. 设备工器具购置费   B. 预备费
    C. 建筑安装工程费   D. 工程建设其他费用
    E. 设备安装工程费
2. 工程建设其他费用可分为三类,第一类包括( )。
    A. 勘察设计费   B. 土地征用及迁移补偿费
    C. 研究试验费   D. 土地使用权出让金
    E. 联合试运转费
3. 工程建设其他费用可分为三类,第二类包括( )。
    A. 勘察设计费   B. 建设单位管理费
    C. 研究试验费   D. 土地使用权出让金
    E. 联合试运转费
4. 工程建设其他费用可分为三类,第三类包括( )。
    A. 生产准备费   B. 建设单位管理费
    C. 办公和生活家具购置费   D. 土地使用权出让金
    E. 联合试运转费
5. 要有效地控制项目投资,应从( )等多方面采取措施。
    A. 质量   B. 技术   C. 经济   D. 合同
    E. 组织
6. 静态投资部分由( )组成。
    A. 涨价预备费   B. 建筑安装工程费
    C. 设备工器具购置费   D. 基本预备费
    E. 工程建设其他费
7. 动态投资部分包括( )。
    A. 基本预备费   B. 建设期利息
    C. 流动资金   D. 固定资产投资方向调节税
    E. 涨价预备费
8. 建设工程投资的特点是( )。
    A. 确定依据复杂   B. 多个项目整合计算

C. 数额巨大　　　　　　　　　　　D. 确定层次繁多
E. 动态跟踪调整

9. 施工阶段监理工程师投资控制的主要工作内容是（　　）。
   A. 编制施工组织设计　　　　　　B. 审查工程变更的方案
   C. 执行工程承包合同　　　　　　D. 审查工程结算
   E. 进行工程计量

10. 建设工程投资控制贯穿于工程建设全过程，但应以（　　）为控制重点。
    A. 决策阶段　　　　　　　　　　B. 设计阶段
    C. 施工招标阶段　　　　　　　　D. 施工安装阶段
    E. 竣工验收阶段

11. 以下属于工料测量师行在投资控制中的任务的是（　　）
    A. 对拟建方案制订初步估算　　　B. 决定项目执行方案
    C. 制订建设投资分项初步概算　　D. 制订工程变更清单
    E. 制订招标文件

12. 在不同的建设阶段有不同的确定依据，下列正确的是（　　）。
    A. 项目建议书阶段对应的是概算指标　B. 初步设计阶段对应的是估算指标
    C. 技术设计阶段对应的是概算定额　　D. 施工图设计阶段对应的是预算定额
    E. 招标阶段对应的是预算定额

13. 在不同的建设阶段有不同的投资结果，下列正确的是（　　）。
    A. 项目建议书阶段对应的是投资估算　B. 初步设计阶段对应的是修正总概算
    C. 技术设计阶段对应的是设计总概算　D. 招标阶段对应的是合同价
    E. 合同实施阶段对应的是结算价

14. 要有效地控制项目投资，应从组织、技术、经济、合同与信息管理等多方面采取措施。从经济上采取措施，包括（　　），等。
    A. 动态地比较项目投资的实际值和计划值
    B. 严格审核各项费用支出
    C. 明确项目投资控制者及其任务
    D. 采取节约投资的奖励措施
    E. 深入技术领域研究节约投资的可能性

15. 我国项目监理机构在施工阶段投资控制的任务正确的是（　　）。
    A. 依据施工合同有关条款、施工图，对工程项目造价目标进行风险分析，并制定防范性对策
    B. 从造价、项目的功能要求、质量和工期方面审查工程变更的方案，并在工程变更实施前与建设单位、承包单位协商确定工程变更的价款
    C. 审查设计概预算，尽量使概算不超估算，预算不超概算
    D. 建立月完成工程量和工作量统计表，对实际完成量与计划完成量进行比较、分析，制定调整措施
    E. 协助业主提出设计要求，组织设计方案竞赛或设计招标，用技术经济方法组织评选设计方案

实战练习题答案

一、单项选择题
1. A； 2. A； 3. C； 4. D； 5. B； 6. B； 7. D； 8. A； 9. D； 10. D；
11. C； 12. B； 13. B； 14. D； 15. D

二、多项选择题
1. A、B、C、D； 2. B、D； 3. A、B、C； 4. A、C、E；
5. B、C、D、E； 6. B、C、D、E； 7. B、D、E； 8. A、C、D、E；
9. B、D、E； 10. A、B； 11. A、C、D、E； 12. C、D；
13. A、D、E； 14. A、B、D； 15. A、B、D

第二章 建设工程投资构成

考纲分解

一、考纲要求：了解国际工程项目建筑安装工程费用的构成

考纲解析：主要是世界银行和国际咨询工程师联合会建设工程投资构成。

具体考点：世界银行和国际咨询工程师联合会建设工程投资构成有四部分。包括：

（1）项目直接建设成本；

（2）项目间接建设成本；

（3）应急费；

（4）建设成本上升费用。

二、考纲要求：熟悉建设工程总投资、建设投资、静态投资部分、动态投资部分、工程造价和建设工程投资控制要点

考纲解析：主要是概念。

具体考点：建设工程总投资，一般是指进行某项工程建设花费的全部费用。生产性建设工程总投资包括建设投资和铺底流动资金两部分；非生产性建设工程总投资则只包括建设投资。

建设投资，由设备工器具购置费、建筑安装工程费、工程建设其他费用、预备费（包括基本预备费和涨价预备费）、建设期利息和固定资产投资方向调节税（目前暂不征）组成。

建设投资可以分为静态投资部分和动态投资部分。

静态投资部分由建筑安装工程费、设备工器具购置费、工程建设其他费和基本预备费组成。

动态投资部分，是指在建设期内，因建设期利息、建设工程需缴纳的固定资产投资方向调节税和国家新批准的税费、汇率、利率变动以及建设期价格变动引起的建设投资增加额。包括涨价预备费、建设期利息和固定资产投资方向调节税。

工程造价，一般是指一项工程预计开支或实际开支的全部固定资产投资费用，在这个意义上工程造价与建设投资的概念是一致的。在实际应用中工程造价还可指工程价格，即为建成一项工程，预计或实际在土地市场、设备市场、技术劳务市场以及承包市场等交易活动中所形成的建筑安装工程的价格和建设工程的总价格。

三、考纲要求：熟悉工程建设其他费用的构成

考纲解析：注意土地使用费中的概念，特别是土地使用权出让金；与项目建设有关的费用中应注意七个名词概念；与未来企业生产和经营活动有关的费用中要注意联合试运转费、生产准备费的概念。

具体考点：工程建设其他费用，按其内容大体可分为三类：

第一类为土地使用费：

（1）农用土地征用费

农用土地征用费由土地补偿费、安置补助费、土地投资补偿费、土地管理费、耕地占用税等组成，并按被征用土地的原用途给予补偿。

（2）取得国有土地使用费

取得国有土地使用费包括：土地使用权出让金、城市建设配套费、拆迁补偿与临时安置补助费等。

第二类是与项目建设有关的费用：

（1）建设单位管理费；
（2）勘察设计费；
（3）研究试验费；
（4）临时设施费；
（5）工程监理费；
（6）工程保险费；
（7）供电贴费；
（8）施工机构迁移费；
（9）引进技术和进口设备其他费。

第三类是与未来企业生产和经营活动有关的费用：

（1）联合试运转费；
（2）生产准备费；
（3）办公和生活家具购置费。

四、考纲要求：熟悉预备费、建设期利息的计算

考纲解析：按我国现行规定，预备费包括基本预备费和涨价预备费，主要应会运用计算公式。

具体考点：基本预备费和涨价预备费。

（1）基本预备费

基本预备费是指在项目实施中可能发生难以预料的支出，需要预先预留的费用，又称不可预见费。主要指设计变更及施工过程中可能增加工程量的费用。计算公式为：

基本预备费＝(设备及工器具购置费＋建筑安装工程费＋工程建设其他费)×基本预备费率

（2）涨价预备费

是指建设工程在建设期内由于价格等变化引起投资增加，需要事先预留的费用。涨价预备费以建筑安装工程费、设备工器具购置费之和为计算基数。计算公式为：

$$PC = \sum_{t=1}^{n} I_t [(1+f)^t - 1]$$

式中　PC——涨价预备费；

I_t——第 t 年的建筑安装工程费、设备及工器具购置费之和；

n——建设期；

f——建设期价格上涨指数。

五、考纲要求：掌握建设工程投资构成、设备、工器具购置费用的构成及计算方法

考纲解析：掌握费用的构成及计算公式会运用。

具体考点：建设投资，由设备工器具购置费、建筑安装工程费、工程建设其他费用、预备费（包括基本预备费和涨价预备费）、建设期利息和固定资产投资方向调节税（目前暂不征）组成。

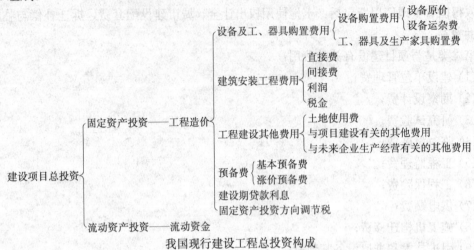

我国现行建设工程总投资构成

设备购置费＝设备原价或进口设备抵岸价＋设备运杂费

（一）国产标准设备原价

国产标准设备是指按照主管部门颁布的标准图纸和技术要求，由设备生产厂批量生产的，符合国家质量检验标准的设备。国产标准设备原价一般指的是设备制造厂的交货价，即出厂价。

（二）国产非标准设备原价

非标准设备是指国家尚无定型标准，各设备生产厂不可能在工艺过程中采用批量生产，只能按一次订货，并根据具体的设备图纸制造的设备。非标准设备原价有多种不同的计算方法，如成本计算估价法、系列设备插入估价法、分部组合估价法、定额估价法等。

（三）进口设备抵岸价的构成及其计算

进口设备抵岸价是指抵达买方边境港口或边境车站，且交完关税以后的价格。

1. 进口设备的交货方式

进口设备的交货方式可分为内陆交货类、目的地交货类、装运港交货类。

内陆交货类即卖方在出口国内陆的某个地点完成交货任务。在交货地点，卖方及时提交合同规定时货物和有关凭证，并承担交货前的一切费用和风险；买方按时接受货物，交付货款，承担接货后的一切费用和风险，并自行办理出口手续和装运出口。货物的所有权也在交货后，由卖方转移给买方。

目的地交货类即卖方要在进口国的港口或内地交货，包括目的港船上交货价，目的港船边交货价(FOS)和目的港码头交货价(关税已付)及完税后交货价(进口国目的地的指定地点)。它们的特点是：买卖双方承担的责任、费用和风险是以目的地约定交货点为分界线，只有当卖方在交货点将货物置于买方控制下方算交货，方能向买方收取货款。这类交货价对卖方来说承担的风险较大,在国际贸易中卖方一般不愿意采用这类交货方式。

装运港交货类即卖方在出口国装运港完成交货任务。主要有装运港船上交货价(FOB),习惯称为离岸价;运费在内价(CFR);运费、保险费在内价(CIF),习惯称为到岸价。它们的特点主要是;卖方按照约定的时间在装运港交货,只要卖方把合同规定的货物装船后提供货运单据便完成交货任务,并可凭单据收回货款。

采用装运港船上交货价(FOB)时卖方的责任是:负责在合同规定的装运港口和规定的期限内,将货物装上买方指定的船只,并及时通知买方;负责货物装船前的一切费用和风险;负责办理出口手续;提供出口国政府或有关方面签发的证件;负责提供有关装运单据。买方的责任是:负责租船或订舱,支付运费,并将船期、船名通知卖方;承担货物装船后的一切费用和风险;负责办理保险及支付保险费,办理在目的港的进口和收货手续;接受卖方提供的有关装运单据,并按合同规定支付货款。

2. 进口设备抵岸价的构成

进口设备如果采用装运港船上交货价(FOB),其抵岸价构成可概括为:

进口设备抵岸价＝货价＋国外运费＋国外运输保险费＋银行财务费＋外贸手续费
　　　　　　　＋进口关税＋增值税＋消费税＋海关监管手续费

(1) 进口设备的货价:

$$货价＝离岸价(FOB)\times 人民币外汇牌价$$

(2) 国外运费:

$$国外运费＝离岸价\times 运费率 \quad 或 \quad 国外运费＝运量\times 单位运价$$

(3) 国外运输保险费:

$$国外运输保险费＝(离岸价＋国外运费)\times 国外保险费率$$

(4) 银行财务费:

$$银行财务费＝离岸价\times 人民币外汇牌价\times 银行财务费率$$

(5) 外贸手续费:

$$外贸手续费＝到岸价(CIF)\times 人民币外汇牌价\times 外贸手续费率$$

(6) 进口关税:

$$进口关税＝到岸价\times 人民币外汇牌价\times 进口关税率$$

(7) 增值税:

$$进口产品增值税额＝组成计税价格\times 增值税率$$

$$组成计税价格＝到岸价\times 人民币外汇牌价＋进口关税＋消费税$$

(8) 消费税:对部分进口产品(如轿车等)征收。计算公式为:

$$消费税＝[(到岸价\times 人民币外汇牌价＋关税)/(1-消费税率)]\times 消费税率$$

(9) 海关监管手续费:

$$海关监管手续费＝到岸价\times 人民币外汇牌价\times 海关监管手续费率$$

(四) 设备运杂费

1. 设备运杂费的构成

设备运杂费通常由下列各项构成:

(1) 国产标准设备由设备制造厂交货地点起至工地仓库(或施工组织设计指定的需要安装设备的堆放地点)止所发生的运费和装卸费;

进口设备则由我国到岸港口、边境车站起至工地仓库(或施工组织设计指定的需要安装设备的堆放地点)止所发生的运费和装卸费。

(2) 在设备出厂价格中没有包含的设备包装和包装材料器具费；

(3) 供销部门的手续费；

(4) 建设单位(或工程承包公司)的采购与仓库保管费。

2．设备运杂费的计算

$$设备运杂费＝设备原价×设备运杂费率$$

六、考纲要求：掌握建筑安装工程费用项目的组成及计算

考纲解析：掌握费用的构成及计算公式，会运用。

具体考点：我国现行建筑安装工程费用由直接费、间接费、利润和税金组成。

$$建筑安装工程费＝直接费＋间接费＋利润＋税金$$

我国现行建筑安装工程费用构成见图所示：

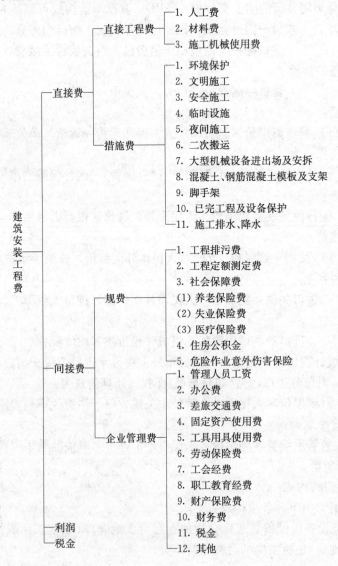

建筑安装工程费用的构成和计算方法

费用项目			参考计算方法
直接费	直接工程费	人工费 材料费 施工机械使用费	人工费＝∑（工日消耗量×日工资单价） 材料费＝∑（材料消耗量×材料基价）＋检验试验费 施工机械使用费＝∑（施工机械台班消耗量×机械台班单价）
	措施费		按规定标准计算
间接费	规费 企业管理费		① 以直接费为计取基础： 间接费＝直接费合计×间接费费率（％） ② 以人工费（含措施费中的人工费）为计取基础： 间接费＝人工费合计×间接费费率（％） ③ 以人工费和机械费合计（含措施费中的人工费和机械费）为计取基础： 间接费＝人工费和机械费合计×间接费费率（％）
利润			① 以直接费与间接费之和为计取基础： 利润＝直接费与间接费合计×相应利润率（％） ② 以人工费（含措施费中的人工费）为计取基础： 利润＝人工费合计×相应利润率（％） ③ 以人工费和机械费合计（含措施费中的人工费和机械费）为计取基础： 利润＝人工费和机械费合计×相应利润率（％）
税金（含营业税、城市维护建设税、教育费附加）			税金＝（直接费＋间接费＋利润）×综合税率（％）

📖 重要考点

1. 我国现行建设工程投资构成；
2. 世界银行和国际咨询工程师联合会建设工程投资构成；
3. 设备购置费的构成和计算；
4. 工具、器具及生产家具购置费的构成及计算；
5. 建筑安装工程费用项目组成；
6. 直接工程费的组成；
7. 措施费的组成；
8. 间接费的组成；
9. 利润及税金；
10. 建筑安装工程费用计算程序；
11. 国际工程项目建筑安装工程费用的构成；
12. 土地使用费；
13. 与项目建设有关的其他费用；
14. 与未来企业生产经营有关的其他费用；
15. 预备费；
16. 建设期利息；
17. 固定资产投资方向调节税；

18. 铺底流动资金。

答疑解析

1. 建设工程总投资包括什么？

答：包括建设投资和流动资产投资。

2. 哪两项在数额上是相等的？

答：工程造价与固定资产投资在数额上是相等的。

3. 工艺建筑费是指什么？

答：指原材料、劳务费以及与基础、建筑结构、屋顶、内外装修、公共设施有关的全部费用。

4. 世界银行和国际咨询工程师联合会建设工程投资构成中项目间接建设成本包括那些？

答：包括项目管理费、开工试车费、业主的行政性费用、生产前费用、运费和保险费、地方税。

5. 未明确项目准备金有什么用？

答：用于在估算时不可能明确的潜在项目，是用来支付那些几乎可以肯定要发生的费用。

6. 未明确项目准备金包括哪些项目？

答：包括那些在做成本估算时因为缺乏完整、准确和详细的资料而不能完全预见和不能注明的项目。

7. 未明确项目准备金不是为了哪些项目用的？

答：不是为了支付工作范围以外可能增加的项目，不是用以应付天灾、非正常经济情况及罢工等情况，也不是用来补偿估算的任何误差。

8. 估算时可以缺少未明确项目准备金吗？

答：估算时可以缺少的一个组成部分。

9. 怎么理解未明确项目准备金？

答：未明确项目准备金考虑项目是必须完成的，或它们的费用必定要发生的，在每一个组成部分中单独以一定百分比确定，并作为估算的一个项目单独列出。

10. 未明确项目准备金包括不可预见准备金吗？

答：不包括，在未明确项目准备金之外。

11. 怎样理解不可预见准备金？

答：不可预见准备金用于在估算达到了一定的完整性并符合技术标准的基础上，由于物质、社会和经济的变化，导致估算增加的情况。此种情况可能发生。也可能不发生。

12. 不可预见准备金一定要发生吗？

答：不一定，只是一种储备，可能不动用。

13. 什么是"估算日期"？

答：估算中使用的构成工资率、材料和设备价格基础的截止日期就是"估算日期"。

14. 怎么理解设备、工器具购置费用与资本的关系？

答：设备、工器具购置费用与资本的有机构成相联系，设备、工器具购置费用占投资费用的比例大小，意味着生产技术的进步和资本有机构成的程度。

15. 固定资产标准是指什么？

答：固定资产标准，是指使用年限在一年以上，单位价值在国家或各主管部门规定的限额以上。

16. 新建项目和扩建项目的新建车间购置或自制的全部设备、工具、器具，达不到固定资产标准，能否计入设备、工器具购置费中？

答：新建项目和扩建项目的新建车间购置或自制的全部设备、工具、器具，不论是否达到固定资产标准，均计入设备、工器具购置费中。

17. 如果设备是由成套公司供应的，成套公司的服务费应计入到哪里？

答：如果设备是由成套公司供应的，成套公司的服务费也应计入设备运杂费之中。

18. 国产标准设备原价一般指的是什么？

答：国产标准设备原价一般指的是设备制造厂的交货价，即出厂价。

19. 如果设备系由设备成套公司供应的，以什么价为设备原价？

答：如果设备系由设备成套公司供应的，则以订货合同价为设备原价。

20. 有的设备有两种出厂价，即带有备件的出厂价和不带有备件的出厂价。在计算设备原价时，一般按哪种计算？

答：有的设备有两种出厂价，即带有备件的出厂价和不带有备件的出厂价。在计算设备原价时，一般按带有备件的出厂价计算。

21. 国产非标准设备原价有多种计算方法，无论采用哪种方法都应该使国产非标准设备原价计价的准确度接近什么价？

答：国产非标准设备原价有多种计算方法，无论采用哪种方法都应该使国产非标准设备原价计价的准确度接近实际出厂价，并且计算方法要简要。

22. 进口设备的交货方式中内陆交货类的出口手续谁来办？

答：进口设备的交货方式中内陆交货类的买方按时接受货物，交付货款，承担接货后的一切费用和风险，并自行办理出口手续和装运出口。

23. 进口设备的交货方式中目的地交货类的特点？

答：特点是：买卖双方承担的责任、费用和风险是以目的地约定交货点为分界线，只有当卖方在交货点将货物置于买方控制下方算交货，方能向买方收取货款。这类交货价对卖方来说承担的风险较大，在国际贸易中卖方一般不愿意采用这类交货方式。

24. 什么是离岸价？

答：装运港船上交货价（FOB），习惯称为离岸价。

25. 什么是到岸价？

答：装运港船上交货价（FOB）、运费、保险费在内价（CIF），习惯称为到岸价。

26. 采用装运港船上交货价（FOB）时卖方的责任是什么？

答：采用装运港船上交货价（FOB）时卖方的责任是：负责在合同规定的装运港口和规定的期限内，将货物装上买方指定的船只，并及时通知买方；负责货物装船前的一切费用和风险；负责办理出口手续；提供出口国政府或有关方面签发的证件；负责提供有关装运单据。

27. 采用装运港船上交货价(FOB)时买方的责任是什么？

答：采用装运港船上交货价(FOB)时买方的责任是：负责租船或订舱，支付运费，并将船期、船名通知卖方；承担货物装船后的一切费用和风险；负责办理保险及支付保险费，办理在目的港的进口和收货手续；接受卖方提供的有关装运单据，并按合同规定支付货款。

28. 银行财务费率是多少？

答：银行财务费率一般为 0.4‰～0.5‰。

29. 外贸手续费率是多少？

答：外贸手续费率一般取 1.5%。

30. 我国增值税条例规定，进口应税产品均按组成计税价格，依税率直接计算应税额，不扣除什么？

答：我国增值税条例规定，进口应税产品均按组成计税价格，依税率直接计算应税额，不扣除任何项目的金额或已纳税额。

31. 进口设备增值税计税基础是什么？

答：是组成计税价格，它是由到岸价、进口关税和消费税组成。

32. 增值税基本税率是多少？

答：增值税基本税率为 17%。

33. 消费税是价内税吗？

答：是价内税，根据公式可以判断。

34. 设备运杂费的计算基础是什么？

答：设备运杂费的计算基础是设备原价。

35. 工、器具及生产家具购置费计取基数是什么？

答：是设备购置费。

36. 直接工程费中的人工费包括什么？

答：直接工程费中的人工费包括基本工资、工资性补贴、生产工人辅助工资、职工福利费、生产工人劳动保护费。

37. 病假在六个月以内的工资应该放在哪里？

答：病假在六个月以内的工资及产、婚、丧假期的工资在直接工程费中的人工费的生产工人辅助工资里。

38. 生产工人劳动保护费是指什么？

答：生产工人劳动保护费：是指按规定标准发放的劳动保护用品的购置费及修理费，徒工服装补贴，防暑降温费，在有碍身体健康环境中施工的保健费用等。

39. 检验试验费不包括哪些费用？

答：检验试验费不包括新结构、新材料的试验费和建设单位对具有出厂合格证明的材料进行检验，对构件做破坏性试验及其他特殊要求检验试验的费用。

40. 采购及保管费包括哪些内容？

答：采购及保管费：是指为组织采购、供应和保管材料过程中所需要的各项费用。包括：采购费、仓储费、工地保管费、仓储损耗。

41. 怎样区分大修理费和经常修理费？

答：大修理费指施工机械按规定的大修理间隔台班进行必要的大修理，以恢复其正常功能所需的费用；经常修理费指施工机械除大修理以外的各级保养和临时故障排除所需的费用。

42. 临时设施包括哪些？

答：临时设施包括：临时宿舍、文化福利及公用事业房屋与构筑物、仓库、办公室、加工厂以及规定范围内道路、水、电、管线等临时设施和小型临时设施。

43. 临时设施费用包括哪些？

答：临时设施费用包括：临时设施的搭设、维修、拆除费或摊销费。

44. 大型机械设备进出场及安拆费怎么理解？

答：大型机械设备进出场及安拆费是指机械整体或分体自停放场地运至施工现场或由一个施工地点运至另一个施工地点，所发生的机械进出场运输及转移费用及机械在施工现场进行安装、拆卸所需的人工费、材料费、机械费、试运转费和安装所需的辅助设施的费用。

45. 三费一金是什么意思？

答：三费一金就是养老保险费、失业保险费、医疗保险费和住房公积金。

46. 利润有哪几种计取基础？

答：有三种计取方式，分别是以直接费与间接费之和为计取基础、以人工费（含措施费中的人工费）为计取基础、以人工费和机械费合计（含措施费中的人工费和机械费）为计取基础。

47. 税金是指什么？

答：税金是指国家税法规定的应计入建筑安装工程造价内的营业税、城市维护建设税及教育费附加等。

48. 营业税的税额为营业额的多少？

答：营业税的税额为营业额的3%。

49. 对建筑安装企业征收的教育费附加，税额为营业税还是营业额为基础？

答：对建筑安装企业征收的教育费附加，税额为营业税的3%，并与营业税同时缴纳。

50. 税金是价内税还是价外税？

答：税金是价内税，由计取公式得出。

51. 什么是"暂列金额"？

答："暂列金额"是指包括在合同中，供工程任何部分的施工，或提供货物、材料、设备、服务，或提供不可预料事件之费用的一项金额。暂列金额是业主方的备用金。这是由业主的咨询工程师事先确定并填入招标文件中的金额。

52. 工程建设其他费用按其内容大体可分为哪三类？

答：工程建设其他费用，按其内容大体可分为三类。第一类为土地使用费；第二类是与项目建设有关的费用；第三类是与未来企业生产和经营活动有关的费用。

53. 农用土地征用费按什么补偿？

答：农用土地征用费由土地补偿费、安置补助费、土地投资补偿费、土地管理费、耕地占用税等组成，并按被征用土地的原用途给予补偿。

54. 征用耕地的补偿费用包括哪些？

答：征用耕地的补偿费用包括土地补偿费、安置补助费以及地上附着物和青苗的补偿费。

55. 征用耕地的土地补偿费，为该耕地征用前3年平均年产值的多少倍？

答：征用耕地的土地补偿费，为该耕地征用前3年平均年产值的6～10倍。

56. 征用耕地的安置补助费，为该耕地征用前3年平均年产值的多少倍？

答：征用耕地的安置补助费，为该耕地征用前3年平均年产值的4～6倍。

57. 每公顷被征用耕地的安置补助费，最高不得超过被征用前3年平均年产值的多少倍？

答：每公顷被征用耕地的安置补助费，最高不得超过被征用前3年平均年产值的15倍。

58. 取得国有土地使用费包括哪些？

答：取得国有土地使用费包括：土地使用权出让金、城市建设配套费、拆迁补偿与临时安置补助费等。

59. 建设单位管理费内容包括哪些？

答：建设单位管理费内容包括建设单位开办费和建设单位经费。

60. 建设单位管理费以什么为基础计取？

答：建设单位管理费以工程费用为基础计取，工程费用是指建筑安装工程费用和工、器具购置费用之和。

61. 工程招标费、工程咨询费、审计费、后评价费等费用在哪里包括？

答：在建设单位管理费的建设单位经费中。

62. 为本建设工程提供项目建议书、可行性研究报告及设计文件等所需费用应放在哪里？

答：勘察设计费是指为本建设工程提供项目建议书、可行性研究报告及设计文件等所需费用。

63. 建设单位的临时设施费以什么为计取基数？

答：建设单位的临时设施费以建筑安装工程费为计取基数，乘以临时设施费标准。

64. 工程保险费包括哪些内容？

答：工程保险费包括建筑工程一切险、安装工程一切险以及机器损坏保险。

65. 进口设备检验鉴定费用怎么计算？

答：进口设备检验鉴定费用按进口设备货价的3‰～5‰。

66. 担保费一般可按承保金的多少计取？

答：担保费一般可按承保金的5‰计取。

67. 怎么理解联合试运转费？

答：联合试运转费是指新建企业或新增加生产工艺过程的扩建企业在竣工验收前，按照设计规定的工程质量标准，进行整个车间的负荷试运转发生的费用支出大于试运转收入的亏损部分。

68. 联合试运转费包括由设备安装工程费开支的单台设备调试费及无负荷联动试运转费用吗？

答：联合试运转费不包括由设备安装工程费开支的单台设备调试费及无负荷联动试运

转费用。

69. 联合试运转费怎么计算？

答：以"单项工程费用"总和为基础，按照工程项目的不同规模分别规定的试运转费率计算或以试运转费的总金额包干使用。

70. 基本预备费主要指什么费用？

答：基本预备费是指在项目实施中可能发生难以预料的支出，需要预先预留的费用，又称不可预见费。主要指设计变更及施工过程中可能增加工程量的费用。

71. 基本预备费以什么费用为计算基数？

答：基本预备费以设备及工器具购置费、建筑安装工程费、工程建设其他费之和为计算基数。

72. 涨价预备费以什么费用为计算基数？

答：涨价预备费是指建设工程在建设期内由于价格等变化引起投资增加，需要事先预留的费用。涨价预备费以建筑安装工程费、设备工器具购置费之和为计算基数。

73. 建设期利息应该计入到哪里？

答：建设期利息是指项目借款在建设期内发生并计入固定资产的利息。

74. 为了简化建设期利息计算，在编制投资估算时怎么考虑的？

答：为了简化建设期利息计算，在编制投资估算时通常假定借款均在每年的年中支用，借款第一年按半年计息，其余各年份按全年计息。

75. 铺底流动资金一般按流动资金的多少计算？

答：铺底流动资金是指生产性建设工程为保证生产和经营正常进行，按规定应列入建设工程总投资的铺底流动资金。一般按流动资金的30%计算。

例题解析

一、单项选择题

1. 已知某工程的混凝土直接费为420元/m³，间接费率为12%，利润率为4%，税率为3.41%。以直接费为计算基础，则混凝土的全费用综合单价为（　　）元/m³。

　　A. 486.44　　B. 503.54　　C. 503.81　　D. 505.90

答案：D

【解析】 全费用综合单价＝(420×(1+12%)(1+4%)(1+3.41%))/1＝505.9元/m³。

2. 某新建项目，建设期为3年，共向银行贷款1200万元。其中：第1年400万元，第2年500万元，第3年300万元，年利率为5%。则该项目的建设期利息为（　　）万元。

　　A. 54.65　　B. 60.00　　C. 97.65　　D. 189.15

答案：C

【解析】 根据公式：各年应计利息＝(年初借款本息累计＋本年借款额/2)×年利率

第一年应计利息＝(0+400/2)×5%＝10万元

第二年应计利息＝(400+10+500/2)×5%＝33万元

第三年应计利息＝(400+10+500+33+300/2)×5%＝54.65万元

三年累计应计利息（建设期利息）＝10＋33＋54.65＝97.65万元

3. 进口设备银行财务费的计算公式为：银行财务费＝（　　）×人民币外汇牌价×银行财务费率。

    A. 离岸价   B. 到岸价

    C.（离岸价＋国外运费）   D.（到岸价＋外贸手续费）

答案：A

【解析】 根据公式：银行财务费＝离岸价×人民币外汇牌价×银行财务费率

4. 某进口设备按人民币计算，离岸价830万元，到岸价920万元，银行财务费4.15万元，外贸手续费13.8万元，增值税198.72万元，进口设备检验鉴定费3万元，进口关税率20%。则该进口设备的抵岸价为（　　）万元。

    A. 1212.67   B. 1215.67   C. 1320.67   D. 1323.67

答案：C

【解析】 根据进口设备抵岸价公式，便能计算出来，注意到岸价包括前三项，进口关税是以到岸价为基数的。

进口设备抵岸价＝货价＋国外运费＋国外运输保险费＋银行财务费＋外贸手续费
          ＋进口关税＋增值税＋消费税＋海关监管手续费
        ＝920＋4.15＋13.8＋920×20%＋198.72＝1320.67万元

注意"进口设备检验鉴定费3万元"不在公式里面。

5. 世界银行和国际咨询工程师联合会对项目的总建设成本做了统一规定，内容包括项目直接建设成本、间接建设成本及（　　）。

    A. 未明确项目的准备金和建设成本上升费用

    B. 基本预备费和涨价预备费

    C. 应急费和建设成本上升费用

    D. 未明确项目的准备金和不可预见准备金

答案：C

【解析】 世界银行和国际咨询工程师联合会对项目的总建设成本做了统一规定，内容包括项目直接建设成本、间接建设成本及应急费和建设成本上升费用。

6. 国产非标准设备原价的确定可采用（　　）等方法。

    A. 成本计算估价法和系列设备插入估价法

    B. 成本计算估价法和概算指标法

    C. 分部组合估价法和百分比法

    D. 概算指标法和定额估价法

答案：A

【解析】 非标准设备是指国家尚无定型标准，各设备生产厂不可能在工艺过程中采用批量生产，只能按一次订货，并根据具体的设备图纸制造的设备。非标准设备原价有多种不同的计算方法，如成本计算估价法、系列设备插入估价法、分部组合估价法、定额估价法等。

7. 城市维护建设税的计税基础是（　　）。

    A. 直接费   B. 间接费   C. 所得税   D. 营业税

答案：D

【解析】 城市维护建设税是国家为了加强城市维护建设、扩大和稳定城市的维护建设资金的来源，而对有经营收入的单位和个人征收的一种税。对于施工企业来讲，城市维护建设税的计税依据为营业税。纳税人所在地为市区的，按营业税的7%征收；所在地为县城镇的，按营业税的5%征收；所在地不在市区县镇的，按营业税的1%征收。

8. 某当年完工的工程项目，建筑安装工程费2000万元，设备工器具购置费3000万元，工程建设其他费600万元，涨价预备费率为3%，建设期贷款利息180万元，铺底流动资金160万元，则该项目的建设投资为(   )万元。

  A. 5930   B. 5948   C. 6090   D. 6108

  答案：A

【解析】 该项目的建设投资包括：固定资产投资(工程造价)和流动资产投资(流动资金)。

建设投资＝建筑安装工程费＋设备工器具购置费＋工程建设其他费＋涨价预备费＋建设期贷款利息＝(2000＋3000＋600)(1＋3%)＋180＝5930万元。

9. 某施工企业为了提高混凝土强度并加快模板的周转速度，在混凝土中加入了经试验后满足上述要求的一种外加剂。该外加剂的费用属于(   )。

  A. 措施费 B. 材料费 C. 检验试验费 D. 研究试验费

  答案：B

【解析】 检验试验费：是指对建筑材料、构件和建筑安装物进行一般鉴定、检查所发生的费用，包括自设试验室进行试验所耗用的材料和化学药品等费用。不包括新结构、新材料的试验费和建设单位对具有出厂合格证明的材料进行检验，对构件做破坏性试验及其他特殊要求检验试验的费用。

10. 某进口设备，离岸价为200万元，到岸价为210万元，银行手续费为1万元，进口关税为21万元，增值税税率为17%，不计消费税。则增值税税额为(   )万元。

  A. 35.77   B. 37.57   C. 39.27   D. 39.44

  答案：C

【解析】 进口产品增值税额＝组成计税价格×增值税率

组成计税价格＝到岸价×人民币外汇牌价＋进口关税＋消费税

进口产品增值税额＝(210＋21＋0)×17%＝39.27万元。

11. 在工程项目竣工验收前，对已完工程及设备进行保护所需的费用属于(   )。

  A. 建筑安装工程措施费   B. 建筑安装工程直接工程费

  C. 建设单位管理费   D. 建设单位生产准备费

  答案：A

【解析】 措施费：是指为完成工程项目施工，发生于该工程施工前和施工过程中非工程实体项目的费用。

包括内容：

(1) 环境保护费：是指施工现场为达到环保部门要求所需要的各项费用。

(2) 文明施工费：是指施工现场文明施工所需要的各项费用。

(3) 安全施工费：是指施工现场安全施工所需要的各项费用。

(4) 临时设施费：是指施工企业为进行建筑工程施工所必须搭设的生活和生产用的临时建筑物、构筑物和其他临时设施费用等。

临时设施包括：临时宿舍、文化福利及公用事业房屋与构筑物，仓库、办公室、加工厂以及规定范围内道路、水、电、管线等临时设施和小型临时设施。

临时设施费用包括：临时设施的搭设、维修、拆除费或摊销费。

(5) 夜间施工费：是指因夜间施工所发生的夜班补助费、夜间施工降效、夜间施工照明设备摊销及照明用电等费用。

(6) 二次搬运费：是指因施工场地狭小等特殊情况而发生的二次搬运费用。

(7) 大型机械设备进出场及安拆费：是指机械整体或分体自停放场地运至施工现场或由一个施工地点运至另一个施工地点，所发生的机械进出场运输及转移费用及机械在施工现场进行安装、拆卸所需的人工费、材料费、机械费、试运转费和安装所需的辅助设施的费用。

(8) 混凝土、钢筋混凝土模板及支架费：是指混凝土施工过程中需要的各种钢模板、木模板、支架等的支、拆、运输费用及模板、支架的摊销(或租赁)费用。

(9) 脚手架费：是指施工需要的各种脚手架搭、拆、运输费用及脚手架的摊销(或租赁)费用。

(10) 已完工程及设备保护费：是指竣工验收前，对已完工程及设备进行保护所需费用。

(11) 施工排水、降水费：是指为确保工程在正常条件下施工，采取各种排水、降水措施所发生的各种费用。

12. 某建筑安装工程，采用工料单价法计价程序计算工程造价，以直接费为计算基础，其直接工程费为1000万元，措施费为100万元，间接费费率为10%，利润率为5%，计税系数为3.41%，则该工程的含税造价为(　　)万元。

A. 1194.39　　　　B. 1302.97　　　　C. 1308.14　　　　D. 1313.82

答案：D

【解析】 计算如表：

以直接费为计算基础的工料单价法计价程序

序号	费用项目	计算方法	计算
1	直接工程费	按预算表	1000
2	措施费	按规定标准计算	100
3	小计	(1)+(2)	1100
4	间接费	(3)×相应费率	1100×10%=110
5	利润	((3)+(4))×相应利润率	(1100+110)×5%=60.5
6	合计	(3)+(4)+(5)	1100+110+60.5=1270.5
7	含税造价	(6)×(1+相应税率)	1270.5×(1+3.41%)=1313.82万元

13. 某新建项目，建设期为2年，从银行贷款900万元，其中第1年300万元、第2年600万元。若年利率为6%，则该项目估算的建设期利息为(　　)万元。

A. 18.00　　　　B. 37.08　　　　C. 45.54　　　　D. 54.00

答案：C

【解析】 根据公式：各年应计利息＝(年初借款本息累计＋本年借款额/2)×年利率

第一年应计利息＝(0＋300/2)×6％＝9万元

第二年应计利息＝(300＋9＋600/2)×6％＝36.54万元

三年累计应计利息(建设期利息)＝9＋36.54＝45.54万元

14. 在计算建设工程设备工器具购置费时，国产标准设备原价一般是指(　　)。

　　A. 设备成本价　　　　　　　　B. 设备出厂价
　　C. 设备预算价格　　　　　　　D. 设备出厂价加运费

答案：B

【解析】 国产标准设备原价一般指的是设备制造厂的交货价，即出厂价。

15. 某工业项目进口一批生产设备，CIF价为200万美元，银行财务费费率为5‰，外贸手续费费率为1.5％，进口关税税率为20％，增值税税率为17％，美元兑人民币汇率为1:8.3，则这批设备应纳的增值税为(　　)万元人民币。

　　A. 412.42　　　B. 408.00　　　C. 342.31　　　D. 338.64

答案：D

【解析】 进口关税＝到岸价×人民币外汇牌价×进口关税税率

　　　　　＝200×8.3×20％＝332万元人民币

组成计税价格＝到岸价×人民币外汇牌价＋进口关税＋消费税

　　　　　＝200×8.3＋332＋0＝1992万元人民币

增值税＝组成计税价格×增值税税率＝1992×17％＝338.64万元人民币

16. 进口设备外贸手续费的计算公式为：外贸手续费＝(　　)×人民币外汇牌价×外贸手续费费率。

　　A. 离岸价　　　　　　　　　　B. 离岸价＋国外运费
　　C. 离岸价＋国外运输保险费　　D. 到岸价

答案：D

【解析】 外贸手续费＝到岸价(CIF)×人民币外汇牌价×外贸手续费费率

17. 下列交货方式中，对买方最有利的是(　　)。

　　A. 内陆交货类　　　　　　　　B. 出口国装运港交货类
　　C. 进口国装运港交货类　　　　D. 目的地交货类

答案：D

【解析】 目的地交货类即卖方要在进口国的港口或内地交货，包括目的港船上交货价，目的港船边交货价(FOS)和目的港码头交货价(关税已付)及完税后交货价(进口国目的地的指定地点)。它们的特点是：买卖双方承担的责任、费用和风险是以目的地约定交货点为分界线，只有当卖方在交货点将货物置于买方控制下方算交货，方能向买方收取货款。这类交货价对卖方来说承担的风险较大，在国际贸易中卖方一般不愿意采用这类交货方式。

18. 我国增值税条例规定，从国外进口的设备，其增值税按(　　)计算其应纳税额。

　　A. 离岸价　　　B. 到岸价　　　C. 抵岸价　　　D. 组成计税价格

答案：D

【解析】 进口产品增值税额＝组成计税价格×增值税率
组成计税价格＝到岸价×人民币外汇牌价＋进口关税＋消费税

19．进口设备关税的计算公式为：进口关税＝(　　)×人民币外汇牌价×进口关税率。

  A．离岸价   B．到岸价
  C．离岸价＋国外运费   D．离岸价＋国外运输保险费

答案：B

【解析】 进口关税＝到岸价×人民币外汇牌价×进口关税率

20．按照《建筑安装工程费用项目组成》(建标〔2003〕206号)的规定，对建筑材料、构件和建筑安装物进行一般鉴定、检查所发生的费用列入(　　)。

  A．业主的研究试验费   B．承包商的其他直接费
  C．承包商的材料费   D．承包商的措施费

答案：C

【解析】 材料费是指施工过程中耗费的构成工程实体的原材料、辅助材料、构配件、零件、半成品的费用。内容包括：(1)材料原价(或供应价格)；(2)材料运杂费：是指材料自来源地运至工地仓库或指定堆放地点所发生的全部费用；(3)运输损耗费：是指材料在运输装卸过程中不可避免的损耗；(4)采购及保管费：是指为组织采购、供应和保管材料过程中所需要的各项费用。包括：采购费、仓储费、工地保管费、仓储损耗；(5)检验试验费：是指对建筑材料、构件和建筑安装物进行一般鉴定、检查所发生的费用，包括自设试验室进行试验所耗用的材料和化学药品等费用。不包括新结构、新材料的试验费和建设单位对具有出厂合格证明的材料进行检验，对构件做破坏性试验及其他特殊要求检验试验的费用。

21．世界银行关于应急费的规定中，有一项费用是作为费用储备，可能动用，可能不动用。这项费用被称为(　　)。

  A．不可预见准备金   B．建设成本上升费
  C．预备费   D．未明确项目准备金

答案：A

【解析】 不可预见准备金用于在估算达到了一定完整性并符合技术标准的基础上，由于物质、社会和经济的变化，导致估算增加的情况。此种情况可能发生，也可能不发生。因此，不可预见准备金只是一种储备，可能不动用。

22．某机械设备预算价格为300万元，残值率为4％，折旧年限为10年，年平均工作台班为220台班。采用平均折旧法计算，其台班折旧费应为(　　)元。

  A．1363.6   B．1309.1   C．13090.9   D．13636.4

答案：B

【解析】 耐用总台班数＝折旧年限×年工作台班＝10×220＝2200台班
台班折旧费＝机械设备预算价格×(1－残值率)/耐用总台班数＝300×(1－4％)/2200＝1309.1元。

23．按照《建筑安装工程费用项目组成》(建标〔2003〕206号)的规定，大型机械设

备进出场及安拆费列入（　　）。

  A. 施工机械使用费　　　　　　B. 施工机构迁移费
  C. 措施费　　　　　　　　　　D. 间接费

答案：C

【解析】 措施费是指为完成工程项目施工，发生于该工程施工前和施工过程中非工程实体项目的费用。
包括内容：(1)环境保护费；(2)文明施工费；(3)安全施工费；(4)临时设施费；(5)夜间施工费；(6)二次搬运费；(7)大型机械设备进出场及安拆费；(8)混凝土、钢筋混凝土模板及支架费；(9)脚手架费；(10)已完工程及设备保护费；(11)施工排水、降水费。

24. 某土建工程，以直接费为计算基础，其中直接费为100万元，间接费费率为10%，利润率为8%，税率为3.41%，则该工程的含税造价为（　　）万元。

  A. 121.41　　　B. 122.02　　　C. 122.21　　　D. 122.85

答案：D

【解析】 工程的含税造价＝100×(1+10%)(1+8%)(1+3.41%)＝122.85万元。

25. 建设单位管理人员工资应计入（　　）。

  A. 预备费　　B. 建设单位经费　　C. 开办费　　D. 企业管理费

答案：B

【解析】 工程建设其他费用包含的内容很复杂、琐碎，尤其是建设单位管理费中的建设单位经费，一共包括30余项费用。考生对于这一部分要掌握特点，注意区分。

26. 在某工程的施工过程中，承包商对混凝土搅拌设备的加水计量器进行改进研究，经改进成功用于本工程，则该项研究费应在（　　）中支付。

  A. 业主方的研究试验费　　　　B. 业主方的预备费
  C. 承包方的预备费　　　　　　D. 承包方的研究试验费

答案：D

【解析】 根据研究试验费概念本题不是业主承担。

27. 在建设项目中，按规定支付给商品检验部门的进口设备检验鉴定费用应计入（　　）。

  A. 引进技术和进口设备其他费　　B. 建设单位管理费
  C. 设备安装工程费　　　　　　　D. 进口设备购置费

答案：A

【解析】 引进技术和进口设备其他费包括：(1)出国人员费用；(2)国外工程技术人员来华费用；(3)技术引进费；(4)分期或延期付款利息；(5)担保费；(6)进口设备检验鉴定费用。

28. 生产单位提前进厂参加施工、设备安装、调试的人员，其工资、工资性补贴等费用应从（　　）中支付。

  A. 建筑安装工程费　　　　　　B. 设备工器具购置费
  C. 建设单位管理费　　　　　　D. 生产准备费

答案：D

【解析】 生产准备费包括：(1)生产职工培训费；(2)生产单位提前进厂参加施工、设备安装、调试等以及熟悉工艺流程及设备性能等人员的工资性补贴、职工福利费、差旅交通费、劳动保护费等。

29. 在批准的初步设计范围内，设计变更、局部地基处理等增加的费用应计入(   )。

A. 现场经费 B. 施工企业管理费
C. 涨价预备费 D. 基本预备费

答案：D

【解析】 按我国现行规定，预备费包括基本预备费和涨价预备费。其中，基本预备费是指在初步设计及概算内难以预料的工程费用，而涨价预备费是指建设项目在建设期间内由于价格等变化引起工程造价变化的预测预留费用。

30. 某项目，在建设期初的建筑安装工程费为1000万元，设备工器具购置费为800万元，项目建设期为2年，每年投资额相等，建设期内年平均价格上涨率为5%，则该项目建设期的涨价预备费为(   )万元。

A. 50.00 B. 90.00 C. 137.25 D. 184.50

答案：C

【解析】 根据公式 $PC = \sum_{t=1}^{n} I_t[(1+f)^t - 1]$

第一年末的涨价预备费＝(1000＋800)×50%×[(1+5%)¹－1]＝45 万元
第二年末的涨价预备费＝(1000＋800)×50%×[(1+5%)²－1]＝92.25 万元
该项目建设期的涨价预备费为 45＋92.25＝137.25 万元

31. 某投资项目建设期为3年，在建设期第一年贷款100万元，第二年贷款300万元，第三年贷款100万元，贷款年利率为6%。用复利法计算，该项目的建设期贷款利息应为(   )万元。

A. 62.18 B. 46.27 C. 30.00 D. 15.00

答案：B

【解析】 根据书上公式各年应计利息＝(年初借款本息累计＋本年借款额/2)×年利率
第一年应计利息＝(100/2)×6%＝3 万元
第二年应计利息＝(100＋3＋300/2)×6%＝15.18 万元
第三年应计利息＝(100＋3＋300＋15.18＋100/2)×6%＝28.09 万元
项目的建设期贷款利息应为 3＋15.18＋28.09＝46.27 万元。

32. 某项目建设期为2年，在建设期第一年贷款2000万元，第二年贷款3000万元，贷款年利率为8%，则该项目的建设期贷款利息估算为(   )万元。

A. 286.40 B. 366.40 C. 560.00 D. 572.80

答案：B

【解析】 根据书上公式各年应计利息＝(年初借款本息累计＋本年借款额/2)×年利率
第一年应计利息＝(2000/2)×8%＝80 万元
第二年应计利息＝(2000＋80＋3000/2)×8%＝286.4 万元
项目的建设期贷款利息应为 80＋286.4＝366.4 万元。

33. 某建设工程在建设期初的建安工程费和设备工器具购置费为45000万元。按本项目实施进度计划，项目建设期为3年，投资分年使用比例为：第一年25%，第二年55%，第三年20％，建设期内预计年平均价格总水平上涨率为5％。建设期贷款利息为1395万元，建设工程其他费用为3860万元；基本预备费率为10％。试估算该项目的建设投资。

  A. 56959.01(万元)   B. 59659.01(万元)
  C. 59569.01(万元)   D. 59695.01(万元)

答案：B

【解析】 （1）计算项目的涨价预备费

第一年末的涨价预备费 $=45000\times25\%\times[(1+5\%)^1-1]=562.5$ 万元

第二年末的涨价预备费 $=45000\times55\%\times[(1+5\%)^2-1]=2536.88$ 万元

第三年末的涨价预备费 $=45000\times20\%\times[(1+5\%)^3-1]=1418.63$ 万元

该项目建设期的涨价预备费为 $562.5+2536.88+1418.63=4518.01$ 万元

（2）计算项目的计划投资

建设=静态投资＋建设期贷款利息＋涨价预备费

   $=(45000+3860)\times(1+10\%)+1395+4518.01=59659.01$ 万元

二、多项选择题

1. 按《建筑安装工程费用项目组成》（建标［2003］206号）规定，措施费包括（　　）。

  A. 环境保护费   B. 文明施工费
  C. 混凝土添加剂费用   D. 安全施工费
  E. 脚手架摊销费

答案：A、B、D、E

【解析】 措施费：是指为完成工程项目施工，发生于该工程施工前和施工过程中非工程实体项目的费用。

包括内容：

（1）环境保护费：是指施工现场为达到环保部门要求所需要的各项费用。

（2）文明施工费：是指施工现场文明施工所需要的各项费用。

（3）安全施工费：是指施工现场安全施工所需要的各项费用。

（4）临时设施费：是指施工企业为进行建筑工程施工所必须搭设的生活和生产用的临时建筑物、构筑物和其他临时设施费用等。

临时设施包括：临时宿舍、文化福利及公用事业房屋与构筑物，仓库、办公室、加工厂以及规定范围内道路、水、电、管线等临时设施和小型临时设施。

临时设施费用包括：临时设施的搭设、维修、拆除费或摊销费。

（5）夜间施工费：是指因夜间施工所发生的夜班补助费、夜间施工降效、夜间施工照明设备摊销及照明用电等费用。

（6）二次搬运费：是指因施工场地狭小等特殊情况而发生的二次搬运费用。

（7）大型机械设备进出场及安拆费：是指机械整体或分体自停放场地运至施工现场或由一个施工地点运至另一个施工地点，所发生的机械进出场运输及转移费用及机械在施工现场进行安装、拆卸所需的人工费、材料费、机械费、试运转费和安装所需的辅助设施的费用。

（8）混凝土、钢筋混凝土模板及支架费：是指混凝土施工过程中需要的各种钢模板、木模板、支架等的支、拆、运输费用及模板、支架的摊销（或租赁）费用。

(9) 脚手架费：是指施工需要的各种脚手架搭、拆、运输费用及脚手架的摊销（或租赁）费用。

(10) 已完工程及设备保护费：是指竣工验收前，对已完工程及设备进行保护所需费用。

(11) 施工排水、降水费：是指为确保工程在正常条件下施工，采取各种排水、降水措施所发生的各种费用。

2. 按《建筑安装工程费用项目组成》（建标〔2003〕206号）规定，属于企业管理费的有（　　）。

  A. 危险作业意外伤害保险费　　　　B. 6个月以上的病假人员工资
  C. 生产工人休假期间的工资　　　　D. 现场管理人员工资
  E. 职工探亲路费
  答案：B、D、E

【解析】 企业管理费：是指建筑安装企业组织施工生产和经营管理所需费用。内容包括：

(1) 管理人员工资：是指管理人员的基本工资、工资性补贴、职工福利费、劳动保护费等。

(2) 办公费：是指企业管理办公用的文具、纸张、账表、印刷、邮电、书报、会议、水电、烧水和集体取暖（包括现场临时宿舍取暖）用煤等费用。

(3) 差旅交通费：是指职工因公出差、调动工作的差旅费、住勤补助费，市内交通费和误餐补助费，职工探亲路费，劳动力招募费，职工离退休、退职一次性路费，工伤人员就医路费，工地转移费以及管理部门使用的交通工具的油料、燃料、养路费及牌照费。

(4) 固定资产使用费：是指管理和试验部门及附属生产单位使用的属于固定资产的房屋、设备仪器等的折旧、大修、维修或租赁费。

(5) 工具用具使用费：是指管理使用的不属于固定资产的生产工具、器具、家具、交通工具和检验、试验、测绘、消防用具等的购置、维修和摊销费。

(6) 劳动保险费：是指由企业支付离退休职工的易地安家补助费、职工退职金、六个月以上的病假人员工资、职工死亡丧葬补助费、抚恤费、按规定支付给离休干部的各项经费。

(7) 工会经费：是指企业按职工工资总额计提的工会经费。

(8) 职工教育经费：是指企业为职工学习先进技术和提高文化水平，按职工工资总额计提的费用。

(9) 财产保险费：是指施工管理用财产、车辆保险。

(10) 财务费：是指企业为筹集资金而发生的各种费用。

(11) 税金：是指企业按规定缴纳的房产税、车船使用税、土地使用税、印花税等。

(12) 其他：包括技术转让费、技术开发费、业务招待费、绿化费、广告费、公证费、法律顾问费、审计费、咨询费等。

3. 进口设备的CIF价包括了设备的（　　）。
  A. 货价　　　B. 运杂费　　　C. 国外运输费　　　D. 关税

E. 国外运输保险费

答案：A、C、E

【解析】 装运港交货类即卖方在出口国装运港完成交货任务。主要有装运港船上交货价(FOB)，习惯称为离岸价；运费在内价(CFR)；运费、保险费在内价(CIF)，习惯称为到岸价。

4. 建筑安装工程税金包括国家税法规定应计入建筑安装工程造价的( )。

  A. 增值税   B. 所得税
  C. 营业税   D. 城市维护建设税
  E. 教育费附加

答案：C、D、E

【解析】 税金是指国家税法规定的应计入建筑安装工程造价内的营业税、城市维护建设税及教育费附加等。

5. 按《建筑安装工程费用项目组成》(建标〔2003〕206号)的规定，施工机械使用费包括( )。

  A. 机械操作人员的工资   B. 大型机械设备安拆费
  C. 机械燃料动力费   D. 机械大修理费
  E. 应缴纳的养路费

答案：A、C、D、E

【解析】 施工机械使用费：是指施工机械作业所发生的机械使用费以及机械安拆费和场外运费。

施工机械台班单价应由下列七项费用组成：

(1) 折旧费：指施工机械在规定的使用年限内，陆续收回其原值及购置资金的时间价值。

(2) 大修理费：指施工机械按规定的大修理间隔台班进行必要的大修理，以恢复其正常功能所需的费用。

(3) 经常修理费：指施工机械除大修理以外的各级保养和临时故障排除所需的费用。包括为保障机械正常运转所需替换设备与随机配备工具附具的摊销和维护费用，机械运转中日常保养所需润滑与擦拭的材料费用及机械停滞期间的维护和保养费用等。

(4) 安拆费及场外运费：安拆费指施工机械在现场进行安装与拆卸所需的人工、材料、机械和试运转费用以及机械辅助设施的折旧、搭设、拆除等费用；场外运费指施工机械整体或分体自停放地点运至施工现场或由一施工地点运至另一施工地点的运输、装卸、辅助材料及架线等费用。

(5) 人工费：指机上司机(司炉)和其他操作人员的工作日人工费及上述人员在施工机械规定的年工作台班以外的人工费。

(6) 燃料动力费：指施工机械在运转作业中所消耗的固体燃料(煤、木柴)、液体燃料(汽油、柴油)及水、电等。

(7) 养路费及车船使用税：指施工机械按照国家规定和有关部门规定应缴纳的养路费、车船使用税、保险费及年检费等。

6. 建设工程取得现有国有土地使用权应支付的费用包括( )。

A. 新菜地开发建设基金　　　　　B. 拆迁补偿与临时安置补助费
C. 城市建设配套费　　　　　　　D. 土地使用权出让金
E. 耕地占用税

答案：B、C、D

【解析】 取得国有土地使用费包括：土地使用权出让金、城市建设配套费、拆迁补偿与临时安置补助费等。

7. 下述属于设备工器具购置费的有(　　)。
A. 国产设备从交货地点至工地仓库的运费
B. 进口设备银行财务费
C. 进口设备检验鉴定费
D. 进口设备仓库保管费
E. 为进口设备而出国的人员差旅费

答案：A、B、D

【解析】 设备购置费是指为建设工程购置或自制的达到固定资产标准的设备、工具、器具的费用。所谓固定资产标准，是指使用年限在一年以上，单位价值在国家或各主管部门规定的限额以上。新建项目和扩建项目的新建车间购置或自制的全部设备、工具、器具，不论是否达到固定资产标准，均计入设备、工器具购置费中。设备购置费包括设备原价和设备运杂费，即：

设备购置费＝设备原价或进口设备抵岸价＋设备运杂费

上式中，设备原价系指国产标准设备、非标准设备的原价。设备运杂费系指设备原价中未包括的包装和包装材料费、运输费、装卸费、采购费及仓库保管费、供销部门手续费等。

8. 设备购置费包括(　　)。
A. 设备原价　　　　　　　　　　B. 设备运输费用
C. 设备安装调试费　　　　　　　D. 单台设备试运转费
E. 设备采购保管费

答案：A、B、E

【解析】 设备购置费包括设备原价和设备运杂费构成。设备原价指国产设备或进口设备；设备运杂费指除设备原价之外的关于设备采购、运输、途中包装及仓库保管等方面支出费用的综合。

9. 下列选项中表示货物到达进口国口岸，但还没有纳关税的是(　　)。
A. 到岸价　　　　　　　　　　　B. 抵岸价
C. 运费、保险费在内价　　　　　D. CIF 价
E. 关税完税价格

答案：A、C、D

【解析】 在关于进口设备原价的论述中，很多名词含义是一样的。例如到岸价、运费和保险费在内价、CIF 价和关税完税价格含义一致，离岸价、装运港船上交货价、FOB 价和货价含义一致，抵岸价和设备原价含义一致等。

10. 建筑安装工程直接工程费中的人工费包括(　　)。

A. 交通补贴 B. 住房补贴
C. 失业保险费 D. 职工福利费
E. 防暑降温费

答案：A、B、D、E

【解析】 人工费是指直接从事建筑安装工程施工的生产工人开支的各项费用，内容包括：(1)基本工资：是指发放给生产工人的基本工资；(2)工资性补贴：是指按规定标准发放的物价补贴，煤、燃气补贴，交通补贴，住房补贴，流动施工津贴等；(3)生产工人辅助工资：是指生产工人年有效施工天数以外非作业天数的工资，包括职工学习、培训期间的工资，调动工作、探亲、休假期间的工资，因气候影响的停工工资，女工哺乳时间的工资，病假在六个月以内的工资及产、婚、丧假期的工资；(4)职工福利费：是指按规定标准计提的职工福利费；(5)生产工人劳动保护费：是指按规定标准发放的劳动保护用品的购置费及修理费，徒工服装补贴，防暑降温费，在有碍身体健康环境中施工的保健费用等。

11. 关于建筑安装工程取费，下列说法正确的有( )。

A. 材料费＝∑(材料消耗量×材料基价)＋检验试验费

B. 脚手架摊销量＝$\dfrac{\text{单位一次使用量}\times(1-\text{残值率})}{\text{耐用率}\div\text{一次使用期}}$

C. 材料费＝∑(材料消耗量×材料基价)

D. 检验试验费＝∑(单位材料量检验试验费×材料消耗量)

E. 脚手架搭拆费＝脚手架量×脚手架价格＋搭、拆、运输费

答案：A、B、D

【解析】 材料费＝∑(材料消耗量×材料基价)＋检验试验费

脚手架摊销量＝$\dfrac{\text{单位一次使用量}\times(1-\text{残值率})}{\text{耐用率}\div\text{一次使用期}}$

脚手架搭拆费＝脚手架摊销量×脚手架价格＋搭、拆、运输费

12. 措施费应包括( )：

A. 安全施工费 B. 混凝土、钢筋混凝土模板及支架费
C. 二次搬运费 D. 环境保护费
E. 设备采购保管费

答案：A、B、C、D

【解析】 措施费是指为完成工程项目施工，发生于该工程施工前和施工过程中非工程实体项目的费用。

包括内容：(1)环境保护费；(2)文明施工费；(3)安全施工费；(4)临时设施费；(5)夜间施工费；(6)二次搬运费；(7)大型机械设备进出场及安拆费；(8)混凝土、钢筋混凝土模板及支架费；(9)脚手架费；(10)已完工程及设备保护费；(11)施工排水、降水费。

13. 建筑安装工程直接工程费中的人工费包括生产工人( )。

A. 劳动保险费 B. 因气候影响的停工工资
C. 培训期间的工资 D. 劳动保护费
E. 病假在六个月以内的工资

答案：B、C、D、E

【解析】 人工费是指直接从事建筑安装工程施工的生产工人开支的各项费用，内容包括：(1)基本工资：是指发放给生产工人的基本工资；(2)工资性补贴：是指按规定标准发放的物价补贴，煤、燃气补贴，交通补贴，住房补贴，流动施工津贴等；(3)生产工人辅助工资：是指生产工人年有效施工天数以外非作业天数的工资，包括职工学习、培训期间的工资，调动工作、探亲、休假期间的工资，因气候影响的停工工资，女工哺乳时间的工资，病假在六个月以内的工资及产、婚、丧假期的工资；(4)职工福利费：是指按规定标准计提的职工福利费；(5)生产工人劳动保护费：是指按规定标准发放的劳动保护用品的购置费及修理费，徒工服装补贴，防暑降温费，在有碍身体健康环境中施工的保健费用等。

14. 根据具体的设备图纸制造的设备，非标准设备原价有多种不同的计算方法，有（　　）等。

　　A. 成本计算估价法　　　　　B. 系列设备插入估价法
　　C. 分部组合估价法　　　　　D. 定额估价法
　　E. 指标法
　　答案：A、B、C、D

【解析】 非标准设备是指国家尚无定型标准，各设备生产厂不可能在工艺过程中采用批量生产，只能按一次订货，并根据具体的设备图纸制造。非标准设备原价有多种不同的计算方法，如成本计算估价法、系列设备插入估价法、分部组合估价法、定额估价法等。

15. 目的地交货类既卖方要在进口国的港口或内地交货，包括（　　）。

　　A. 目的港船上交货价
　　B. 目的港船边交货价(FOS)
　　C. 目的港码头交货价(关税已付)
　　D. 完税后交货价(进口国目的地的指定地点)
　　E. 装运港船上交货价(FOB)
　　答案：A、B、C、D

【解析】 目的地交货类既卖方要在进口国的港口或内地交货，包括目的港船上交货价，目的港船边交货价(FOS)和目的港码头交货价(关税已付)及完税后交货价(进口国目的地的指定地点)。它们的特点是：买卖双方承担的责任、费用和风险是以目的地约定交货点为分界线，只有当卖方在交货点将货物置于买方控制下方算交货，方能向买方收取货款。这类交货价对卖方来说承担的风险较大，在国际贸易中卖方一般不愿意采用这类交货方式。

16. 按照《建筑安装工程费用项目组成》(建标［2003］206号)的规定，建筑安装工程直接工程费中的材料费包括材料（　　）。

　　A. 运杂费　　　B. 二次搬运费　　　C. 运输损耗费　　　D. 检验试验费
　　E. 采购及保管费
　　答案：A、C、D、E

【解析】 材料费是指施工过程中耗费的构成工程实体的原材料、辅助材料、构配件、零件、半成品的费用。内容包括：(1)材料原价(或供应价格)；(2)材料运杂费：是指材料自来源地运至工地仓库或指定堆放地点所发生的全部费用；(3)运输损耗费：是指材料在运输装卸过程中不可避免的损耗；(4)采购及保管费：是指为组织采购、供应和保管材料过程中所需要的各项费用。包括：采购费、仓储费、工地保管费、仓储损耗；(5)检验试验费：是指对建筑材料、构件和建筑安装物进行一般鉴定、检查所发生的费用，包括自设试验室进行试验所耗用的材料和化学药品等费用。不包括新结构、新材料的试验费和建设单位对具有出厂合格证明的材料进行检验，对构件做破坏性试验及其他特殊要求检验试验的费用。

17. 下列哪些费用属于土地征用及迁移补偿费(　　)。
　　A. 征地动迁费　　　　　　B. 土地使用权出让金
　　C. 安置补助费　　　　　　D. 土地清理费
　　E. 青苗补偿费
　　答案：A、C、E
【解析】 土地征用及迁移补偿费包括土地补偿费用、青苗补偿费和被征用土地上的房屋、水井、树木等附着物补偿费，安置补助费，征地动迁费，水利水电工程的水库淹没处理补偿费。

18. 工程保险费是指建设项目在建设期间根据需要实施工程保险所需的费用，其内容包括(　　)。
　　A. 各种建筑工程及其在施工过程中的物料、机器设备保险费
　　B. 机械损坏保险费
　　C. 人身安全保险费
　　D. 安装工程保险费
　　E. 工人工资
　　答案：A、B、D
【解析】 工程保险费是指建设项目在建设期间根据需要实施工程保险所需的费用，其内容包括以各种建筑工程及其施工过程中的物料、机器设备为保险标的的建筑工程一切险，以安装工程中各种机器、机械设备为保险标的的安装工程一切险，以及机器损坏保险等。

19. 下述属于建安工程直接费中施工机械使用费的有(　　)。
　　A. 施工机构成建地由原驻地迁移至另一地区的机械运输费
　　B. 运输机械养路费
　　C. 机械燃料动力费
　　D. 机械由一工地运至另一工地的运输费
　　E. 机上司机、司炉的基本工资和工资性津贴
　　答案：B、C、D、E
【解析】 施工机械使用费是指施工机械作业所发生的机械使用费以及机械安拆费和场外运费。施工机械台班单价应由下列七项费用组成：(1)折旧费：指施工机械在规定的使用年限内，陆续收回其原值及购置资金的时间价值；(2)大修理费：指施工机械按规定的大修理间隔台班进行必要的大修理，以恢复其正常功能所需的费用；(3)经常修理费：指

41

施工机械除大修理以外的各级保养和临时故障排除所需的费用。包括为保障机械正常运转所需替换设备与随机配备工具附具的摊销和维护费用，机械运转中日常保养所需润滑与擦拭的材料费用及机械停滞期间的维护和保养费用等；(4)安拆费及场外运费：安拆费指施工机械在现场进行安装与拆卸所需的人工、材料、机械和试运转费用以及机械辅助设施的折旧、搭设、拆除等费用；场外运费指施工机械整体或分体自停放地点运至施工现场或由一施工地点运至另一施工地点的运输、装卸、辅助材料及架线等费用；(5)人工费：指机上司机(司炉)和其他操作人员的工作日人工费及上述人员在施工机械规定的年工作台班以外的人工费；(6)燃料动力费：指施工机械在运转作业中所消耗的固体燃料(煤、木柴)、液体燃料(汽油、柴油)及水、电等；(7)养路费及车船使用税：指施工机械按照国家规定和有关部门规定应缴纳的养路费、车船使用税、保险费及年检费等。

20. 下列费用中，与项目建设有关的其他费用包括（　　）。
    A. 勘察设计费　　　　　　　　B. 供电贴费
    C. 引进技术和进口设备其他费用　D. 联合试运转费
    E. 研究试验费
    答案：A、B、C、E
    【解析】 与项目建设有关的其他费用包括：
    (1) 建设单位管理费；
    (2) 勘察设计费；
    (3) 研究试验费；
    (4) 临时设施费；
    (5) 工程监理费；
    (6) 工程保险费；
    (7) 供电贴费；
    (8) 施工机构迁移费；
    (9) 引进技术和进口设备其他费用。

21. 在有偿出让和转让土地时，应坚持以下原则（　　）。
    A. 土地对目前的投资环境不产生大影响
    B. 地价与当地的社会经济承受能力适应
    C. 地价应考虑土地开发费用，市场供求关系等
    D. 应考虑土地用途和使用年限
    E. 可以随意转让
    答案：A、B、C、D
    【解析】 在有偿出让和转让土地时，应坚持以下原则：(1)土地对目前的投资环境不产生大影响；(2)地价与当地的社会经济承受能力适应；(3)地价应考虑土地开发费用，市场供求关系、土地用途和使用年限。

22. 按照《建筑安装工程费用项目组成》(建标〔2003〕206号)的规定，下列属于建筑安装工程措施费的有（　　）。
    A. 大型机械设备进出场费　　　B. 安全施工费
    C. 工程排污费　　　　　　　　D. 混凝土模板及支架费

E. 文明施工费

答案：A、B、D、E

【解析】 措施费是指为完成工程项目施工，发生于该工程施工前和施工过程中非工程实体项目的费用。包括内容：(1)环境保护费；(2)文明施工费；(3)安全施工费；(4)临时设施费；(5)夜间施工费；(6)二次搬运费；(7)大型机械设备进出场及安拆费；(8)混凝土、钢筋混凝土模板及支架费；(9)脚手架费；(10)已完工程及设备保护费；(11)施工排水、降水费。

23. 社会保障费包括（ ）。

  A. 养老保险费   B. 失业保险费
  C. 危险作业意外伤害保险 D. 住房公积金
  E. 医疗保险费

答案：A、B、E

【解析】 社会保障费
(1) 养老保险费：是指企业按规定标准为职工缴纳的基本养老保险费。
(2) 失业保险费：是指企业按照国家规定标准为职工缴纳的失业保险费。
(3) 医疗保险费：是指企业按照规定标准为职工缴纳的基本医疗保险费。

24. 企业管理费是指建筑安装企业组织施工生产和经营管理所需费用，包括有（ ）。

  A. 管理人员工资   B. 固定资产使用费
  C. 劳动保险费   D. 住房公积金
  E. 税金

答案：A、B、C、E

【解析】 企业管理费是指建筑安装企业组织施工生产和经营管理所需费用。内容包括：

(1) 管理人员工资：是指管理人员的基本工资、工资性补贴、职工福利费、劳动保护费等。

(2) 办公费：是指企业管理办公用的文具、纸张、账表、印刷、邮电、书报、会议、水电、烧水和集体取暖(包括现场临时宿舍取暖)用煤等费用。

(3) 差旅交通费：是指职工因公出差、调动工作的差旅费、住勤补助费，市内交通费和误餐补助费，职工探亲路费，劳动力招募费，职工离退休、退职一次性路费，工伤人员就医路费，工地转移费以及管理部门使用的交通工具的油料、燃料、养路费及牌照费。

(4) 固定资产使用费：是指管理和试验部门及附属生产单位使用的属于固定资产的房屋、设备仪器等的折旧、大修、维修或租赁费。

(5) 工具用具使用费：是指管理使用的不属于固定资产的生产工具、器具、家具、交通工具和检验、试验、测绘、消防用具等的购置、维修和摊销费。

(6) 劳动保险费：是指由企业支付离退休职工的易地安家补助费、职工退职金、六个月以上的病假人员工资、职工死亡丧葬补助费、抚恤费、按规定支付给离休干部的各项经费。

(7) 工会经费：是指企业按职工工资总额计提的工会经费。

(8) 职工教育经费：是指企业为职工学习先进技术和提高文化水平，按职工工资总额计提的费用。

(9) 财产保险费：是指施工管理用财产、车辆保险。

(10) 财务费：是指企业为筹集资金而发生的各种费用。

(11) 税金：是指企业按规定缴纳的房产税、车船使用税、土地使用税、印花税等。

(12) 其他：包括技术转让费、技术开发费、业务招待费、绿化费、广告费、公证费、法律顾问费、审计费、咨询费等。

25. 按照《建筑安装工程费用项目组成》（建标［2003］206号）的规定，规费包括（　　）。

  A. 安全施工费   B. 环境保护费
  C. 工程排污费   D. 工程定额测定费
  E. 住房公积金

答案：C、D、E

【解析】 规费是指政府和有关权力部门规定必须缴纳的费用（简称规费）。包括：(1)工程排污费；(2)工程定额测定费；(3)社会保障费(养老保险费；失业保险费；医疗保险费)；(4)住房公积金；(5)危险作业意外伤害保险。

26. 建设单位管理费包括（　　）。

  A. 工程招标费   B. 建设单位采购及保管材料费
  C. 合同契约公证费   D. 工程质量监督检测费
  E. 竣工验收费

答案：A、C、D、E

【解析】 建设单位管理费包括建设单位开办费和建设单位经费。工程招标费、合同契约公证费、工程质量监督检测费、竣工验收费属于建设单位经费。

📖 实战练习题

一、单项选择题

1. 以下费用中，属于企业管理费的是（　　）。
  A. 劳动保险费   B. 工程排污费
  C. 工程定额测定费   D. 养老保险费

2. 采用装运港船上交货价(FOB)进口设备，卖方的责任是（　　）。
  A. 负责租船订舱、支付运费
  B. 负责装船后的一切风险和费用
  C. 负责办理海外运输保险，并支付保险费
  D. 负责办理出口手续，并将货物运装上船

3. 国外运输保险费计算公式为（　　）。
  A. 国外运输保险费＝离岸价/(1－国外保险费率)×国外保险费率
  B. 国外运输保险费＝(离岸价＋国外运费)×国外保险费率
  C. 国外运输保险费＝(离岸价＋国外运费)/(1－国外保险费率)×国外保险费率

D. 国外运输保险费＝(离岸价＋国外运费)/(1＋国外保险费率)×国外保险费率

4. 下列费用中不属于工程费的是( )。
   A. 直接工程费　　　　　　　　B. 企业管理费
   C. 措施费　　　　　　　　　　D. 材料费

5. 建设项目总投资可以表示为( )。
   A. 固定资产投资＋流动资产　　B. 固定资产＋流动资金
   C. 工程造价＋流动资产投资　　D. 工程造价＋流动资产

6. 施工企业在施工现场搭设临时设施的支出应列入( )。
   A. 直接工程费　　　　　　　　B. 企业管理费
   C. 工程建设其他费用　　　　　D. 措施费

7. 病假在六个月以内的工资及产、婚、丧假期的工资应该列入( )。
   A. 基本工资　　　　　　　　　B. 工资性补贴
   C. 生产工人劳动保护费　　　　D. 生产工人辅助工资

8. 竣工验收前，对已完工程及设备进行保护所需费用应该列入( )。
   A. 企业管理费　　　　　　　　B. 人工费
   C. 生产工人劳动保护费　　　　D. 已完工程及设备保护费

9. 单台设备试车时所需的费用应计入( )。
   A. 设备购置费　　　　　　　　B. 试验研究费
   C. 安装工程费　　　　　　　　D. 联合试运转费

10. 某工程直接工程费为180万元，间接费为27万元，计划利润为10万元，营业税率为3%，则该工程的营业税为( )万元。
    A. 6.711　　　B. 6.510　　　C. 6.320　　　D. 6.705

11. 在下列费用中，属于建筑安装工程间接费中规费的是( )。
    A. 施工单位搭设的临时设施费　　B. 工会经费
    C. 工程定额测定费　　　　　　　D. 工程保修费

12. 工程造价(定额)管理部门的定额编制管理费在( )里包含。
    A. 预备费　　B. 规费　　C. 开办费　　D. 企业管理费

13. 预备费包括基本预备费和( )。
    A. 材料预备费　　　　　　　　B. 建设期利息
    C. 涨价预备费　　　　　　　　D. 工程保修费

14. 某新建项目，建设期为3年，共向银行贷款1300万元，贷款时间为：第一年300万元，第二年600万元，第三年400万元，年利率为6%，则建设期利息为( )。
    A. 124.27万元　　B. 114.27万元　　C. 114.72万元　　D. 144.27万元

15. 铺底流动资金一般按流动资金的( )计算。
    A. 10%　　B. 20%　　C. 30%　　D. 50%

16. 世界银行规定的项目总建设成本中，下列哪项不是其组成部分( )。
    A. 应急费用　　　　　　　　　B. 项目间接建设成本
    C. 估算误差费用补偿　　　　　D. 建设成本上升费用

17. 采用装运港船上交货价(FOB)进口设备时，卖方的责任是( )。

A. 承担货物装船后的一切费用和风险　　B. 承担接货后的一切费用和风险
C. 负责提供有关装运单据　　　　　　　D. 负责办理保险及支付保险费

18. 国产标准设备的原价一般是指（　　）。
    A. 设备制造厂的交货价　　　　　　B. 出厂价与运费、装卸费之和
    C. 设备预算价格　　　　　　　　　D. 设备成本价

19. 在建筑安装工程造价中，含税工程造价等于不含税工程造价加上（　　）。
    A. 营业税、城乡维护建设税及教育费附加
    B. 增值税、城乡维护建设税及教育费附加
    C. 营业税及所得税
    D. 增值税及所得税

20. 在建安工程造价中，材料预算价格是指材料由其来源地运到（　　）的价格。
    A. 施工工地　　　　　　　　　　　B. 施工操作地点
    C. 施工工地仓库后出库　　　　　　D. 施工工地仓库

21. 工业项目的交工验收一般分为三个工作程序，即：技术竣工（单体试车）、无负荷联动试车和有负荷联动试车；其中单体无负荷试车费应由（　　）支付。
    A. 建设单位的设备购置费　　　　　B. 建设单位的联合试运转费
    C. 建设单位的研究试验费　　　　　D. 施工单位的设备安装工程费

22. 为施工准备、组织施工生产和管理所需的费用是指（　　）。
    A. 安装工程费　　B. 企业管理费　　C. 规费　　D. 措施费

23. 某项目建筑安装工程投资为 1000 万元，基本预备费为 60 万元，设备购置费为 300 万元，涨价预备费为 20 万元，贷款利息为 50 万元，则上述投资中属于静态投资的为（　　）万元。
    A. 1300　　　　B. 1360　　　　C. 1380　　　　D. 1430

24. 当建设工程竣工验收时，为了鉴定工程质量，对隐蔽工程进行必要的开挖和修复，费用应从（　　）中支付。
    A. 建设单位的基本预备费　　　　　B. 建设单位的管理费
    C. 施工单位的现场管理费　　　　　D. 施工单位的其他直接费

25. 在安装工程中，无负荷试运转费属于（　　）。
    A. 联合试运转费　　　　　　　　　B. 安装工程费
    C. 间接费　　　　　　　　　　　　D. 预备费

26. 施工企业广告费应归入（　　）。
    A. 规费　　　　　　　　　　　　　B. 措施费
    C. 直接工程费　　　　　　　　　　D. 企业管理费

27. 教育费附加的计费基础是（　　）。
    A. 直接费＋间接费＋利润　　　　　B. 直接费
    C. 营业税　　　　　　　　　　　　D. 直接费＋间接费

28. 以下哪项不应归入建安工程人工费（　　）。
    A. 生产工人学习、培训期间工资　　B. 生产工人基本工资
    C. 生产工人工资性补贴　　　　　　D. 职工养老保险费

29. 生产单位提前进厂参加施工、设备安装、调试等人员的工资、工资性补贴、劳动保护费等应从（　　）中支付。
   A. 建筑安装工程费　　　　　　　B. 设备购置费
   C. 生产准备费　　　　　　　　　D. 预备费

30. 供电贴费是拥护申请用电时，由供电部门统一规划并负责建设的（　　）外部供电工程的建设、扩充、改建等费用的总称。
   A. 220kV 以下各级电压　　　　　B. 110kV 以下各级电压
   C. 60kV 以下各级电压　　　　　　D. 35kV 以下各级电压

二、多项选择题

1. 世行工程造价构成中，应急费包括（　　）。
   A. 未明确项目准备金　　　　　　B. 建设成本上升费
   C. 不可预见准备金　　　　　　　D. 运费和保险费
   E. 各种酬金

2. 国际工程项目建筑安装工程费用的构成中工程总成本包括（　　）。
   A. 直接费　　　　　　　　　　　B. 间接费
   C. 分包费　　　　　　　　　　　D. 公司总部管理费
   E. 风险费

3. 进口设备计算应纳增值税时，组成计税价格应由以下（　　）构成。
   A. 到岸价　　B. 关税　　C. 消费税　　D. 增值税
   E. 银行财务费

4. 临时设施包括（　　）。
   A. 临时宿舍、文化福利及公用事业房屋
   B. 临时构筑物
   C. 临时仓库、办公室、加工厂
   D. 规定范围内道路、水、电、管线等临时设施
   E. 场外市政道路

5. 进口设备抵岸价包括（　　）。
   A. 国外运输保险费　　　　　　　B. 银行财务费
   C. 外贸手续费　　　　　　　　　D. 消费税
   E. 出口关税

6. 建设项目投资构成中的基本预备费指（　　）。
   A. 在初步设计中难以预料的工程和费用增加
   B. 预防自然灾害采取的措施费
   C. 由于一般自然灾害造成的损失
   D. 由于物价变化引起的费用
   E. 由于汇率、税率、贷款利率等变化引起的费用

7. 建筑安装工程间接费由（　　）组成。
   A. 规费　　B. 企业管理费　　C. 税金　　D. 利息
   E. 措施费

8. 企业管理费中的其他包括有（　　）。
   A. 技术转让费 B. 业务招待费
   C. 劳动保险费 D. 绿化费
   E. 咨询费

9. 人工费中的生产工人辅助工资包括（　　）。
   A. 职工学习、培训期间的工资
   B. 调动工作、探亲、休假期间的工资
   C. 病假在六个月以上的工资及产、婚、丧假期的工资
   D. 因气候影响的停工工资
   E. 女工哺乳时间的工资

10. 材料费中的采购及保管费包括（　　）。
    A. 采购费　　B. 仓储费　　C. 工地保管费　　D. 仓储损耗
    E. 检验试验费

11. 施工机械使用费中的养路费及车船使用税包括（　　）。
    A. 养路费　　B. 车船使用税　　C. 保险费　　D. 消费税
    E. 年检费

12. 企业管理费中的税金包括（　　）。
    A. 房产税　　B. 车船使用税　　C. 土地使用税　　D. 消费税
    E. 印花税

13. 联合试运转费费用包括（　　）。
    A. 试运转所需的原料、燃料、油料和动力费用
    B. 机械使用费用
    C. 低值易耗品及其他物品的购置费用
    D. 施工单位参加联合试运转人员的工资
    E. 试运转收入

14. 取得国有土地使用费包括（　　）等。
    A. 土地使用权出让金 B. 城市建设配套费
    C. 土地管理费 D. 拆迁补偿
    E. 临时安置补助费

15. 建设单位按发货单直拨承包商施工现场的建筑工程材料，其预算价格中的（　　）。
    A. 采购保管费由建设单位与承包商共同分担
    B. 采购保管费归建设单位
    C. 采购保管费归承包商
    D. 场外运输费归建设单位
    E. 场外运输中的损耗费归承包商

16. 下列应列入直接费中人工费的有（　　）。
    A. 生产工人劳动保护费 B. 生产工人探亲假期工资
    C. 原生产一线工人的退休工资 D. 生产工人福利费
    E. 生产工人教育经费

17. 属于建安工程直接工程费中材料费的有（　　）。
    A. 周转性材料费
    B. 材料二次搬运费
    C. 对建筑材料进行一般性鉴定检查支出的费用
    D. 构成工程实体的材料费
    E. 搭建临时设施的材料费

18. 当工程建设征用集体所有土地（耕地）时，用地单位应向土地所有者支付（　　）等费用。
    A. 土地出让金　　B. 土地补偿费　　C. 青苗补偿费　　D. 安置补助费
    E. 土地使用费

19. 属于设备工器具购置费的有（　　）。
    A. 设备从交货地点至工地的运费　　B. 新建项目首批生产家具购置费
    C. 新建项目首批生活家具购置费　　D. 进口设备商检费
    E. 进口设备银行手续费

20. 基本预备费是预留的以应付在项目实施中难以预料的支出的费用，其计算以（　　）为基础。
    A. 建设期利息　　　　　　　　B. 设备及工器具购置费
    C. 建筑安装工程费　　　　　　D. 固定资产投资方向调节税
    E. 工程建设其他费

21. 建设投资是指静态投资和（　　）的总和。
    A. 流动资产投资　　　　　　　B. 固定资产投资方向调节税
    C. 建设期贷款利息　　　　　　D. 基本预备费
    E. 涨价预备费

22. 建筑安装工程间接费中的财务费包括（　　）。
    A. 短期贷款利息净支出　　　　B. 汇兑净损失
    C. 金融机构手续费　　　　　　D. 保险费
    E. 建设期贷款利息

23. 关于建筑安装工程间接费取费，下列说法正确的有（　　）。
    A. 以直接费为取费基础　　　　B. 以人工费和机械费之和为取费基础
    C. 以机械费为取费基础　　　　D. 以人工费为取费基础
    E. 土建工程和安装工程的利润均以人工费为取费基础

24. 设备的运杂费包括（　　）。
    A. 国产设备厂家交货地点或进口设备抵达地起至工地仓储点止所发生的运费和装卸费
    B. 引进设备中的人员出国考察费
    C. 供销部门手续费
    D. 设备采购保管费
    E. 进口设备检验费

25. 必须同时具备（　　）条件的生产资料称为固定资产。

A. 使用年限在一年以上 　　　　　B. 单位尺寸在一定限额以上
C. 单位重量在一定限额以上 　　　D. 单位价值在一定限额以上
E. 单位数量在一定限额以上

26. 建安工程直接工程费中的人工费主要包括（　　）。
    A. 生产工人的基本工资 　　　　B. 管理人员的基本工资
    C. 生产人员的工资性补贴 　　　D. 生产人员的医疗费
    E. 生产人员的养老保险费

27. 下列费用中，属于直接费的有（　　）。
    A. 三险一金费 　　　　　　　　B. 检验试验费
    C. 脚手架费 　　　　　　　　　D. 夜间施工费
    E. 工程排污费

28. 下列费用中，属于措施费的有（　　）。
    A. 检验试验费 　　　　　　　　B. 夜间施工费
    C. 固定资产使用费 　　　　　　D. 临时设施费
    E. 工程排污费

29. 涨价预备费的计算基础包括（　　）。
    A. 建设期利息 　　　　　　　　B. 固定资产投资方向调节税
    C. 工程建设其他费用 　　　　　D. 建筑安装工程费
    E. 设备工器具购置费

30. 进口设备到岸价包括（　　）。
    A. FOB 价　　B. 外贸手续费　　C. 银行财务费　　D. 国际运输保险费
    E. 国际运费

📖 实战练习题答案

一、单项选择题

1. A； 2. D； 3. B； 4. B； 5. C； 6. D； 7. D； 8. D； 9. C； 10. B；
11. C； 12. B； 13. C； 14. B； 15. C； 16. C； 17. C； 18. A； 19. A； 20. C；
21. D； 22. B； 23. B； 24. A； 25. B； 26. D； 27. C； 28. D； 29. C； 30. B

二、多项选择题

1. A、C； 2. A、B、C、D； 3. A、B、C； 4. A、B、C、D；
5. A、B、C、D； 6. A、B、C； 7. B； 8. B、D、E；
9. A、B、D、E； 10. A、B、C、D； 11. A、B、C、E； 12. A、B、C、E；
13. A、B、C、D； 14. A、B、D、E； 15. A、D； 16. A、B、D；
17. C、D； 18. B、C、D； 19. A、B、E； 20. B、C、E；
21. B、C、E； 22. A、B、C、D； 23. A、B、D； 24. A、C、D；
25. A、D； 26. A、C、D； 27. B、C； 28. B、D；
29. D、E； 30. A、D、E

第三章 建设工程投资确定的依据

📖 考纲分解

一、考纲要求：了解企业定额

考纲解析：企业定额的概念、作用、编制依据、编制方法。

具体考点：企业定额是工程施工企业根据本企业的技术水平和管理水平，编制的完成单位合格产品所必需的人工、材料和施工机械台班消耗量；以及其他生产经营要素消耗的数量标准。

二、考纲要求：熟悉建设工程定额

考纲解析：注意建设工程定额的分类。

具体考点：建设工程定额，即额定的消耗量标准，是指按照国家有关的产品标准、设计规范和施工验收规范、质量评定标准，并参考行业、地方标准以及有代表性的工程设计、施工资料确定的工程建设过程中完成规定计量单位产品所消耗的人工、材料、机械等消耗量的标准。

(1) 按反映的物质消耗的内容分类

按照反映的物质消耗的内容，可将定额分为人工消耗定额、材料消耗定额和机械消耗定额。

(2) 按建设程序分类

按照建设程序，可将定额分为基础定额或预算定额、概算定额(指标)、估算指标。

(3) 按建设工程特点分类

按照建设工程的特点，可将定额分为建筑工程定额、安装工程定额、铁路工程定额、公路工程定额、水利工程定额等。

(4) 按定额的适用范围分类

按照定额的适用范围分为国家定额、行业定额、地区定额和企业定额。

(5) 按构成工程的成本和费用分类

按照构成工程的成本和费用，可将定额分为构成直接工程成本的定额、构成间接费的定额以及构成工程建设其他费用的定额。

三、考纲要求：熟悉建设工程投资的其他确定依据

考纲解析：注意概念。

具体考点：建设工程投资的其他确定依据有：

(1) 工程技术文件；

(2) 要素市场价格信息；

(3) 建设工程环境条件；

(4) 其他。

四、考纲要求：掌握工程量清单控制、工程量清单计价

考纲解析：由于新的《建设工程工程量清单计价规范》变化不少，注意变化内容及名词概念等。

具体考点：2008年7月9日，住房和城乡建设部和国家质检总局发布了经修订的《建设工程工程量清单计价规范》（GB 50500—2008），从2008年12月1日起实施。

全部使用国有资金投资或国有资金投资为主的工程建设工程，必须采用工程量清单计价。

工程量清单是建设工程招标文件的重要组成部分。是指由建设工程招标人发出的，对招标工程的全部项目，按统一的工程量计算规则、项目划分和计量单位计算出的工程数量列出的表格。

采用工程量清单计价，建设工程造价由分部分项工程量费、措施项目费、其他项目费、规费项目费和税金项目费组成。

（一）工程量清单

1. 工程量清单的概念和作用

工程量清单是表现建设工程的分部分项工程量项目、措施项目、其他项目、规费项目、税金项目的名称和相应数量等的明细清单。工程量清单是工程量清单计价的基础，其基本功能是作为信息的载体，为投标人提供必要的信息，为投标人创造一个公开、公平、公正的竞争环境。同时也是编制招标控制价、投标报价、计算工程量、支付工程款、调整合同价款、办理竣工结算以及工程索赔的依据之一。

工程量清单是工程计价中反映工程量特定内容的概念，在不同阶段，又可分别为"招标工程量清单"、"结算工程量清单"等。

工程施工招标发包可采用多种方式，但采取工程量清单方式招标发包的工程，招标人必须将工程量清单作为招标文件的组成部分，连同招标文件一并发（售）给投标人。招标人对编制的工程量清单的准确性和完整性负责，投标人依据工程量清单进行投标报价。

招标文件中的工程量清单标明的工程量是投标人投标报价的共同基础，竣工结算的工程量按发、承包双方在合同中约定应予以计量且实际完成的工程量确定。

2. 工程量清单的编制主体和依据

（1）工程量清单的编制主体

工程量清单应由具有编制能力的招标人编制；若招标人不具备编制工程量清单的能力，可委托工程造价咨询人编制。根据《工程造价咨询企业管理办法》（建设部149号令）的规定，受委托编制工程量清单的工程造价咨询人应依据取得工程造价咨询资质，并在其资质许可的范围内从事工程造价咨询活动。

（2）工程量清单的编制依据

编制工程量清单的依据：

1) 工程量清单计价规范。建设部和国家质检总局2003年联合发布了《建设工程工程量清单计价规范》，其中对工程量清单的组成、项目划分、工程量计算规则等问题作了明确的规定。2008年发布的新版《建设工程工程量清单计价规范》（GB 50500—2008）中，又针对执行中存在的问题进行了修编，是编制工程量清单的主要依据。

2) 国家或省级、行业建设主管部门颁发的计价依据和办法。
3) 建设工程设计文件。
4) 与建设工程项目有关的标准、规范、技术资料。
5) 招标文件及其补充通知、答疑纪要。
6) 施工现场情况、工程特点及常规施工方案。
7) 其他相关资料。

3. 工程量清单的组成和编制方法

依照住房和城乡建设部和国家质检总局 2008 年联合发布的《建设工程工程量清单计价规范》，工程量清单应由分部分项工程量清单、措施项目清单、其他项目清单、规费项目清单和税金项目清单组成。

(1) 分部分项工程量清单的编制

分部分项工程量清单应包括项目编码、项目名称、项目特征、计量单位和工程数量五个要件。这五个要件在分部分项工程量清单的组成中缺一不可。

1) 项目编码

在《建设工程工程量清单计价规范》，对于建筑工程(附录 A)、装饰装修工程(附录 B)、安装工程(附录 C)、市政工程(附录 D)、园林绿化工程(附录 E)和矿山工程(附录 F)中各分部分项工程的项目编码、项目名称、项目特征、计量单位和工程量计算规则做了详细规定。

2) 项目名称

分部分项工程量清单的项目名称应按《建设工程工程量清单计价规范》附录的项目名称结合拟建工程的实际确定。

随着工程建设中新材料、新技术、新工艺等的不断涌现，在编制工程量清单时可能出现《建设工程工程量清单计价规范》附录未包括的项目，编制人应作补充。编制人在编制补充项目时，应注意以下问题。

① 补充项目的编码必须按本规范的规定进行，如 AB001；010101001 B001。

② 在工程量清单中应附有补充项目的名称、项目特征、计量单位、工程量计算规则和工程内容。

③ 将编制的补充项目报省级或行业工程造价管理机构备案。

3) 项目特征

分部分项工程量清单的项目特征是确定一个清单项目综合单价不可缺少的重要依据。《建设工程工程量清单计价规范》附录中的每一清单条目，都将需描述的项目特征按不同的工程部位、施工工艺或材料品种、规格等分别列项。

4) 工程量的计算

分部分项工程量清单中所列工程量应按《建设工程工程量清单计价规范》附录中规定工程量计算规则计算。

5) 计量单位

分部分项工程量清单的计量单位应按照《建设工程工程量清单计价规范》附录中规定的计量单位确定。

(2) 措施项目清单的编制

措施项目是指为完成工程项目施工，发生于该工程施工前和施工过程中技术、生活、安全等方面的非工程实体项目。《建设工程工程量清单计价规范》将实体性项目划分为分部分项工程量清单，将非实体性项目划分为措施项目。

措施项目一览表

序号	项 目 名 称	序号	项 目 名 称
1	安全文明施工(含环境保护、文明施工、安全)	6	施工排水
2	夜间施工	7	施工降水
3	二次搬运	8	地上、地下设施，建筑物的临时保护措施
4	冬雨季施工	9	已完工程及设备保护
5	大型机械设备进出场及安拆		

(3) 其他项目清单

其他项目清单应按照下列内容列项：

1) 暂列金额

暂列金额是招标人在工程量清单中暂定并包括在合同价款中的一笔款项。用于施工合同签订时尚未确定或者不可预见的所需材料、设备、服务的采购，施工中可能发生的工程变更、合同约定调整因素出现时的工程价款调整以及发生的索赔、现场签证确认等的费用。

2) 暂估价

暂估价是招标人在工程量清单中提供的用于支付必然发生但暂时不能确定的材料的单价以及专业工程的金额。

3) 计日工

在施工过程中，完成发包人提出的施工图纸以外的零星项目或工作，按合同中约定的综合单价计价。

4) 总承包服务费

总承包人为配合协调发包人进行的工程分包自行采购的设备、材料等进行管理、服务以及施工现场管理、竣工资料汇总整理等服务所需的费用。

(4) 规费项目清单

规费项目清单应按照下列内容列项：

1) 工程排污费；

2) 工程定额测定费；

3) 社会保障费：包括养老保险费、失业保险费、医疗保险费；

4) 住房公积金；

5) 危险作业意外伤害保险。

(5) 税金项目清单

税金项目清单应包括下列内容：

1) 营业税；

2) 城市维护建设税；

3）教育费附加。

（二）工程量清单计价

1. 工程量清单计价的组成内容和一般性计价规定

采用工程量清单计价，建设工程造价由分部分项工程量费、措施项目费、其他项目费、规费和税金组成。依照住房和城乡建设部和国家质检总局2008年联合发布的《建设工程工程量清单计价规范》，《建设工程工程量清单计价规范》（GB 50500—2008)对工程量清单计价一般性规定如下：

（1）分部分项工程费

分部分项工程费即指清单工程量与综合单价的乘积。依照《建设工程工程量清单计价规范》规定，分部分项工程量清单应采用综合单价计价。这里的综合单价是指完成一个规定计量单位的分部分项工程量清单项目或措施清单项目，所需的人工费、材料费、机械使用费、管理费和利润，以及一定范围内的风险费用。

（2）措施项目费

措施项目清单计价应根据拟建工程的施工组织设计确定。

（3）其他项目费

招标人在工程量清单中提供了暂估价的材料和专业工程属于依法必须招标的，由承包人和招标人共同通过招标确定材料单价与专业工程分包价。

（4）规费项目费和税金项目费

规费和税金应按照国家或省级、行业建设主管部门的规定计算，不得作为竞争性费用。

2. 工程量清单计价模式下招标控制价的编制

（1）招标控制价的概念和意义；

（2）招标控制价的编制人和编制依据。

3. 工程量清单计价模式下投标价的编制

（1）编制投标价的基本要求；

（2）分部分项工程项目综合单价的确定规则；

（3）措施项目费的报价原则；

（4）其他项目费的报价原则。

重要考点

1. 定额概念、定额的产生、定额的地位和作用、定额的分类；

2. 工程量清单的作用、工程量清单的编制、工程量清单计价方法、工程量清单的计价格式；

3. 工程技术文件、要素市场价格信息、建设工程环境条件；

4. 企业定额概念、企业定额的作用、企业定额的编制原则、企业定额的编制方法。

📖 答疑解析

1. 额定的消耗量标准概念怎么理解?

答:额定的消耗量标准也就是常说的建设工程定额,是指按照国家有关的产品标准、设计规范和施工验收规范、质量评定标准,并参考行业、地方标准以及有代表性的工程设计、施工资料确定的工程建设过程中完成规定计量单位产品所消耗的人工、材料、机械等消耗量的标准。

2. 怎么理解定额是节约社会劳动,提高劳动生产率的重要手段?

答:降低劳动消耗,提高劳动生产率,是人类社会发展的普遍要求和基本条件。节约劳动时间是最大的节约,定额为生产者和管理者树立了评价劳动成果和经济效益的标准尺度,同时使劳动者自觉节约消耗,努力提高劳动生产率和经济效益。

3. 怎么理解定额是组织和协调社会化大生产的工具?

答:随着生产力的发展,分工越来越细,生产社会化程度越来越高。任何一件商品都是许多劳动者共同完成的社会产品,所以必须借助定额实现生产要素的合理配置,组织、指挥和协调社会生产,保证使劳动生产的顺利、持续发展。

4. 怎么理解定额是宏观调控的依据?

答:我国社会主义市场经济是以公有制为主体的,既要发展市场经济,又要有计划的指导和调节,就需要利用定额为预测、计划、调节和控制经济发展提供有依据的参数和计量标准。

5. 怎么理解定额是实现分配,兼顾效率与公平的手段?

答:定额作为评价劳动成果和经济效益的尺度,也就成为资源分配和个人消费品分配的依据。

6. 地区定额是在什么基础上编制的?

答:是在国家定额的基础上编制的地区单位计价表。

7. 企业定额水平是高于还是低于国家、行业或地区定额?

答:应该是高于国家、行业或地区定额,才能适应投标报价,增强市场竞争能力的要求。

8. 我国"建设工程工程量清单计价规范"是从哪一年开始执行的?改版是哪一年?

答:是从2003年7月1日开始实施的。改版是2008年12月1日开始实施的。

9. 哪些工程执行"建设工程工程量清单计价规范"?

答:全部使用国有资金投资或国有资金投资为主的大中型建设工程。

10. 工程量清单是由谁编制的?

答:是由招标人自行编制的,也可以由招标人委托的有资质的招标代理机构或工程价格咨询单位编制。

11. 工程量清单是合同的组成部分吗?

答:不是,工程量清单是招标文件的组成部分,只有投标人中标且签订合同,才成为合同的组成部分。

12. 工程量清单的描述对象是什么工程？

答：是拟建工程。

13. 工程量清单是什么的依据？

答：工程量清单是编制招标工程标底和投标报价的依据，也是支付工程进度款和竣工结算时调整工程量的依据，是评标、询标的基础，也为竣工时调整工程量、办理工程结算及工程索赔提供重要依据。

14. 工程量清单除了作为信息的载体，为潜在的投标者提供必要的信息外，还具有哪些作用？

答：还具有的作用有为投标者提供一个公开、公平、公正的竞争环境；是计价和询标、评标的基础；为施工过程中支付工程进度款提供依据；为办理工程结算、竣工结算及工程索赔提供了重要依据；设有标底价格的招标工程；招标人利用工程量清单编制标底价格，供评标时参考。

15. 工程量清单格式应由哪些内容组成？

答：由封面、填表须知、总说明、分部分项工程量清单、措施项目清单、其他项目清单、零星工作项目表内容组成。

16. 分部分项工程量清单应根据什么规定的统一项目编码、项目名称、计量单位和工程量计算规则进行编制？

答：应根据"建设工程工程量清单计价规范"中的附录A、附录B、附录C、附录D、附录E、附录F规定的统一项目编码、项目名称、计量单位和工程量计算规则进行编制。

17. 分部分项工程量清单的项目编码怎么编制？

答：分部分项工程量清单的项目编码一至九位按附录A、附录B、附录C、附录E的规定设置；十至十二位应根据拟建工程的工程量清单项目名称由其编制人设置，并应自001起顺序编制。

18. 项目名称怎么确定？

答：应按附录A、附录B、附录C、附录D、附录E、附录F的项目名称与项目特征并结合拟建工程的实际确定。

19. 分部分项工程量清单的计量单位怎么确定？

答：分部分项工程量清单的计量单位应按附录A、附录B、附录C、附录D、附录E、附录F中规定的计量单位确定。

20. 工程数量怎么计算？

答：工程数量应按附录A、附录B、附录C、附录D、附录E中规定的工程量计算规则计算

21. 工程数量有效位数应怎么取舍？

答：工程数量有效位数应遵守下列规定；以"吨"为单位，应保留小数点后三位数字，第四位四舍五入；以"立方米"、"平方米"、"米"为单位，应保留小数点后两位数字，第三位四舍五入；以"个"、"项"等为单位，应取整数。

22. 分部分项工程量清单应包括哪些内容？

答：分部分项工程量清单应包括项目编码、项目名称、计量单位和工程数量。

23. 项目编码位数怎么理解？

答：项目编码采用十二位阿拉伯数字表示。一至九位为统一编码，其中，一、二位为附录顺序码，三、四位为专业工程顺序码，五、六位为分部工程顺序码，七、八、九位为分项工程项目名称顺序码，十至十二位为清单项目名称顺序码。

24. 综合单价都包括什么内容？

答：综合单价完成工程量清单中一个规定计量单位项目所需的人工费、材料费、机械使用费、管理费和利润，并考虑风险因素。

25. 措施项目怎么理解？

答：措施项目为完成工程施工，发生于该工程施工前和施工过程中技术、生活、安全等方面的非工程实体项目。

26. 什么是暂列金额？

答：暂列金额是招标人在工程量清单中暂定并包括在合同价款中的一笔款项。用于施工合同签订时尚未确定或者不可预见的所需材料、设备、服务的采购，施工中可能发生的工程变更、合同约定调整因素出现时的工程价款调整以及发生的索赔、现场签证确认等的费用。

27. 什么是总承包服务费？

答：总承包服务费为配合协调招标人进行的工程分包和材料采购所需的费用。

28. 什么是零星工作项目费？

答：零星工作项目费是完成招标人提出的，工程量暂估的零星工作所需的费用。

29. 其他项目清单应根据拟建工程的具体情况，参照哪些内容列项？

答：暂列金额、暂估价、总承包服务费、计日工费等。

30. 工程量清单应采用什么单价计价？

答：工程量清单应采用综合单价计价。

31. 措施项目清单的金额怎么确定？

答：措施项目清单的金额，应根据拟建工程的施工方案或施工组织设计，参照工程量清单规范规定的综合单价组成确定。

32. 在编制工程量清单时，应遵循哪些原则？

答：遵守有关的法律法规、遵照"三统一"的规定、遵守招标文件的相关要求、清单的编制依据应齐全、编制力求准确合理。

33. 在工程招标阶段，工程技术文件主要是以哪些来体现？

答：在工程招标阶段，工程技术文件主要是以招标文件、建设单位的特殊要求、相应的工程设计文件等来体现。

34. 施工企业在编制企业定额时应依据本企业的技术能力和管理水平，以什么参照和指导，测定计算完成分项工程或工序所必需的人工、材料和机械台班的消耗量，准确反映本企业的施工生产力水平？

答：施工企业在编制企业定额时应依据本企业的技术能力和管理水平，以国家发布的预算定额或基础定额为参照和指导，测定计算完成分项工程或工序所必需的人工、材料和机械台班的消耗量，准确反映本企业的施工生产力水平。

📖 例题解析

一、单项选择题

1. 根据《建设工程工程量清单计价规范》的规定，（　　）不包括在分部分项工程量清单中。
   A. 项目编码　　　B. 项目名称　　　C. 工程数量　　　D. 综合单价

   答案：D

   【解析】 根据 2008 年发布的新版《建设工程工程量清单计价规范》(GB 50500—2008)，分部分项工程量清单应包括项目编码、项目名称、项目特征、计量单位和工程数量五个要件。这五个要件在分部分项工程量清单的组成中缺一不可。

2. 根据《建设工程工程量清单计价规范》的规定，综合单价中不包括（　　）。
   A. 人工费　　　B. 管理费　　　C. 利润　　　D. 税金

   答案：D

   【解析】 根据 2008 年发布的新版《建设工程工程量清单计价规范》(GB 50500—2008)，综合单价是指完成规定计量单位项目所需的人工费、材料费和机械使用费，管理费，利润以及考虑相关的风险因素所产生的费用的综合单价。《建设工程工程量清单计价规范》中采用的综合单价为不完全费用综合单价。

3. 建设工程定额反映了（　　）水平。
   A. 企业管理　　　　　　　　　　B. 消耗量的价值
   C. 社会平均消耗　　　　　　　　D. 社会平均先进消耗

   答案：C

   【解析】 建设工程定额反映了社会平均消耗水平。

4. 由业主提供的材料数量及相应的价格，应填入（　　）中。
   A. 分部分项工程量清单　　　　　B. 措施项目清单
   C. 其他项目清单　　　　　　　　D. 零量工作项目表

   答案：C

   【解析】 由业主提供的材料数量及相应的价格，应填入其他项目清单中。其他项目清单应根据拟建工程的具体情况，参照预留金、材料购置费、总承包服务费、零星工作项目费等内容列项。

5. 在计算措施项目综合单价时，对于夜间施工费、二次搬运费等，一般按（　　）计价。
   A. 分包法　　　B. 实物量法　　　C. 概算法　　　D. 参数法

   答案：D

   【解析】 在计算措施项目综合单价时，对于夜间施工费、二次搬运费等，一般按参数法计价。

6. 《建设工程工程量清单计价规范》中采用的综合单价为（　　）。
   A. 全费用综合单价　　　　　　　B. 不完全费用综合单价
   C. 工料综合单价　　　　　　　　D. 实物量综合单价

答案：B

【解析】《建设工程工程量清单计价规范》中采用的综合单价为不完全费用综合单价，规费和税金在外的单价。

7．《建设工程工程量清单计价规范》附录表中的"项目名称"是指（　　）的项目名称。

  A．分项工程　　B．分部工程　　C．单项工程　　D．单位工程

答案：A

【解析】《建设工程工程量清单计价规范》附录表中的"项目名称"是指分项工程的项目名称。

8．对招标文件提供的清单，投标人必须逐一计价且对所列内容不允许有任何更改变动的是（　　）。

  A．分部分项工程量清单　　　　B．措施项目清单
  C．其他项目清单　　　　　　　D．零星工作项目表

答案：A

【解析】依照住房和城乡建设部和国家质检总局2008年联合发布的《建设工程工程量清单计价规范》，工程量清单应由分部分项工程量清单、措施项目清单、其他项目清单、规费项目清单和税金项目清单组成。对招标文件提供的清单，投标人必须逐一计价且对所列内容不允许有任何更改变动的是分部分项工程量清单。

9．分部分项工程量清单项目编码设为五级，其中第三级表示的是（　　）顺序码。

  A．专业工程　　B．分部工程　　C．分项工程　　D．工程量清单

答案：B

【解析】项目编码采用十二位阿拉伯数字表示。一至九位为统一编码，其中，一、二位为附录顺序码，三、四位为专业工程顺序码，五、六位为分部工程顺序码，七、八、九位为分项工程项目名称顺序码，十至十二位为清单项目名称顺序码。

10．人工消耗定额是指完成（　　）所消耗的人工数量标准。

  A．单位合格产品　B．一定产品数量　C．单位投资额度　D．单位产品

答案：A

【解析】人工消耗定额是指完成一定合格产品所消耗的人工的数量标准。

11．与初步设计深度相适应，概算定额是在预算定额的基础上以（　　）为对象编制而成的，以作为编制设计概算的依据。

  A．单项工程　　　　　　　　B．单位工程
  C．扩大分部分项工程　　　　D．分项工程

答案：C

【解析】概算定额（指标）是在预算定额基础上以主要分项工程综合相关分项的扩大定额，是编制初步设计概算的依据，还可作为编制施工图预算的依据，也可作为编制估算指标的基础。

12．按照定额的适用范围分为国家定额、行业定额、地区定额和（　　）。

  A．企业定额　　B．单位定额　　C．单件定额　　D．省级定额

答案：A

【解析】 按照定额的适用范围分为国家定额、行业定额、地区定额和企业定额。

13. 某施工企业定额水平高于当地现行的预算定额水平,这说明该企业的( )。
    A. 市场竞争力较强　　　　　　　　B. 市场竞争力较弱
    C. 生产要素价格较高　　　　　　　D. 生产要素成本较高
    答案:A

【解析】 企业定额是工程施工企业根据本企业的技术水平和管理水平,编制的完成单位合格产品所必需的人工、材料和施工机械台班消耗量;以及其他生产经营要素消耗的数量标准。是企业参与市场竞争的核心竞争能力的具体表现。

14. 工程量清单中的其他项目清单列项不包括( )。
    A. 预留金　　　　　　　　　　　　B. 材料购置费
    C. 总承包服务费　　　　　　　　　D. 环境保护费
    答案:D

【解析】 其他项目清单应根据拟建工程的具体情况,参照下列内容列项:预留金、材料购置费、总承包服务费、零星工作项目费等。

15. 工程量清单是编制招标工程标底和投标报价的依据,也是支付工程进度款和( )的依据。
    A. 竣工结算时调整工程量　　　　　B. 分包结算时调整工程量
    C. 竣工决算时调整工程量　　　　　D. 贷款结算时调整工程量
    答案:A

【解析】 工程量清单是编制招标工程标底和投标报价的依据,也是支付工程进度款和竣工结算时调整工程量的依据。它供建设各方计价时使用,并为投标者提供一个公开、公平、公正的竞争环境,是评标、询标的基础,也为竣工时调整工程量、办理工程结算及工程索赔提供重要依据。

16. 某招标工程按《建设工程工程量清单计价规范》编制工程量清单,其中分部分项工程量清单的项目编码十至十二位应( )。
    A. 按附录的规定设置　　　　　　　B. 按规定的统一项目编码编制
    C. 由清单编制人设置　　　　　　　D. 由投标人自001起顺序编制
    答案:C

【解析】 分部分项工程量清单的项目编码十至十二位应由清单编制人设置。

17. 只有掌握了业主、设计单位、咨询单位和竞争对手的情况,承包商才能准确地报价,这说明( )也是影响建设工程投资的重要因素。
    A. 工程技术文件　　　　　　　　　B. 要素市场价格信息
    C. 建设工程环境条件　　　　　　　D. 企业定额
    答案:C

【解析】 环境和条件的差异或变化,会导致建设工程投资大小的变化。工程的环境和条件,包括工程地质条件、气象条件、现场环境与周边条件,也包括工程建设的实施方案、组织方案、技术方案等。

18. 大部分施工企业是以作为( )进行施工管理、工料分析和计算施工成本的依据。

A. 国家或行业制定的企业定额　　B. 国家或行业制定的概算定额
C. 国家或行业制定的预算定额　　D. 国家或行业制定的估价表

答案：C

【解析】 大部分施工企业是以作为国家或行业制定的预算定额进行施工管理、工料分析和计算施工成本的依据。

19. 施工企业编制投标报价的主要依据是（　　）。
A. 企业定额　　B. 预算定额　　C. 概算定额　　D. 行业定额

答案：A

【解析】 企业定额是施工企业进行工程投标、编制工程投标报价的基础和主要依据。

二、多项选择题

1. 按建设工程特点分类，可将定额分为（　　）。
A. 概算定额　　B. 安装工程定额　　C. 预算定额　　D. 建筑工程定额
E. 企业定额

答案：B、D

【解析】 按照建设工程的特点，可将定额分为建筑工程定额、安装工程定额、铁路工程定额、公路工程定额、水利工程定额等。

2. 根据《建设工程工程量清单计价规范》的规定，工程量清单包括（　　）。
A. 施工机械使用费清单　　B. 零星工作价格清单
C. 主要材料价格清单　　D. 措施项目清单
E. 其他项目清单

答案：D、E

【解析】 依照住房和城乡建设部和国家质检总局2008年联合发布的《建设工程工程量清单计价规范》，工程量清单应由分部分项工程量清单、措施项目清单、其他项目清单、规费项目清单和税金项目清单组成。

3. 按建设工程特点分类，定额可分为（　　）。
A. 企业定额　　B. 预算定额　　C. 建筑工程定额　　D. 安装工程定额
E. 直接费定额

答案：C、D

【解析】 按照建设工程的特点，可将定额分为建筑工程定额、安装工程定额、铁路工程定额、公路工程定额、水利工程定额等。

4. 在工程量清单计价中，如按分部分项工程单价组成来分，工程量清单报价的形式有（　　）。
A. 工料单价法　　B. 综合单价法
C. 实物单价法　　D. 全费用综合单价法
E. 闭口单价法

答案：A、B、D

【解析】 在工程量清单计价中，如按分部分项工程单价组成来分，工程量清单报价的形式有工料单价法、综合单价法、全费用综合单价法等。

5. 按照物质消耗内容分类，可将建设工程定额分为（　　）。

A. 人工消耗定额　　B. 土建工程定额　　C. 材料消耗定额　　D. 安装工程定额
E. 机械消耗定额

答案：A、C、E

【解析】 按照反映的物质消耗的内容，可将定额分为人工消耗定额、材料消耗定额和机械消耗定额。

6. 按《建设工程工程量清单计价规范》，分部分项工程量清单应按统一的（　　）进行编制。

A. 项目名称　　　　B. 项目特征　　　　C. 项目编码　　　　D. 计量单位
E. 工程量计算规则

答案：A、C、D、E

【解析】 该题按照旧的版本为四统一，分部分项工程量清单应包括项目编码、项目名称、计量单位和工程数量。工程量清单是建设工程招标文件的重要组成部分。是指由建设工程招标人发出的，对招标工程的全部项目，按统一的工程量计算规则、项目划分和计量单位计算出的工程数量列出的表格。

根据 2008 年 7 月 9 日，住房和城乡建设部和国家质检总局发布了经修订的《建设工程工程量清单计价规范》（GB 50500—2008），分部分项工程量清单应包括项目编码、项目名称、项目特征、计量单位和工程数量五个要件。这五个要件在分部分项工程量清单的组成中缺一不可。

7. 安装工程定额包括（　　）定额。

A. 机械设备安装　　　　　　B. 电气设备安装
C. 自动化仪表安装　　　　　D. 电气照明安装
E. 静置设备与工艺金属结构安装

答案：A、B、C、E

【解析】 安装工程定额包括机械设备安装定额、电气设备安装定额、自动化仪表安装定额、静置设备与工艺金属结构安装定额等。

8. 按照反映的物质消耗的内容，可将定额分为（　　）。

A. 人工消耗定额　　　　　　B. 设备消耗定额
C. 材料消耗定额　　　　　　D. 摊销定额
E. 机械消耗定额

答案：A、C、E

【解析】 按照反映的物质消耗的内容，可将定额分为人工消耗定额、材料消耗定额和机械消耗定额。

9. 按照建设程序，可将定额分为（　　）。

A. 基础定额　　B. 预算定额　　C. 概算定额　　D. 摊销定额
E. 估算指标

答案：A、B、C、E

【解析】 按照建设程序，可将定额分为基础定额或预算定额、概算定额（指标）、估算指标。

10. 建设工程措施项目清单的通用项目包括（　　）。

A. 临时设施 B. 施工机械修理
C. 工地材料保管 D. 已完工程及设备保护
E. 施工排水、降水

答案：A、D、E

【解析】 建设工程措施项目清单的通用项目包括(11项)：环境保护、文明施工、安全施工、临时设施、夜间施工、二次搬运、大型机械设备进出场及安拆、混凝土、钢筋混凝土模板及支架、脚手架、已完工程及设备保护、施工排水、降水。

11. 在编制工程量清单时，应遵循以下原则(   )
    A. 遵守有关的法律法规 B. 遵守招标文件的相关要求
    C. 清单的编制依据应齐全 D. 编制力求准确合理
    E. 遵照"五统一"的规定

答案：A、B、C、D

【解析】 在编制工程量清单时，应遵循以下原则：
(1) 遵守有关的法律法规
工程量清单的编制应遵循国家有关的法律、法规和相关政策。
(2) 遵照"三统一"的规定
在编制工程量清单时，必须按照国家统一的项目划分、计量单位和工程量计算规则设置清单项目，计算工程数量。
(3) 遵守招标文件的相关要求
工程量清单作为招标文件的组成部分，必须与招标文件的原则保持一致，与招标须知、合同条款、技术规范等相互照应，较好地反映本工程的特点，体现项目意图。
(4) 清单的编制依据应齐全
受委托的编制人首先要检查招标人提供的图纸、资料等编制依据是否齐全，必要的情况下还应到现场进行调查取证，力求工程量清单编制依据的齐全。
(5) 编制力求准确合理
企业定额是工程施工企业根据本企业的技术水平和管理水平，编制的完成单位合格产品所必需的人工、材料和施工机械台班消耗量；以及其他生产经营要素消耗的数量标准。

12. 反映建设工程项目的(   )等的文件是工程技术文件。
    A. 规模 B. 内容 C. 标准 D. 功能
    E. 额度

答案：A、B、C、D

【解析】 反映建设工程项目的规模、内容、标准、功能等的文件是工程技术文件。

13. 工程量清单编制的原则有(   )。
    A. 遵守有关法律法规
    B. 遵守招标文件的相关要求
    C. 针对企业定额的规定计算工程量
    D. 按国家统一的项目划分标准进行项目的划分
    E. 按统一的工程量计算规则计算工程量

答案：A、B、D、E

【解析】 在编制工程量清单时，应遵循以下原则：(1)遵守有关的法律法规；(2)遵照"三统一"的规定；(3)遵守招标文件的相关要求；(4)清单的编制依据应齐全；(5)编制力求准确合理。

14. 工程量清单应由（　　）组成。
   A. 分部分项工程量清单　　　　B. 措施项目清单
   C. 分项工程量清单　　　　　　D. 其他项目清单
   E. 分部工程量清单

答案：A、B、D

【解析】 工程量清单应由分部分项工程量清单、措施项目清单、其他项目清单、规费项目清单和税金项目清单组成。

15. 分部分项工程量清单应包括（　　）。
   A. 项目编码　　B. 措施项目清单　　C. 综合单价　　D. 工程数量
   E. 计量单位

答案：A、C、D、E

【解析】 分部分项工程量清单应包括项目编码、项目名称、工程特征、计量单位和工程数量。

16. 按照《建设工程工程量清单计价规范》的规定，工程量清单应采用综合单价计价，其综合单价是由完成一个规定计量单位项目所需的（　　）等所组成。
   A. 措施费　　　　　　　　　　B. 人工费、材料费和机械使用费
   C. 管理费　　　　　　　　　　D. 利润
   E. 税金

答案：B、C、D

【解析】 综合单价是由完成一个规定计量单位项目所需的人工费、材料费和机械使用费，管理费，利润等所组成。

实战练习题

一、单项选择题

1. 采用何种建设工程投资的计算方法和表现形式主要取决于（　　）。
   A. 建设工程投资的主体　　　　B. 建设工程投资的客体
   C. 对建设工程的了解程度　　　D. 建设行政主管部门的规定

2. 建设工程投资确定的依据是指进行建设工程投资确定所必需的（　　）。
   A. 工程定额　　　　　　　　　B. 工程技术资料
   C. 要素市场价格信息　　　　　D. 基础数据和资料

3. 定额，即规定的额度，是人们根据不同的需要，对某一事物规定的（　　）。
   A. 数量标准　　B. 金额　　C. 尺度　　D. 消耗水平

4. 建设工程定额，即（　　）。
   A. 额定的数量标准　　　　　　B. 额定的消耗量标准
   C. 额定的价格标准　　　　　　D. 额定的材料标准

5. 定额是人们根据不同的需要，对某一事物规定的（　　）。
   A. 单价　　　　　　　　　　　　　　B. 建筑安装工程费
   C. 数量标准　　　　　　　　　　　　D. 建筑工程费＋安装工程费
6. 按照构成工程的成本和费用，可将定额分为构成直接工程成本的定额、（　　）以及构成工程建设其他费用的定额。
   A. 构成利润的定额　　　　　　　　　B. 构成税金的定额
   C. 构成间接费的定额　　　　　　　　D. 构成直接费的定额
7. 工程量清单主要包括（　　）和工程量清单表两部分。
   A. 工程量清单解释　　　　　　　　　B. 工程内容说明
   C. 工程量说明　　　　　　　　　　　D. 工程量清单说明
8. 定额的产生与（　　）密切相关。
   A. 生产力发展　　　　　　　　　　　B. 工器具发展
   C. 管理科学的产生和发展　　　　　　D. 管理的产生和发展
9. 编制企业定额最关键的工作是（　　），计算分项工程单价或综合单价。
   A. 确定人工、材料和机械台班的单价　B. 企业定额的水平测算
   C. 确定人工、材料和机械台班的消耗量 D. 针对自己队伍的生产水平测算
10. 工程量清单是由（　　）编制的。
    A. 建设工程招标人　　　　　　　　　B. 建设工程投标人
    C. 造价管理部门　　　　　　　　　　D. 招投标管理部门
11. 工程量清单的描述对象是拟建工程，其内容涉及清单项目的（　　）等，并以表格为主要表现形式。
    A. 性质、质量　　　　　　　　　　　B. 单价、数量
    C. 性质、数量　　　　　　　　　　　D. 数量、金额
12. 工程量清单中的工程量是招标人（　　），仅仅作为投标报价的基础，结算时工程量应以招标人或由其授权委托的监理工程师核准的实际完成量为依据。
    A. 按施工图计算得出的　　　　　　　B. 按概算得出的
    C. 估算得出的　　　　　　　　　　　D. 实际得出的
13. 项目编码采用十二位阿拉伯数字表示。三、四位为（　　）。
    A. 专业工程顺序码　　　　　　　　　B. 附录顺序码
    C. 分部工程顺序码　　　　　　　　　D. 清单项目名称顺序码
14. 在施工图设计阶段，编制施工图预算时采用的是（　　）。
    A. 预算定额　　B. 概算定额　　C. 概算指标　　D. 企业定额
15. 在各种建设工程定额中，属于基础性定额的是（　　），它也是编制基础定额的基础。
    A. 造价定额　　B. 施工定额　　C. 预算定额　　D. 估算定额
16. 企业定额水平与国家、行业或地区定额的关系是（　　）国家、行业或地区定额，才能适应投标报价，增强市场竞争能力的要求。
    A. 低于　　　　B. 等于　　　　C. 高于　　　　D. 无关
17. 编制地区单位计价表的基础是（　　）。

A. 工程合同价　　B. 估算指标　　C. 概算定额　　D. 基础定额

18. 工程量清单主要用于编制招标工程的标底价格和供投标人进行投标报价，由（　　）提供。

A. 招标人　　B. 国家统一发放　　C. 监理机构　　D. 特定的咨询单位

19. 不列入工程量清单项目表编制程序的是（　　）。

A. 工程量的计算　　　　　　B. 计量单位的选定
C. 编号及项目名称的确定　　D. 制定工程量计算规则

20. 工程业主、设计单位、咨询单位等也影响着建设工程投资，这说明（　　）也是影响建设工程投资的重要因素。

A. 工程技术文件　　　　　　B. 要素市场价格信息
C. 建设工程环境条件　　　　D. 国家的有关规定

二、多项选择题

1. 建设工程投资确定的依据是指进行建设工程投资确定所必需的基础数据和资料。主要包括（　　）。

A. 企业定额　　　　　　　　B. 技术方案
C. 要素市场价格信息　　　　D. 工程技术文件
E. 环境条件与工程建设实施组织

2. 建设工程定额，即额定的消耗量标准，是指按照国家有关的产品标准、设计规范和施工验收规范、质量评定标准，并参考行业、地方标准以及有代表性的工程设计、施工资料确定的工程建设过程中完成规定计量单位产品所消耗的（　　）等消耗量的标准。

A. 人工　　B. 材料　　C. 机械　　D. 税金
E. 利润

3. 建设工程的特点，可将定额分为（　　）等。

A. 建筑工程定额　　　　　　B. 安装工程定额
C. 铁路工程定额　　　　　　D. 公路工程定额
E. 河道工程定额

4. 综合单价是为完成工程量清单中一个规定计量单位项目所需的（　　）等。

A. 人工费　　B. 机械使用费　　C. 管理费　　D. 利润
E. 税金

5. 工程量清单计价格式应由下列内容组成有（　　）。

A. 主要材料价格表　　　　　B. 措施项目费分析表
C. 措施项目清单计价表　　　D. 分部分项工程量清单综合单价分析表
E. 零星工作项目表

6. 定额在建设工程管理中的作用包括（　　）。

A. 用于编制标底　　　　　　B. 用于建设工程的分层次计算
C. 用于企业投标报价　　　　D. 反映社会最高消耗水平

7. 可作为编制施工图预算依据的有（　　）。

A. 预算定额　　B. 估算指标　　C. 工程合同价　　D. 其他直接费定额

8. 下列关于工程量清单说法正确的有（　　）。

A. 不允许招标人自行编制
B. 是询标、评标的基础
C. 是投标报价的依据
D. 主要包括工程量清单说明和工程量清单表
E. 清单中的工程量就是结算时的工程量

9. 在工程量清单项目表的编制过程中,对工程量计算的依据是( )。
A. 设计图纸 B. 工程定额
C. 项目编号的确定 D. 工程量计算规则

10. 下列说法正确的是( )。
A. 概算指标是编制初步设计概算的依据
B. 基础定额主要是统一预算工程量计算规则、项目划分、计量单位的依据
C. 基础定额是编制概算定额及投资估算指标的依据
D. 预算定额可作为投标报价的基础
E. 概算定额是编制预算定额的基础

11. 工程量清单的编制原则是( )。
A. 按照国家统一的项目划分 B. 遵循企业内部工程量计算规则
C. 与招标文件的原则一致 D. 力求准确合理
E. 遵守有关的法律法规

12. 工程量清单格式在填表须知之后的内容有( )。
A. 总说明 B. 分部分项工程量清单
C. 措施项目清单 D. 其他项目清单
E. 零星工作项目计价表

13. 工程量清单格式的填写应符合( )规定。
A. 工程量清单应由招标人填写
B. 填表须知除本规范内容外,招标人可根据具体情况进行补充
C. 总说明应按规范规定内容填写
D. 工程量清单应由投标人填写
E. 金额以人民币为准

14. 工程量清单格式中总说明应按( )内容填写。
A. 工程概况:建设规模、工程特征、计划工期、施工现场实际情况、交通运输情况、自然地理条件、环境保护要求等
B. 工程招标和分包范围
C. 工程量清单编制依据
D. 工程质量、材料、施工等的特殊要求
E. 投标人自行采购材料的名称、规格型号、数量等

15. 工程量清单计价格式中分部分项工程量清单计价表以后有( )等内容。
A. 措施项目清单计价表 B. 分部分项工程量清单工程量分析表
C. 其他项目清单计价表 D. 措施项目费分析表
E. 主要材料价格表

16. 市政工程措施项目清单有（   ）。
    A. 围堰
    B. 长输管道施工便道
    C. 现场施工围栏
    D. 便桥
    E. 便道

17. 分部分项工程量清单的项目编码，附录A、附录B、附录C、附录D、附录E、附录F对应的工程的类别（   ）。
    A. 附录A对应的是建筑工程
    B. 附录B对应的是市政工程
    C. 附录C对应的是安装工程
    D. 附录F对应的是装饰工程
    E. 附录E对应的是绿化工程

18. 零星工作项目表应根据拟建工程的具体情况，详细列出（   ）。
    A. 人工、料、械的名称
    B. 合价
    C. 计量单位
    D. 单价
    E. 相应数量

19. 工程数量的有效位数应遵守规定（   ）。
    A. 以"吨"为单位，应保留小数点后三位数字，第四位四舍五入
    B. 以"立方米"为单位，应保留小数点后三位数字，第四位四舍五入
    C. 以"个"、"项"等为单位，应取整数
    D. 以"米"为单位，应取整数
    E. 以"立方米"、"平方米"、"米"为单位，应保留小数点后两位数字，第三位四舍五入

20. 企业定额可以应用于工程的施工管理，用于（   ）。
    A. 签发施工任务单
    B. 签发质量单
    C. 签发限额领料单
    D. 计量奖励工资
    E. 结算计件工资

实战练习题答案

一、单项选择题
1. C； 2. D； 3. A； 4. B； 5. C； 6. C； 7. D； 8. C； 9. C； 10. A；
11. C； 12. A； 13. A； 14. A； 15. B； 16. C； 17. D； 18. A； 19. D； 20. C

二、多项选择题
1. B、C、D、E； 2. A、B、C； 3. A、B、C、D； 4. A、B、C、D；
5. A、B、C、D； 6. A、B、C； 7. A、D； 8. B、C、D；
9. A、D； 10. A、C、D； 11. A、C、D、E； 12. A、B、C、D；
13. A、B、C； 14. A、B、C、D； 15. A、C、D、E； 16. A、C、D、E；
17. A、C、E； 18. A、C、E； 19. A、C、E； 20. A、C、D、E

第四章 建设工程投资决策

考纲分解

一、考纲要求：了解可行性研究的工作步骤

考纲解析：注意工作步骤先后次序。

具体考点：可行性研究的基本工作步骤大致可以概括为：①签订委托协议；②组建工作小组；③制订工作计划；④市场调查与预测；⑤方案编制与优化；⑥项目评价；⑦编写可行性研究报告；⑧与委托单位交换意见。

二、考纲要求：了解可行性研究报告的主要内容

考纲解析：注意内容中的主要概念。

具体考点：可行性研究报告的内容：总论；市场调查与预测；资源条件评价；建设规模与产品方案；场址选择；技术方案、设备方案和工程方案；原材料燃料供应；总图运输与公用辅助工程；节能措施；节水措施；环境影响评价；劳动安全卫生与消防；组织机构与人力资源配置；项目实施进度；投资估算；融资方案；财务评价；国民经济评价；社会评价；风险分析；研究结论与建议。

三、考纲要求：了解环境影响评价

考纲解析：特别是污染环境因素分析、破坏环境因素分析概念。

具体考点：环境影响评价是在研究确定场址方案和技术方案中，调查研究环境条件、识别和分析拟建项目影响环境的因素、研究提出治理和保护环境的措施、比选和优化环境保护方案。影响环境因素分析比较重要。

四、考纲要求：了解国民经济评价和社会评价、国有经济评价与财务评价的主要区别

考纲解析：国民经济评价和社会评价、国有经济评价与财务评价的概念比较重要。

具体考点：国民经济评价是按照经济资源合理配置的原则，用影子价格和社会折现率等国民经济评价参数，从国民经济整体角度考察项目所耗费的社会资源和对社会的贡献，评价投资项目的经济合理性。

社会评价是分析拟建项目对当地社会的影响和当地社会条件对项目的适应性和可接受程度，评价项目的社会可行性。

国民经济评价与财务评价的主要区别是：(1)评价的角度不同；(2)效益与费用的含义及划分范围不同；(3)评价采用的价格不同；(4)主要参数不同。

五、考纲要求：了解基准收益率的确定

考纲解析：基准收益率是财务评价中一个重要的参数，是投资者对投资收益率的最低期望值。它不仅取决于资金来源的构成，而且还取决于项目未来风险的大小和通货膨胀的高低。

具体考点：具体影响因素有以下四方面。

(1) 加权平均资本成本率；

(2) 投资的机会成本率；

(3) 风险贴补率；

(4) 通货膨胀率。

六、考纲要求：了解敏感性分析方法

考纲解析：特别是单因素敏感性分析的概念。

具体考点：敏感性分析是通过研究项目主要不确定因素发生变化时，项目经济效果指标发生的相应变化，找出项目的敏感因素，确定其敏感程度，并分析该因素达到临界值时项目的承受能力。

七、考纲要求：熟悉投资估算的编制与审查

考纲解析：主要是建设投资估算(生产能力指数法等7种方法)、流动资金估算(分项详细估算法和扩大指数估算法)及投资估算的审查。

具体考点：投资估算是在对项目的建设规模、产品方案、工艺技术及设备方案、工程方案及项目实施进度等进行研究并基本确定的基础上，估算项目所需资金总额(包括建设投资和流动资金)并测算建设期分年资金使用计划。

投资估算的审查：(1)投资估算编制依据的时效性、准确性；(2)审查选用的投资估算方法的科学性、适用性；(3)审查投资估算的编制内容与拟建项目规划要求的一致性；(4)审查投资估算的费用项目、费用数额的真实性。

(一) 建设投资估算

1. 生产能力指数法

这种方法起源于国外对化工厂投资的统计分析，据统计，生产能力不同的两个装置，他们的初始投资与两个装置生产能力之比的指数幂成正比。计算公式为：

$$C_2 = C_1(x_2/x_1)^n \times C_f$$

式中，C_2 为拟建项目或装置的投资额；C_1 为已建同类型项目或装置的投资额；x_2 为拟建项目的生产能力；x_1 为已建同类型项目的生产能力；C_f 为价格调整系数；n 为生产能力指数。

2. 资金周转率法

该法是从资金周转率的定义推算出投资额的一种方法。

当资金周转率为已知时，则：

$$C = (Q \times P)/T$$

式中　C——拟建项目总投资；

　　　Q——产品年产量；

　　　P——产品单价；

　　　T——资金周转率，T=年销售总额/总投资。

3. 比例估算法

(1) 以拟建项目或装置的设备费为基数，根据已建成的同类项目的建筑安装工程费和其他费用等占设备价值的百分比，求出相应的建筑安装工程及其他有关费用，其总和即为拟建项目或装置的投资额。计算公式为：

$$C=E(1+f_1P_1+f_2P_2+f_3P_3)+I$$

式中　　C——拟建项目的建设投资额；

　　　　E——根据设备清单按现行价格计算的设备费（包括运杂费）的总和；

P_1，P_2，P_3——表示已建成项目中的建筑、安装及其他工程费用分别占设备费的百分比；

f_1，f_2，f_3——表示由于时间因素引起的定额、价格、费用标准等变化的综合调整系数；

　　　　I——拟建项目的其他费用。

这种方法适用于设备投资占比例较大的项目。

（2）以拟建项目中主要的、投资比重较大的工艺设备的投资（含运杂费，也可含安装费）为基数，根据已建类似项目的统计资料，计算出拟建项目各专业工程费占工艺设备的比例，求出各专业投资，加和得工程费用，再加上其他费用，求得拟建项目的建设投资。

4. 综合指标投资估算法

综合指标投资估算法又称概算指标法。是依据国家有关规定，国家或行业、地方的定额指标和取费标准以及设备和主材价格等，从工程费用中的单项工程入手，来估算初始投资。其估算要点是：

（1）设备和工器具购置费估算

分别估算各单项工程的设备和工器具购置费，需要主要设备的数量、出厂价格和相关运杂费资料，一般运杂费可按设备价格的百分比估算。

（2）安装工程费估算

可行性研究阶段，安装工程费一般可以按照设备费的比例估算，该比例需要通过经验判定，并结合该装置的具体情况确定。

（3）建筑工程费估算

建筑工程费的估算一般按单位综合指标法，即用工程量乘以相应的单位综合指标估算。

（4）其他费用的估算

其他费用种类较多，无论采用何种投资估算分类，一般其他费用都需要按照国家、地方或部门的有关规定逐项估算。

（5）基本预备费估算

基本预备费以工程费用、其他费用之和为基数，乘以适当的基本预备费率（百分数）估算，或按固定资产费用、无形资产费用和其他资产费用三部分之和为基数，乘以适当的基本预备费率估算。

（6）涨价预备费估算

一般以分年工程费用为基数，分别结算各年的涨价预备费，再行加和，求得总的涨价预备费。

（二）流动资金估算

流动资金是指生产经营性项目投产后，为进行正常生产运营，用于购买原材料、燃料、支付工资及其他经营费用等所需的周转资金。

1. 分项详细估算法

对计算流动资金需要掌握的流动资产和流动负债这两类因素应分别进行估算。在可行性研究中，为简化计算，仅对存货、现金、应收账款这三项流动资产和应付账款这项流动负债进行估算。

2. 扩大指标估算法
(1) 按建设投资的一定比例估算。
(2) 按经营成本的一定比例估算。
(3) 按年销售收入的一定比例估算。
(4) 按单位产量占用流动资金的比例估算。

八、考纲要求：熟悉现金流量

考纲解析：主要是会画现金流量图及其含义。

具体考点：对一个系统而言，在某一时间点上流出系统的货币称为现金流出；流入系统的货币称为现金流入，同一时间点上的现金流入和现金流出的代数和，称为净现金流量。现金流入、现金流出和净现金流量，统称为现金流量。

九、考纲要求：熟悉资金时间价值的计算

考纲解析：实际利率和名义利率的概念、复利法资金时间价值计算的基本公式。

具体考点：实际利率和名义利率公式、复利法资金时间价值计算的六个基本公式。

实际利率和名义利率公式：$i = I/P = [P(1+r/m)^m - P]/P = (1+r/m)^m - 1$

复利法资金时间价值计算的六个基本公式：

1. 一次支付终值公式
$$F = P(1+i)^n$$

2. 一次支付现值公式
$$P = F(1+i)^{-n}$$

3. 等额资金终值公式
$$F = A\{[(1+i)^n - 1]/i\}$$

4. 等额资金偿债基金公式
$$A = F\{i/[(1+i)^n - 1]\}$$

5. 等额资金回收公式
$$A = P\{[i(1+i)^n]/[(1+i)^n - 1]\}$$

6. 等额资金现值公式
$$P = A\{[(1+i)^n - 1]/[i(1+i)^n]\}$$

十、考纲要求：熟悉盈亏平衡分析

考纲解析：盈亏平衡分析计算。

具体考点：盈亏平衡分析实际上是一种特殊形式的临界点分析。

盈亏平衡点常用生产能力利用率或者产量表示。

用生产能力利用率表示的盈亏平衡点（BEP）为：

$BEP(\%) =$ 年固定总成本/(年销售收入－年可变成本－年销售税金及附加－年增值税)×100%

用产量表示的盈亏平衡点 BEP（产量）为：

$BEP(产量) =$ 年固定总成本/(单位产品销售价格－单位产品可变成本－单位产品销售税金及附加－单位产品增值税)

两者之间的换算关系为：

$$BEP(产量) = BEP(\%) \times 设计生产能力$$

十一、考纲要求：掌握财务评价指标的含义、计算及判别准则

考纲解析：主要是财务评价指标的含义、计算及判别准则。

具体考点：分为静态评价指标和动态评价指标。

静态评价指标有：

(1) 总投资收益率(ROI)：指项目达到设计能力后正常年份的年息税前利润或运营期内年平均年息税前利润(EBIT)和项目总投资(TI)的比率，它考察项目总投资的赢利水平。

$$ROI = (EBIT/TI) \times 100\%$$

在财务评价中，总投资收益率高于同行业收益率参考值，表明用总投资收益率表示的赢利能力满足要求。

(2) 项目资本金净利润率(ROE)：指项目达到设计能力后正常年份的年利润或运营期内年平均净利润(NP)和项目资本金(EC)的比率。

$$ROE = (NP/EC) \times 100\%$$

项目资本金净利润率表示项目资本金的赢利水平，项目资本金净利润率高于同行业的净利润率参考值，表明用项目资本金净利润率表示的赢利能力满足要求。

(3) 投资回收期(P_t)：指以项目净收益回收项目投资所需要的时间，一般以年为单位。项目投资回收期宜从项目建设开始年算起，若从项目投产年计算，应予以特别注明。

$$P_t = T - 1 - \left| \sum_{i=1}^{T-1}(CI-CO)_t \right| / (CI-CO)_t$$

投资回收期短，表明项目投资回收快，抗风险能力强。

(4) 利息备付率(ICR)：指项目在借款偿还期内，各年可用于支付利息的息税前利润(EBIT)与当年应付利息(PI)的费用比值。

$$ICR = EBIT/PI$$

息税前利润(EBIT) = 利润总额 + 计入总成本费用的全部利息

利息备付率应按当年计算，利息备付率表示项目的利润偿付利息的保证率。对于正常运营的企业，利息备付率应当大于1，否则，表示付息能力保障程度不足。

(5) 偿债备付率(DSCR)：指项目在借款偿还期内，各年可用于还本付息资金($EBITDA - T_{AX}$)与当期应还本付息金额(FD)的比值。

$$DSCR = (EBITDA - T_{AX})/FD$$

偿债备付率应分年计算，偿债备付率表示可用于还本付息的资金偿还借款本息的保证倍率。正常情况下应当大于1，当指标小于1时，表示当年资金来源不足以偿还当期债务，需要通过短期借款偿付已到期债务。

(6) 资产负债率(LOAR)：指各期末负债总额(TL)同资产总额(TA)的比率。

$$LOAR = (TL/TA) \times 100\%$$

适度的资产负债率，表明企业经营安全、稳健、具有较强的筹资能力，也表明企业和债权人的风险较小。对该指标的分析，应结合国家宏观经济状况、行业发展趋势、企业所处竞争环境等具体条件判断。项目财务分析中，在长期债务还清后，可不再计算资产负债率。

动态评价指标有：

(1) 财务净现值(FNPV)：是指按行业的基准收益率或投资主体设定的折现率，将方案计算期内各年发生的净现金流量折现到建设期初的现值之和。它是考察项目赢利能力的绝对指标。

$$FNPV = \sum_{t=1}^{n}(CI-CO)_t(1+i_c)^{-t}$$

财务净现值指标的判别准则是：若 $FNPV \geqslant 0$，则方案可行；若 $FNPV < 0$，则方案应予拒绝。

(2) 净现值指数($FNPVR$)：是财务净现值与总投资现值之比，其经济涵义是单位投资现值所带来的净现值。

$$FNPVR = FNPV/I_p = \left[\sum_{t=1}^{n}(CI-CO)_t(1+i_c)^{-t}\right] \bigg/ \left[\sum_{t=1}^{n}I_t(1+i_c)^{-t}\right]$$

(3) 财务内部收益率($FIRR$)：财务内部收益率本身是一个折现率，它是指项目在整个计算期内各年净现金流量现值累计等于零时的折现率。财务内部收益率可通过解下述方程求解：

$$\sum_{t=1}^{n}(CI-CO)_t(1+FIRR)^{-t} = 0$$

财务内部收益率是反映项目盈利能力常用的动态评价指标，可通过财务现金流量表计算。

试插法公式：$FIRR \approx i_1 + [FNPV_1/(FNPV_1+|FNPV_2|)](i_2-i_1)$

判别准则：设基准收益率为 i_c，若 $FIRR \geqslant i_c$，则 $FNPV \geqslant 0$，方案财务效果可行；若 $FIRR < i_c$，则 $FNPV < 0$，方案财务效果不可行。

重要考点

1. 可行性研究概述；
2. 可行性研究的基本工作步骤；
3. 可行性研究中市场调查与预测方法；
4. 可行性研究报告；
5. 投资估算概述、建设投资估算、流动资金估算、投资估算的审查；
6. 建设投资估算；
7. 流动资金估算；
8. 投资估算的审查；
9. 现金流量、资金时间价值计算的种类；
10. 资金时间价值计算的种类；
11. 环境影响评价；
12. 财务评价；
13. 国民经济评价；
14. 社会评价；
15. 风险分析；
16. 盈亏平衡分析；

17. 敏感型分析；
18. 概率分析。

答疑解析

1. 可行性研究怎么理解？

答：是运用多种科学手段综合论证一个工程项目在技术上是否先进、实用和可靠，在财务上是否盈利；作出环境影响、社会效益和经济效益的分析和评价，及工程项目抗风险能力等的结论；为投资决策提供科学的依据。可行性研究还能为银行贷款、合作者签约、工程设计等提供依据和基础资料，它是决策科学化的必要步骤和手段。

2. 一个工程项目要经历哪几个时期？

答：一个工程项目要经历投资前期、建设时期及生产经营时期三个时期。

3. 投资前期包括哪些内容？

答：机会研究、初步可行性研究、项目建设书、可行性研究、项目评估、投资决策。

4. 建设时期包括哪些内容？

答：谈判签约、工程设计、施工安装、试运转、竣工验收。

5. 生产时期包括哪些内容？

答：投产、项目后评价。

6. 什么时期是决定工程经济效果的关键时期？

答：投资前期是决定工程经济效果的关键时期，是研究和控制的重点。

7. 一般将可行性研究分哪些阶段？

答：一般将可行性研究分为机会研究、初步可行性研究和可行性研究（有时也叫详细可行性研究）三个阶段。

8. 初步可行性研究成后，一般要向主管部门提交什么？

答：初步可行性研究成后，一般要向主管部门提交项目建议书。

9. 机会研究的工作深度是什么？

答：在若干个可能的投资机会中进行鉴别和筛选。

10. 初步可行性研究的工作深度是什么？

答：对选定的投资项目进行市场分析，进行初步技术经济评价，确定是否需要进行深入的研究。

11. 可行性研究的工作深度是什么？

答：对需要进行更深入可行性研究的项目进行更细致的分析，减少项目的不确定性，对可能出现的风险制定防范措施。

12. 问可行性研究的基本工作步骤大致可以概括为哪些？

答：可行性研究的基本工作步骤大致可以概括为：①签订委托协议；②组建工作小组；③制订工作计划；④市场调查与预测；⑤方案编制与优化；⑥项目评价；⑦编写可行性研究报告；⑧与委托单位交换意见。

13. 可行性研究的基本工作步骤中方案编制与优化之后包括哪些步骤？

答：包括项目评价、编写可行性研究报告、与委托单位交换意见。

14. 项目评价对推荐方案进行环境评价、财务评价、国民经济评价、社会评价及风险分析，以判别项目的什么内容？

答：项目评价对推荐方案进行环境评价、财务评价、国民经济评价、社会评价及风险分析，以判别项目的环境可行性、经济可行性、社会可行性和抗风险能力。

15. 直接调查法的优点是什么？

答：直接调查法的优点是调查结果针对性强，信息准确。缺点是调查成本高，调查结果易受工作人员水平及被调查人员本身素质的影响。

16. 可行性研究报告的内容包括多少项？

答：21项。

17. 投资估算怎么理解？

答：投资估算是在对项目的建设规模、产品方案、工艺技术及设备方案、工程方案及项目实施进度等进行研究并基本确定的基础上，估算项目所需资金总额（包括建设投资和流动资金）并测算建设期分年资金使用计划。

18. 投资估算是拟建项目编制什么的重要组成部分？

答：投资估算是拟建项目编制项目建议书、可行性研究报告的重要组成部分，是项目决策的重要依据之一。

19. 建设投资估算常用的估算方法有哪些？

答：建设投资估算常用的估算方法有：生产能力指数法、资金周转率法、比例估算法、综合指标投资估算法。

20. 生产能力指数法选取 n 值的原则是：靠增加设备、装置的数量，以及靠增大生产场所扩大生产规模时，n 取多少？

答：生产能力指数法选取 n 值的原则是：靠增加设备、装置的数量，以及靠增大生产场所扩大生产规模时，n 取 $0.8\sim0.9$。

21. 生产能力指数法选取 n 值的原则是：靠提高设备、装置的功能和效率扩大生产规模时，n 取多少？

答：生产能力指数法选取 n 值的原则是靠提高设备、装置的功能和效率扩大生产规模时，n 取 $0.6\sim0.7$。

22. 拟建项目生产能力与已建同类项目生产能力的比值应有一定的限制范围，一般这一比值不能超过多少倍？

答：拟建项目生产能力与已建同类项目生产能力的比值应有一定的限制范围，一般这一比值不能超过 50 倍，而在 10 倍以内效果较好。

23. 基本预备费以什么为基数？

答：基本预备费以工程费用、其他费用之和为基数，乘以适当的基本预备费率（百分数）估算，或按固定资产费用、无形资产费用和其他资产费用三部分之和为基数，乘以适当的基本预备费率估算。

24. 涨价预备费怎样估算？

答：涨价预备费估算一般以分年工程费用为基数，分别结算各年的涨价预备费，再进行加和，求得总的涨价预备费。

25. 流动资金怎么理解？

答：流动资金是指生产经营性项目投产后，为进行正常生产运营，用于购买原材料、燃料，支付工资及其他经营费用等所需的周转资金。

26. 国外化工企业的流动资金，一般是按建设投资的多少计算？

答：国外化工企业的流动资金，一般是按建设投资的 15%～20% 计算。

27. 现金流量图的横轴怎么理解？

答：横轴的零点表示时间序列的起点，同时也是第一个计息期的起始点。从 $1\sim n$ 分别代表各计息期的终点，第一个计息期的终点，也就是第二个计息期的起点，n 点表示时间序列的终点。横轴反映的是所考察的经济系统的寿命周期。

28. 什么是实际利率？

答：在复利法计算中，一般是采用年利率。若利率为年利率，实际计算周期也是以年计，这种年利率称为实际利率。

29. 什么是名义利率？

答：若利率为年利率，而实际计算周期小于一年，如每月、每季或每半年计息一次，这种年利率就称为名义利率。

30. 环境条件主要调查哪些方面的状况？

答：环境条件主要调查以下几方面的状况：自然环境、生态环境、社会环境和特殊环境。

31. 利息备付率表示项目的利润偿付利息的保证倍数，对于正常运营的企业，利息备付率应大于多少？

答：利息备付率表示项目的利润偿付利息的保证倍数，对于正常运营的企业，利息备付率应大于 2，否则，表示付息能力保障程度不足。

32. 偿债备付率在正常情况下，偿债备付率应大于多少？

答：偿债备付率在正常情况下，偿债备付率应大于 1。

33. 投资的机会成本含义是什么？

答：投资的机会成本是指投资者可筹集到的有限资金如果不用于拟建项目而用于其他最佳投资机会所能获得的收益率。

34. "转移支付"怎么理解？

答：项目的某些财务收益和支出，从国民经济角度看，并没有造成资源的实际增加或者减少，而是国民经济内部的"转移支付"，不计作项目的国民经济效益与费用。

35. 影子工资怎么计算？影子工资换算系数怎么计算？

答：影子工资一般通过影子工资换算系数计算。影子工资换算系数是影子工资与项目财务评价中劳动力的工资和福利费的比值。

36. 那些可能诱发民族矛盾、宗教矛盾的项目要注重哪方面的分析？

答：那些可能诱发民族矛盾、宗教矛盾的项目要注重社会风险分析，并提出相应措施。

37. 盈亏平衡分析、敏感性分析及概率分析分别适用于什么评价？

答：盈亏平衡分析只适用于财务评价，敏感性分析及概率分析可同时用于财务评价和国民经济评价。

38. 怎么理解盈亏平衡分析？

答：关于用生产能力利用率表示的盈亏平衡点，盈亏平衡点越低，表示项目适应市场变化的能力越强，抗风险能力也越强。

39. 当建设投资上升到某值时，财务内部收益率将刚好等于其准收益率，此点称为什么？

答：当建设投资上升到某值时，财务内部收益率将刚好等于其准收益率，此点称为建设投资上升的临界点。临界点可用专用软件计算，也可由敏感性分析图直接求得近似值。

40. 经济效果指标 $PNPV \leqslant 0$ 发生的概率来度量项目将承担的什么？

答：我们可以用经济效果指标 $PNPV \leqslant 0$ 发生的概率来度量项目将承担的风险。

例题解析

一、单项选择题

1. 某拟建项目的生产能力比已建的同类项目的生产能力增加3倍。按生产能力指数法计算，拟建项目的投资额将增加（　　）倍。（已知 $n=0.6$，$C_f=1.1$）

　　A. 1.13　　　　B. 1.53　　　　C. 2.13　　　　D. 2.53

答案：B

【解析】 根据生产能力指数法公式：$C_2 = C_1(x_2/x_1)^n \times C_f = C_1(4x_1/x_1)^{0.6} \times 1.1 = 2.53 C_1$

2. 某企业向银行借款，甲银行年利率8%，每年计息一次；乙银行年利率7.8%，每季度计息一次。则（　　）。

　　A. 甲银行实际利率低于乙银行实际利率

　　B. 甲银行实际利率高于乙银行实际利率

　　C. 甲乙两银行实际利率相同

　　D. 甲乙两银行的实际利率不可比

答案：A

【解析】 根据实际利率和名义利率公式：$i = I/P = [P(1+r/m)^m - P]/P = (1+r/m)^m - 1 = (1+7.8\%/4)^4 - 1 = 8.03\%$，显然高于8%，故甲银行实际利率低于乙银行实际利率。

3. 某建设项目的净现金流量如下表所示，则该项目的静态投资回收期为（　　）年。

现金流量表（万元）

年　份	1	2	3	4	5
净现金流量	−200	80	40	60	80

　　A. 3.33　　　　B. 4.25　　　　C. 4.33　　　　D. 4.75

答案：B

【解析】 根据静态投资回收期公式的更为实用的表达式为：

$P_t = T - 1 +$ 第$(T-1)$年的累计净现金流量的绝对值/第 T 年的净现金流量

$= (5-1) + |-20|/80 = 4.25$ 年，累计净现金流量计算见现金流量表

现金流量表(万元)

年 份	1	2	3	4	5
净现金流量	−200	80	40	60	80
累计净现金流量	−200	−120	−80	−20	60

4. 在项目财务评价中，当借款偿还期（　　）时，即认为方案具有清偿能力。
　　A. 小于基准投资回收期　　　　　　B. 大于基准投资回收期
　　C. 小于贷款机构要求期限　　　　　D. 大于贷款机构要求期限
答案：C
【解析】 当借款偿还期满足贷款机构的要求期限时，即小于贷款机构要求期限，即认为方案具有清偿能力。

5. 某建设项目前两年每年年末投资400万元，从第3年开始，每年年末等额回收260万元，项目计算期为10年。设基准收益率（i_c）为10%，则该项目的财务净现值为（　　）万元。
　　A. 256.79　　B. 347.92　　C. 351.90　　D. 452.14
答案：D
【解析】 财务净现值（FNPV）：是指按行业的基准收益率或投资主体设定的折现率，将方案计算期内各年发生的净现金流量折现到建设期初的现值之和。它是考察项目赢利能力的绝对指标。
$$FNPV=\sum (CI-CO)_t(1+i_c)^{-t}=-400\times(1+10\%)^{-1}-400\times(1+10\%)^{-2}+260\times\{[(1+10\%)^7-1]/[10\%(1+10\%)^7]\}\times(1+10\%)^{-3}$$

6. 可行性研究工作小组成立以后，正式开展市场调查之前要进行的工作是（　　）。
　　A. 签订委托协议　　　　　　B. 方案编制与优化
　　C. 制订工作计划　　　　　　D. 项目评价
答案：C
【解析】 可行性研究的基本工作步骤大致可以概括为：①签订委托协议；②组建工作小组；③制订工作计划；④市场调查与预测；⑤方案编制与优化；⑥项目评价；⑦编写可行性研究报告；⑧与委托单位交换意见。

7. 某企业从银行贷款100万元，期限一年，年利率12%，按月计息，到期一次性偿还的本息总额为（　　）万元。
　　A. 112.00　　B. 112.68　　C. 132.47　　D. 152.19
答案：B
【解析】 先求出实际利率再计算，$F=P[(1+r/m)^m]=100[(1+12\%/12)^{12}]=112.68$万元。

8. 用于项目财务生存能力分析的指标是（　　）。
　　A. 项目投资财务净现值　　　　B. 投资各方财务内部收益率
　　C. 项目偿债备付率　　　　　　D. 项目净现金流量
答案：D
【解析】 财务评价是在国家现行财税制度和市场价格体系下，分析预测项目的财务效益与费用，计算财务评价指标，考察拟建项目的盈利能力、偿债能力；据以判断项目的财务可行性。用于项目财务生存能力分析的指标是项目净现金流量。

9. 某项目前五年累计财务净现值为 50 万元，第 6、7、8 年年末净现金流量分别为 40、40、30 万元，若基准收益率为 8%，则该项目 8 年内累计财务净现值为（　　）万元。
　　A. 114.75　　　　B. 134.39　　　　C. 145.15　　　　D. 160.00
　　答案：A
　　【解析】　该项目 8 年内累计财务净现值 $=50+40(P/F,6,8\%)+40(P/F,7,8\%)+30(P/F,8,8\%)=114.75$ 万元。

10. 为了使建设项目可行性研究能有效地指导项目建设，可行性研究报告中确定的主要工程技术数据，在深度上应能满足项目（　　）的要求。
　　A. 初步设计　　B. 施工图设计　　C. 施工招标　　D. 签订施工合同
　　答案：A
　　【解析】　一般将可行性研究分为机会研究、初步可行性研究和可行性研究（有时也叫详细可行性研究）三个阶段。
　　为了使建设项目可行性研究能有效地指导项目建设，可行性研究报告中确定的主要工程技术数据，在深度上应能满足项目初步设计的要求。

11. 现有甲乙两家银行可向借款人提供一年期贷款，均采用到期一次性偿还本息的还款方式。甲银行贷款年利率 11%，每季度计息一次；乙银行贷款年利率 12%，每半年计息一次。借款人按利率高低作出正确选择后，其借款年实际利率为（　　）。
　　A. 11.00%　　　　B. 11.46%　　　　C. 12.00%　　　　D. 12.36%
　　答案：B
　　【解析】　当名义利率为 r 时，实际利率可由下式求得，
　　$i_甲=I/P=[P(1+r/m)^m-P]/P=(1+r/m)^m-1=(1+11\%/4)^4-1=11.46\%$
　　$i_乙=I/P=[P(1+r/m)^m-P]/P=(1+r/m)^m-1=(1+12\%/2)^2-1=12.36\%$
　　通过比较借款人按利率高低作出正确选择后，其借款年实际利率为 11.46%。

12. 某购房人从银行贷款 50 万元，贷款期限 10 年，按月等额还本付息，贷款年利率 6%，每月计息一次，其每月应向银行还款的数额为（　　）元。
　　A. 4917　　　　B. 5551　　　　C. 7462　　　　D. 7581
　　答案：B
　　【解析】　首先应计算出月利率：$6\%/12=0.5\%$，时间间隔为每月，记 10×12 个月等额资金回收公式 $A=P\{[i(1+i)^n]/[(1+i)^n-1]\}$
　　　　　$=50\{[0.5\%(1+0.5\%)^{10\times12}]/[(1+0.5\%)^{10\times12}-1]\}$
　　　　　$=0.5551$ 万元

13. 对建设项目环境管理提出的"三同时"要求，是指环境治理设施与项目主体工程必须（　　）。
　　A. 同时开工、同时竣工、同时投产使用
　　B. 同时设计、同时施工、同时投产使用
　　C. 同时开工、同时竣工、同时验收
　　D. 同时设计、同时开工、同时验收

答案：B

【解析】 对建设项目环境管理提出的"三同时"要求,是指环境治理设施与项目主体工程必须同时设计、同时施工、同时投产使用。

14. 某化工项目,设计的年产量为 10 万 t,预计单位产品售价为 500 元/t(已扣除销售税金及附加、增值税),正常生产年份单位产品变动成本为 300 元/t,年产量盈亏平衡点为 5 万 t。若单位产品变动成本上升为 340 元/t,其他数值保持不变,则产量盈亏平衡点的生产能力利用率为( )。

    A. 29.41%   B. 33.33%   C. 50.00%   D. 62.50%

答案：D

【解析】 用产量表示的盈亏平衡点 BEP(产量)为：

BEP(产量)=年固定总成本/(单位产品销售价格-单位产品可变成本-单位产品销售税金及附加-单位产品增值税)=年固定总成本/(500-300)=50000t

那么,年固定总成本=1000 万元；

BEP(产量)=年固定总成本/(单位产品销售价格-单位产品可变成本-单位产品销售税金及附加-单位产品增值税)=1000/(500-340)=62500t

BEP(%)=BEP(产量)/设计生产能力=62500/100000=62.5%

15. 某拟建项目的生产能力比已建的同类项目生产能力增加了 1.5 倍。设生产能力指数为 0.6,价格调整系数 1,则按生产能力指数法计算拟建项目的投资额将增加( )倍。

    A. 1.733   B. 1.275   C. 0.733   D. 0.275

答案：C

【解析】 $C_2 = C_1(x_2/x_1)^n \times C_f = C_1[(1+1.5)x_1/x_1]^{0.6} \times 1 = 1.733 C_1$

则按生产能力指数法计算拟建项目的投资额将增加 $1.733 C_1 - C_1 = 0.733 C_1$ 倍。

16. 用生产能力指数法进行投资估算时,拟建项目生产能力与已建同类项目生产能力的比值应有一定的限制范围。一般比值在( )倍左右估算效果较好。

    A. 50   B. 40   C. 20   D. 10

答案：D

【解析】 拟建项目生产能力与已建同类项目生产能力的比值应有一定的限制范围,一般这一比值不能超过 50 倍,而在 10 倍以内效果较好。

17. 某企业年初向银行借款 200 万元,年复利利率为 3%。银行规定每半年计息一次。若企业向银行所借的本金和产生的利息均在第 3 年末一次向银行支付,则支付额为( )万元。

    A. 218.69   B. 259.43   C. 218.55   D. 218.00

答案：A

【解析】 第 3 年末一次向银行支付额 $i = I/P = [P(1+r/m)^m - P]/P = (1+r/m)^m - 1$
$= (1+r/m)^m - 1 = (1+3\%/2)^2 - 1 = 0.030225$
$F = P(1+i)^n = 200(1+3.0225\%)^3 = 218.69$

18. 某企业第 1 年初向银行借款 500 万元,年利率为 7%,银行规定每季度计息一次。若企业向银行所借本金与利息均在第 4 年末一次支付,则支付额为( )万元。

    A. 659.96   B. 659.45   C. 655.40   D. 535.93

答案：A

【解析】 第4年末一次向银行支付额 $i=I/P=[P(1+r/m)^m-P]/P=(1+r/m)^m-1$
$$=(1+r/m)^m-1=(1+7\%/4)^4-1$$
$$=0.071859$$
$F=P(1+i)^n=200(1+7.1859\%)^4=659.96$

19. 某公司向银行借款，贷款年利率为6%。第1年初借款100万元，每年计息一次；第2年末又借款200万元，每半年计息一次，两笔借款均在第3年末还本付息，则复本利和为（ ）万元。
  A．324.54   B．331.10   C．331.28   D．343.82
 答案：C
【解析】 第3年末一次向银行支付额 $i=I/P=[P(1+r/m)^m-P]/P=(1+r/m)^m-1$
$$=(1+r/m)^m-1=(1+6\%/2)^2-1=0.0609$$
$F=100(1+6\%)^3+200(1+6.09\%)^1=331.28$

20. 某公司拟投资一项目，希望在4年内(含建设期)收回全部贷款的本金与利息。预计项目从第1年开始每年末能获得60万元，银行贷款年利率为6%。则项目总投资的现值应控制在（ ）万元以下。
  A．262.48   B．207.91   C．75.75   D．240.00
 答案：B
【解析】 $P=A\{[(1+i)^n-1]/[i(1+i)^n]\}=60\{[(1+6\%)^4-1]/[6\%(1+6\%)^4]\}$
$$=207.91$$

21. 投资利润率是反映项目（ ）的重要指标。
  A．负债能力 B．盈利能力 C．偿债能力 D．抗风险能力
 答案：B
【解析】 投资利润率是反映项目盈利能力的重要静态指标。

22. 投资利润率计算公式为：投资利润率＝年利润总额或年平均利润总额/项目总投资×100%。下列说明正确的是（ ）。
  A．年利润总额＝年产品销售收入－年总成本费用
  B．年平均利润总额＝计算期内年平均利润总额
  C．项目总投资＝建设投资＋流动资金
  D．项目总投资＝建设投资＋铺底流动资金
 答案：C
【解析】 投资利润率＝年利润总额或年平均利润总额/项目总投资
式中，年利润总额＝年产品销售收入－年产品销售税金及附加－年总成本费用
年销售税金及附加＝年增值税＋年营业税＋年特别消费税＋年资源税＋年城乡维护建设税＋年教育费附加
项目总投资＝建设投资＋流动资金。

23. 如果以年利率10%投资某项目100万元，拟在今后5年中把复本利和在每年年末按相等的数额提取，每年可回收的资金为（ ）万元。
  A．26.8   B．22.38   C．26.38   D．28.38
 答案：C

【解析】 $A=P\{[i(1+i)^n]/[(1+i)^n-1]\}=100\{[10\%(1+10\%)^5]/[(1+10\%)^5-1]\}$
$=26.38$

式中，$[i(1+i)^n]/[(1+i)^n-1]$ 为资金回收系数，记为 $(A/P, i, n)$。

24. 利息备付率表示项目的利润偿付利息的保证倍数，对于正常运营的企业，利息备付率应大于（　　）。

A. 2.0　　　　B. 1.5　　　　C. 1.0　　　　D. 0.5

答案：A

【解析】 利息备付率表示项目的利润偿付利息的保证倍数，对于正常运营的企业，利息备付率应大于 2，否则，表示付息能力保障程度不足。

25. 在投资项目的财务评价中，计算利息备付率这一评价指标的目的是要对项目的（　　）进行分析。

A. 负债水平　　B. 偿债能力　　C. 盈利水平　　D. 保障能力

答案：B

【解析】 在投资项目的财务评价中，计算利息备付率这一评价指标的目的是要对项目的利润偿付利息的保证倍率进行分析。

26. 关于偿债备付率，下列说法正确的是（　　）。

A. 在借款偿还期内，各年可用于还本付息资金与当期应付本金的比值
B. 在借款偿还期内，各年可用于付息资金与当期应付利息的比值
C. 在正常情况下，偿债备付率应小于 1
D. 在借款偿还期内，各年可用于还本付息资金与当期应还付息金额的比值

答案：D

【解析】 偿债备付率＝可用于还本付息资金/当期应还本付息金额

27. 某企业进行设备更新，新设备价值 10 万元，利用新设备生产的产品其单位可变成本为 5 元/件，产品售价为 10 元/件，假设企业生产函数为线性，则盈亏平衡产量为（　　）。

A. 2 万件　　　B. 1 万件　　　C. 3 万件　　　D. 0.5 万件

答案：A

【解析】 $BEP(Q)$＝年固定总成本/(单位产品销售价格－单位产品可变成本－单位产品销售税金及附加－单位产品增值税)＝10/(10－5)＝2 万件

28. 某项目第 1 年投资 500 万元，第 2 年又投资 500 万元，从第 3 年进入正常运营期。正常运营期共 18 年，每年净收入为 110 万元，设行业基准收益率为 8%，该项目的财务净现值为（　　）万元。

A. －7.83　　B. －73.35　　C. －79.16　　D. －144.68

答案：A

【解析】 $FNPV=\sum(CI-CO)_t(1+i_c)^{-t}=-[500(1+8\%)^{-1}]-[500(1+8\%)^{-2}]$
$+110\{[(1+8\%)^{18}-1]/[8\%(1+8\%)^{18}]\}(1+8\%)^{-2}=-7.83$

29. 假定某投资项目的现金流量如下表，基准收益率为 10%，则项目的财务净现值为（　　）万元。

现金流量表   单位：万元

年 份	1	2	3	4	5	6
净现金流量	−400	100	150	150	150	150

　　A. 48.14　　　　　B. 76.24　　　　　C. 83.87　　　　　D. 111.97

答案：D

【解析】 $FNPV=\sum(CI-CO)_t(1+i_c)^{-t}=-[400(1+10\%)^{-1}]+[100(1+10\%)^{-2}]$
$+150\{[(1+10\%)^4-1]/[10\%(1+10\%)^4]\}(1+10\%)^{-2}=111.97$

30. 某贷款项目，银行贷款年利率为10%时，财务净现值为33.82万元；银行贷款年利率为10%时，财务净现值为−16.64万元，当银行贷款年利率为（　　）时，企业财务净现值恰好为零。

　　A. 8.06%　　　　　B. 8.66%　　　　　C. 9.34%　　　　　D. 9.49%

答案：C

【解析】 $FIRR=i_1+[FNPV_1/(FNPV_1+FNPV_2)](i_2-i_1)$
$=8\%+[33.82/(33.82+16.4)](10\%-8\%)=9.34\%$

31. 在投资项目的国民经济评价中，被视为国民经济内部"转移支付"的是（　　）。
　　A. 地方政府的税收　　　　　　　　B. 国外银行借款利息
　　C. 间接费用　　　　　　　　　　　D. 工人的工资和福利费

答案：A

【解析】 项目的某些财务收益和支出，从国民经济角度看，并没有造成资源的实际增加或者减少，而是国民经济内部的"转移支付"，不计做项目的国民经济效益与费用。转移支付的主要内容包括：(1)国家和地方政府的税收；(2)国内银行借款利息；(3)国家和地方政府给予项目的补贴。

32. 关于用生产能力利用率表示的盈亏平衡点，下列说法正确的是（　　）。
　　A. 生产能力利用率盈亏平衡点越高，项目抗风险能力越低
　　B. 生产能力利用率盈亏平衡点越低，项目抗风险能力越弱
　　C. 生产能力利用率盈亏平衡点越高，项目的生产效率越高
　　D. 其计算公式是设计生产能力与盈亏平衡点产量之比

答案：A

【解析】 关于用生产能力利用率表示的盈亏平衡点，盈亏平衡点越低，表示项目适应市场变化的能力越强，抗风险能力也越强。

33. 某方案年设计生产能力为6000件，每件产品价格为50元，单件产品变动成本为20元，单件产品销售税金及附加(含增值税)为10元。年固定总成本为64000元。用产量表示的盈亏平衡点为（　　）件。

　　A. 800　　　　　B. 1600　　　　　C. 2133　　　　　D. 3200

答案：D

【解析】 BEP(产量)=年固定总成本/(单位产品销售价格−单位产品可变成本−单位产品销售税金及附加−单位产品增值税)×100% = 64000/(50−20−10)×100% = 3200

34. （　　）是按照经济资源合理配置的原则，用影子价格和社会折现率等国民经济评

价参数，从国民经济整体角度考察项目所耗费的社会资源和对社会的贡献，评价投资项目的经济合理性。

  A. 财务评价   B. 环境影响评价 C. 国民经济评价 D. 不确定性分析
答案：C

【解析】 国民经济评价是按照经济资源合理配置的原则，用影子价格和社会折现率等国民经济评价参数，从国民经济整体角度考察项目所耗费的社会资源和对社会的贡献，评价投资项目的经济合理性。

二、多项选择题

1. 建设项目财务评价中的盈利能力分析指标包括（　　）。
  A. 财务内部收益率 B. 利息备付率 C. 投资回收期 D. 借款偿还期
  E. 财务净现值
答案：A、C、E

【解析】 项目财务评价按评价内容的不同，还可分为盈利能力分析指标和偿债能力分析指标两类。包括：总投资收益率（ROI）、项目资本金净利润率（ROE）、投资回收期（Pt）、财务净现值（FNPV）、净现值指数（FNPVR）、财务内部收益率（FIRR）。

2. 关于敏感性分析，下列说法正确的有（　　）。
  A. 敏感度系数是指评价指标变化率与不确定因素变化率之比
  B. 敏感度系数越大，项目抗风险的能力越强
  C. 敏感度系数越大，项目抗风险的能力越弱
  D. 单因素敏感性分析图中，斜率越大的因素越敏感
  E. 敏感性分析仅适用于财务评价
答案：A、C、D

【解析】 敏感性分析是通过研究项目主要不确定因素发生变化时，项目经济效果指标发生的相应变化，找出项目的敏感因素，确定其敏感程度，并分析该因素达到临界值时项目的承受能力。

（1）敏感性分析的目的
1）确定不确定性因素在什么范围时变化，方案的经济效果最好；在什么范围内变化效果最差，以便对不确定性因素实施控制；
2）区分敏感性大的方案和敏感性小的方案，以便选出敏感性小的，即风险小的方案；
3）找出敏感性强的因素，向决策者提出是否需要进一步搜集资料，进行研究，以提高经济分析的可靠性。

（2）敏感性分析的步骤
一般进行敏感性分析可按以下步骤进行：
1）选定需要分析的不确定因素；
2）确定进行敏感性分析的经济评价指标；
3）计算因不确定因素变动引起的评价指标的变动值；
4）计算敏感度系数并对敏感因素进行排序；
5）计算变动因素的临界点。临界点是指项目允许不确定因素向不利方向变化的极限值。超过极限，项目的效益指标将不可行。

根据项目经济目标,如经济净现值或经济内部收益率等所做的敏感性分析叫经济敏感性分析。而根据项目财务目标所作的敏感性分析叫做财务敏感性分析。

(3) 单因素敏感性分析

每次只考虑一个因素的变动,而让其他因素保持不变时所进行的敏感性分析,叫做单因素敏感性分析。

3. 建设投资估算方法包括(   )。
   A. 生产能力指数法　　　　　　B. 分项详细估算法
   C. 扩大指标估算法　　　　　　D. 综合指标投资估算法
   E. 比例估算法
   答案:A、D、E

【解析】 建设投资估算方法包括生产能力指数法、资金周转率法、比例估算法、综合指标投资估算法。

4. 建设项目环境影响评价工作内容包括(   )。
   A. 调查研究环境条件　　　　　B. 识别和分析项目影响环境的因素
   C. 提出治理和保护环境的措施　D. 比选和优化环境保护方案
   E. 组织验收环保设施
   答案:A、B、C、D

【解析】 环境影响评价是在研究确定场址方案和技术方案中,调查研究环境条件、识别和分析拟建项目影响环境的因素、研究提出治理和保护环境的措施、比选和优化环境保护方案。

(1) 环境影响评价基本要求

1) 符合国家环境保护法律、法规和环境功能规划的要求;
2) 坚持污染物排放总量控制和达标排放的要求;
3) 坚持"三同时"原则;
4) 力求环境效益与经济效益相统一;
5) 注重资源综合利用。

(2) 环境条件调查

环境条件主要调查以下几方面的状况:自然环境、生态环境、社会环境和特殊环境。

(3) 影响环境因素分析

影响环境因素分析,主要是分析项目建设过程中破坏环境,生产运营过程中污染环境,导致环境质量恶化的主要因素。

1) 污染环境因素分析

分析生产过程中产生的各种污染源,计算排放污染物数量及其对环境的污染程度。

2) 破坏环境因素分析

分析项目建设施工和生产运营对环境可能造成的破坏因素,预测其破坏程度。

(4) 环境保护措施

1) 治理措施方案

应根据项目的污染源和排放污染物的性质,采用不同的治理措施。

2）治理方案比选

对环境治理的各局部方案和总体方案进行技术经济比较，并作出综合评价。比较、评价的主要内容有：

① 技术水平对比；
② 治理效果对比；
③ 管理及监测方式对比；
④ 环境效益对比。

5. 下列关于应用生产能力指数法估算化工建设项目投资的说法中，正确的有（　　）。
   A. 生产能力指数取值应考虑拟建项目与已建同类项目的投资来源差异
   B. 拟建项目与已建同类项目生产能力之比应限制在 50 倍以内
   C. 应考虑拟建项目与已建同类项目因建设时间不同而导致的价格水平差异
   D. 拟建项目与已建同类项目的实施主体必须相同
   E. 生产能力指数取值应限制在 1～2 之间

答案：B、C

【解析】 生产能力指数法，这种方法起源于国外对化工厂投资的统计分析，据统计，生产能力不同的两个装置，他们的初始投资与两个装置生产能力之比的指数幂成正比。计算公式为：

$$C_2 = C_1(x_2/x_1)^n \times C_f$$

式中，C_2 为拟建项目或装置的投资额；C_1 为已建同类型项目或装置的投资额；x_2 为拟建项目的生产能力；x_1 为已建同类型项目的生产能力；C_f 为价格调整系数；n 为生产能力指数。

应用生产能力指数法估算化工建设项目投资，拟建项目与已建同类项目生产能力之比应限制在 50 倍以内，应考虑拟建项目与已建同类项目因建设时间不同而导致的价格水平差异。

6. 某项目净现金流量如下表所示。投资主体设定的基准收益率为 8%。基准静态投资回收期为 3 年。由此可以得到的结论有（　　）。

年　份	0	1	2	3	4	5
净现金流量（万元）	−200	−200	150	150	150	150

   A. 项目投资利润率为 50%　　　B. 项目财务净现值约为 74.82 万元
   C. 项目静态投资回收期约为 2.67 年　D. 项目财务内部收益率大于 8%
   E. 从静态投资回收期判断，该项目可行

答案：B、D

【解析】 项目财务净现值 $= -200 - 200/(1+8\%) + 150/(1+8\%)^2 + 150/(1+8\%)^3 + 150/(1+8\%)^4 + 150/(1+8\%)^5 = 74.82$ 万元

根据静态投资回收期公式的更为实用的表达式为：

$P_t = T - 1 +$ 第（$T-1$）年的累计净现金流量的绝对值/第 T 年的净现金流量
$= (4-1) + |-100|/150 = 3.67$ 年

累计净现金流量计算见现金流量表

年份	0	1	2	3	4	5
净现金流量(万元)	−200	−200	150	150	150	150
累计净现金流量(万元)	−200	−400	−250	−100	+50	+200

7. 在进行资金时间价值计算前，首先应了解（　　）几个概念。
   A. 现值　　　　B. 终值　　　　C. 年金　　　　D. 单利法
   E. 终值系数
   答案：A、B、C

   【解析】 有关资金时间价值计算的六个概念：利率（折现率）、计息次数、现值、终值、年金、等值。

8. 可行性研究中社会评价主要包括（　　）。
   A. 项目对社会的影响分析　　　　B. 项目对环境的影响分析
   C. 项目与所在地互适性分析　　　D. 社会风险分析
   E. 项目的节能、节水措施分析
   答案：A、C、D

   【解析】 可行性研究中社会评价主要包括项目对社会的影响分析、项目与所在地互适性分析、社会风险分析、社会评价结论。

9. 要正确绘制现金流量图，必须把握好现金流量的（　　）三要素。
   A. 资金数额　　　　B. 资金方向
   C. 资金的发生时间点　　D. 资金流入
   E. 资金流出
   答案：A、B、C

   【解析】 要正确绘制现金流量图，必须把握好现金流量的三要素，即现金流量的大小（资金数额）、方向（资金流入或流出）和作用点（资金的发生时间点）。

10. 利息计算有（　　）。
    A. 单利　　　　B. 年金　　　　C. 间断复利　　　　D. 终值
    E. 连续复利
    答案：A、C、E

    【解析】 利息计算有单利和复利之分。复利计算有间断复利和连续复利之分。

11. 在审查项目投资估算时，应注意审查（　　）。
    A. 投资估算编制依据的时效性、准确性
    B. 审查选用的投资估算方法的科学性、适用性
    C. 审查投资估算的编制内容与拟建项目规划要求的一致性
    D. 审查投资估算的费用项目、费用数额的正确性
    E. 审查投资估算的费用项目、费用数额的真实性
    答案：A、B、C、E

    【解析】 为了保证项目投资估算的准确性和估算质量，以便确保其应有的作用，必须加强对项目投资估算的审查工作。项目投资估算的审查部门和单位，在审查项目投资估算

时，应注意审查以下几点：
(1) 资估算编制依据的时效性、准确性；
(2) 审查选用的投资估算方法的科学性、适用性；
(3) 审查投资估算的编制内容与拟建项目规划要求的一致性；
(4) 审查投资估算的费用项目、费用数额的真实性。

12. 可行性研究报告的内容包括( )。
   A. 市场调查与市场预测　　　B. 建设规模与产品方案
   C. 设计概算　　　　　　　　D. 节能措施
   E. 节水措施

   答案：A、B、D、E

   【解析】 可行性研究报告的结构和内容：(1)总论；(2)市场调查与预测；(3)资源条件评价；(4)建设规模与产品方案；(5)场址选择；(6)技术方案、设备方案和工程方案；(7)原材料燃料供应；(8)总图运输与公用辅助工程；(9)节能措施；(10)节水措施；(11)环境影响评价；(12)劳动安全卫生与消防；(13)组织机构与人力资源配置；(14)项目实施进度；(15)投资估算；(16)融资方案；(17)财务评价；(18)国民经济评价；(19)社会评价；(20)风险分析；(21)研究结论与建议。

13. 可行性研究的基本工作步骤有( )。
   A. 方案编制与优化　　　　　B. 编写可行性研究报告
   C. 市场调查与预测　　　　　D. 与发改委交换意见
   E. 组建工作小组

   答案：A、B、C、E

   【解析】 可行性研究的基本工作步骤大致可以概括为：(1)签订委托协议；(2)组建工作小组；(3)制订工作计划；(4)市场调查与预测；(5)方案编制与优化；(6)项目评价；(7)编写可行性研究报告；(8)与委托单位交换意见。

14. 根据国家计委的规定，可行性研究报告应在以下( )方面达到使用要求：
   A. 可行性研究报告选用主要设备的规格、参数应能满足预订货的要求等
   B. 可行性研究报告中的重大技术、经济方案，应有两个以上方案的比选
   C. 可行性研究报告中构造的融资方案，应能满足银行等金融部门信贷决策的需要
   D. 可行性研究报告无须附有评估、决策(审批)所必需的合同、协议、意向书、政府批件等
   E. 可行性研究报告中应反映可行性研究过程中出现的某些方案的重大分歧及未被采纳的理由，以供委托单位与投资者权衡利弊进行决策

   答案：A、B、C、E

   【解析】 根据国家计委的规定，可行性研究报告应在以下方面达到使用要求：
   (1) 可行性研究报告应能充分反映项目可行性研究工作的成果，内容齐全，结论明确，数据准确，论据充分，满足决策者确定方案和项目决策的要求。
   (2) 可行性研究报告选用主要设备的规格、参数应能满足预订货的要求等。
   (3) 可行性研究报告中的重大技术、经济方案，应有两个以上方案的比选。

(4) 可行性研究报告中确定的主要工程技术数据，应能满足项目初步设计的要求。

(5) 可行性研究报告中构造的融资方案，应能满足银行等金融部门信贷决策的需要。

(6) 可行性研究报告中应反映可行性研究过程中出现的某些方案的重大分歧及未被采纳的理由，以供委托单位与投资者权衡利弊进行决策。

(7) 可行性研究报告应附有评估、决策(审批)所必需的合同、协议、意向书、政府批件等。

15. 对计算流动资金需要掌握的流动资产和流动负债这两类因素应分别进行估算。在可行性研究中，为简化计算，仅对（　　）进行估算。

  A. 存货   B. 现金   C. 应付账款   D. 在产品

  E. 应收账款

  答案：A、B、C、E

【解析】 对计算流动资金需要掌握的流动资产和流动负债这两类因素应分别进行估算。在可行性研究中，为简化计算，仅对存货、现金、应收账款这三项流动资产和应付账款这项流动负债进行估算。

16. 不确定性分析方法的应用范围是（　　）。

  A. 盈亏平衡分析既可用于财务评价，又可用于国民经济评价

  B. 敏感性分析可用于国民经济评价

  C. 概率分析可同时用于财务评价和国民经济评价

  D. 敏感性分析可用于财务评价

  E. 盈亏平衡分析适用于项目的财务评价

  答案：B、C、D、E

【解析】 不确定性分析包括盈亏平衡分析、敏感性分析、概率分析三种方法。盈亏平衡分析适用于项目的财务评价，而敏感性分析和概率分析可同时用于财务评价和国民经济评价。

17. 盈亏平衡分析的论述，下列说法中正确的是（　　）。

  A. 盈亏平衡点的含义是指企业的固定成本等于变动成本

  B. 当实际产量小于盈亏平衡产量时，企业亏损

  C. 经营安全度越高，抗风险能力就越强

  D. 生产能力利用率大于盈亏平衡点，就可盈利

  E. 盈亏平衡产量越大，抗风险能力就越强

  答案：B、C、D

【解析】 盈亏平衡点反映了项目对市场变化的适应能力和抗风险能力。盈亏平衡点越低，达到此点的盈亏平衡产量和收益或成本也就越少，项目投产后的盈利的可能性越大，适应市场变化的能力越强，抗风险能力也越强。

18. 线性盈亏平衡分析的前提条件（　　）。

  A. 生产量大于销售量

  B. 生产量等于销售量

  C. 生产量变化，单位可变成本不变，从而使总生产成本成为生产量的线性函数

  D. 生产量变化，销售单价不变，从而使销售收入成为销售量的线性函数

E. 只生产单一产品，或者生产多种产品，但可以换算为单一产品计算

答案：B、C、D、E

【解析】 线性盈亏平衡分析的前提条件：

(1) 生产量等于销售量；

(2) 生产量变化，单位可变成本不变，从而使总生产成本成为生产量的线性函数；

(3) 生产量变化，销售单价不变，从而使销售收入成为销售量的线性函数；

(4) 只生产单一产品，或者生产多种产品，但可以换算为单一产品计算。

19. 下列属于环境影响评价内容的有（　　）。

A. 城市化进程的影响　　　　　　B. 技术文化条件的影响

C. 噪声对居民生活的影响　　　　D. 森林草地植被的破坏

E. 社会环境、文物古迹的破坏

答案：C、D、E

【解析】 影响环境因素分析，主要是分析项目建设过程中破坏环境，生产运营过程中污染环境，导致环境质量恶化的主要因素。

(1) 污染环境因素分析

分析生产过程中产生的各种污染源，计算排放污染物数量及其对环境的污染程度。

(2) 破坏环境因素分析

分析项目建设施工和生产运营对环境可能造成的破坏因素，预测其破坏程度。

20. 关于盈亏平衡点分析，正确的说法有（　　）。

A. 用生产能力利用率表示的盈亏平衡点越大，项目风险越小

B. 盈亏平衡点应按投产后的正常年份计算，而不能按计算期内的平均值计算

C. 用生产能力利用率表示的盈亏平衡点（$BEP(\%)$）与用产量表示的盈亏平衡点（$BEPQ$）的关系是 $BEPQ=BEP(\%)\times$设计生产能力

D. 用生产能力利用率表示的盈亏平衡点（$BEP(\%)$）与用产量表示的盈亏平衡点（$BEPQ$）的关系是 $BEP(\%)=BEPQ\times$设计生产能力

E. 盈亏平衡点分析不适合于国民经济分析

答案：B、C、E

【解析】 (1)盈亏平衡点应按投产后的正常年份计算，而不能按计算期内的平均值计算；(2)BEP(产量)——$BEP(\%)\times$设计生产能力；(3)盈亏平衡点分析只适合于财务评价。

21. 下列属于投资方案动态评价指标的是（　　）。

A. 投资收益率　　B. 内部收益率　　C. 净现值率　　D. 净年值

E. 自有资金利润率

答案：B、C、D

【解析】 属于投资方案动态评价指标的有：内部收益率、净现值率、净年值、净现值、动态投资回收期。

22. 环境条件主要调查（　　）方面的状况。

A. 自然环境　　B. 矿产环境　　C. 生态环境　　D. 社会环境

E. 特殊环境

答案：A、C、D、E

【解析】 环境条件主要调查自然环境、生态环境、社会环境、特殊环境方面的状况。

23. 财务评价内容（　　）。

    A. 盈利能力分析　　　　　　　B. 净现值分析
    C. 偿债能力分析　　　　　　　D. 社会效益分析
    E. 不确定性分析

    答案：A、C、E

【解析】 财务评价内容：(1)盈利能力分析；(2)偿债能力分析；(3)不确定性分析。

24. 在下列关于不确定性分析的表述中，正确的有（　　）。

    A. 生产能力利用率表示的盈亏平衡点越高，项目抗风险能力越强
    B. 产量表示的盈亏平衡点越低，项目适应市场变化的能力越强
    C. 盈亏平衡点应按项目计算期内的平均值计算
    D. 敏感因素是指敏感度系数大的不确定性因素
    E. 敏感因素是指临界点大的不确定性因素

    答案：B、D

【解析】 关于用生产能力利用率表示的盈亏平衡点，盈亏平衡点越低，表示项目适应市场变化的能力越强，抗风险能力也越强。

敏感性分析是通过研究项目主要不确定因素发生变化时，项目经济效果指标发生的相应变化，找出项目的敏感因素，确定其敏感程度，并分析该因素达到临界值时项目的承受能力。

25. 基准收益率是财务评价中一个重要的参数，是投资者对投资收益率的最低期望值。它不仅取决于资金来源的构成，而且还取决于项目未来风险的大小和通货膨胀的高低。具体影响因素有（　　）。

    A. 加权平均资本成本率　　　　B. 投资的机会成本率
    C. 风险贴补率　　　　　　　　D. 社会效益率
    E. 通货膨胀率

    答案：A、B、C、E

【解析】 基准收益率是财务评价中一个重要的参数，是投资者对投资收益率的最低期望值。它不仅取决于资金来源的构成，而且还取决于项目未来风险的大小和通货膨胀的高低。具体影响因素有以下四方面：(1)加权平均资本成本率；(2)投资的机会成本率；(3)风险贴补率；(4)通货膨胀率。

26. 概率分析是通过研究各种不确定因素发生不同幅度变动的概率分布及其（　　）作出某种概率描述，从而对方案的风险情况作出比较准确的判断。

    A. 对方案经济效果的影响　　　B. 对方案的净现金流量
    C. 对方案的社会效益　　　　　D. 对方案的不确定因素分析
    E. 对方案的经济效果指标

    答案：A、B、E

【解析】 概率分析是通过研究各种不确定因素发生不同幅度变动的概率分布及其对方案经济效果的影响；对方案的净现金流量及经济效果指标作出某种概率描述，从而对方案

的风险情况作出比较准确的判断。

实战练习题

一、单项选择题

1. 某投资者购买了 1000 元的债券，期限 3 年，年利率 10%，到期一次还本付息，按照复利法，则 3 年后该投资者可获得的利息是（　　）元。
   A. 220　　　　B. 300　　　　C. 100　　　　D. 331

2. 若投资 1000 万元，每年收回率为 8%，在 10 年内收回全部本利，则每年应收回多少？
   A. 139.03　　　B. 149.03　　　C. 249.03　　　D. 194.03

3. 若想在第 5 年年底获得 1000 万元，每年存款金额相等，年利率为 10%，则每年需存款多少？
   A. 153.8　　　B. 136.8　　　C. 163.8　　　D. 263.8

4. 若希望在 5 年内每年收回 1000 万元，当利率为 10% 时，则开始需一次投资多少万元？
   A. 3790.8　　　B. 3890.8　　　C. 2790.8　　　D. 3709.8

5. 若在 10 年内，每年末存入银行 1000 万元，年利率为 8%，问 10 年后本利和为多少？
   A. 13487　　　B. 14478　　　C. 14587　　　D. 14487

6. 市场调查的方法分为间接搜集信息法和（　　）。
   A. 直接搜集信息法　　　　　　B. 调查法
   C. 间接调查法　　　　　　　　D. 直接调查法

7. 投资估算是在对项目的建设规模、产品方案、工艺技术及设备方案、工程方案及项目实施进度等进行研究并基本确定的基础上，估算项目所需（　　）。
   A. 建设投资　　B. 建筑造价　　C. 资金总额　　D. 流动资金

8. 某公司计划二年以后购买一台 100 万元的机械设备，拟从银行存款中提取，银行存款年利率为 2.25%，则现应存入银行的资金为（　　）万元。
   A. 95.64　　　B. 85.64　　　C. 93.64　　　D. 75.64

9. 某项目投资方案的现金流量的静态投资回收期为 8.5 年，从投资回收期的角度评价项目，如基准静态投资回收期为 7.5 年，则该项目的静态投资回收期（　　）。
   A. $>P_c$，项目不可行　　　　B. $=P_c$，项目不可行
   C. $=P_c$，项目可行　　　　　D. $>P_c$，项目可行

10. 某公司拟投资建设一工业项目，希望建成后在 6 年内收回全部贷款的复本利和，预计项目每年能获利 100 万元，银行贷款的年利率为 5.76%，问该项目的总投资应控制在（　　）万元范围以内。
    A. 595.46　　　B. 495.46　　　C. 465.46　　　D. 395.46

11. 企业年产量 4 万件，年固定成本为 20 万元，其单位可变成本为 15 元，产品市场价格为 25 元/件，该企业当年免征销售税金，则该企业当年盈亏平衡点价格为每件（　　）。

A. 15元　　　　B. 18元　　　　C. 20元　　　　D. 24元

12. 项目设计生产能力为年产40万件，每件产品价格为120元，单位产品可变成本为100元，年固定成本为420万元，产品销售税金及附加占销售收入的5%，则盈亏平衡产量为(　　)。

A. 30万件　　　B. 21万件　　　C. 24万件　　　D. 设备的经济寿命

13. 某项目各年的现金流量如下图，设基准收益率 i_c 为8%，该项目的财务净现值及是否可行的结论为(　　)。

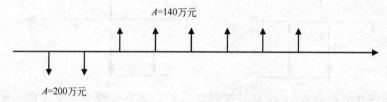

A. 379.26万元，可行　　　　　B. 198.22万元，可行
C. 220.82万元，可行　　　　　D. −351.02万元，不可行

14. 下列说法正确的是(　　)。
A. 偿债备付率在正常情况下应当大于1，且越高越好
B. 当偿债备付率指标大于1时，表示当年资金来源不足以偿付当期债务，需要通过短期借款偿付已到期债务
C. 偿债备付率在正常情况下应当小于1，且越接近1越好
D. 偿债备付率在正常情况下应当小于1，且越小越好

15. 基准收益率的确定一般以(　　)为基础，同时综合考虑资金成本、投资风险、通货膨胀以及资金限制等影响因素。
A. 行业的最高收益率　　　　　B. 行业的平均收益率
C. 行业的最低收益率　　　　　D. 企业的平均收益率

16. 项目的某些财务收益和支出，从国民经济角度看，并没有造成资源的实际增加或者减少，而是国民经济内部的(　　)，不计做项目的国民经济效益与费用。
A. 转移支付　　B. 转移支出　　C. 转移收益　　D. 转移费用

17. 某设计方案年产量为12万t，已知每吨产品的销售价格为675元，每吨产品缴付的销售税金(含增值税)为165元，单位可变成本为250元，年总固定成本费用为1500万元，则产量的盈亏平衡点、盈亏平衡点的生产能力利用率为(　　)。
A. 6.77万t，48.08%　　　　　B. 5.77万t，48.08%
C. 5.77万t，58.08%　　　　　D. 5.57万t，48.08%

18. (　　)是在国家现行财税制度和市场价格体系下，分析预测项目的财务效益与费用，计算财务评价指标，考察拟建项目的盈利能力、偿债能力；据以判断项目的财务可行性。
A. 财务评价　　　　　　　　　B. 环境影响评价
C. 国民经济评价　　　　　　　D. 不确定性分析

19. (　　)是在研究确定场址方案和技术方案中，调查研究环境条件、识别和分析拟建项目影响环境的因素、研究提出治理和保护环境的措施、比选和优化环境保护方案。

A. 财务评价 B. 环境影响评价
C. 不确定性分析 D. 国民经济评价

20. 有现金流量图如下,且已知$(F/A, i, n)=1.25$,$F=100$万元,则A应为( )。

A. 100万元 B. 50万元 C. 80万元 D. 40万元

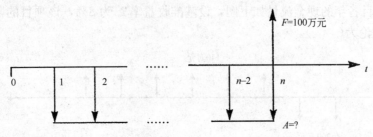

21. 某银行年贷款利率r,一年计算利息m次,如果折算为一年计息一次,则对应的年计息率i为( )。

A. mr B. r^m C. $(1+mr)m-1$ D. $(1+r/m)^m-1$

22. 某公司开发一项投资100万元,资金时间价值率(相当于年利息率)为20%。计划5年内等额回收,则每年应回收资金额为( )万元。

A. 33.438 B. 34.438 C. 35.438 D. 36.438

23. 项目的( )计算结果越大,表明其盈利能力越强。

A. 财务净现值 B. 投资回收期 C. 盈亏平衡点 D. 借款偿还期

24. 当财务内部收益率为( ),则认为项目在财务上可行(i_c为行业基准收益率)。

A. $FIRR \geqslant i_c$ B. $FIRR < i_c$ C. $FIRR > 0$ D. $FIRR < 0$

25. 项目可行性研究的核心内容是( )。

A. 投资估算与资金筹措 B. 需求预测和拟建规模
C. 建设条件与厂址方案 D. 项目经济评价

26. 反映项目清偿能力的主要评价指标是( )。

A. 静态投资回收期 B. 动态投资回收期
C. 投资借款偿还期 D. 投资利润率

27. 财务内部收益率是指项目对初始投资的偿还能力或项目对贷款利率的( )承受能力。

A. 最小 B. 最大 C. 全部 D. 部分

28. 当项目处于规划或项目建议书阶段,又无其他类似工程可以参照时,其投资估算的编制方法可采用( )。

A. 资金周转率法 B. 朗格系数法
C. 生产能力指数法 D. 按设备费用的百分比估算法

29. 投资利润率是反映项目( )的重要指标。

A. 盈利能力 B. 偿债能力 C. 运营能力 D. 负债能力

30. 某建设工程固定资产投资为3176.39万元,流动资金为436.55万元,项目投产期年利润总额为845.84万元,达到设计能力的正常年份(生产期)的年利润总额为1171.89

万元,则该项目的投资利润率为( )。

  A. 26.63% B. 32.44% C. 31.68% D. 36.89%

31. 某建设工程计算期为 5 年,各年净现金流量如下表表示,该项目的行业基准收益率为 $i_c=10\%$,该项目财务净现值($FNPV$)为( )万元。

年 份	1	2	3	4	5
净现金流量	-200	50	100	100	100

  A. 150 B. 65.02 C. 71.52 C. 281.06

32. 某建设工程,当折现率 $i_c=10\%$ 时,财务净现值 $FNPV=200$ 万元;当 $i_c=12\%$ 时,$FNPV=-100$ 万元,用内插公式法可求得内部收益率为( )。

  A. 12% B. 10% C. 11.33% D. 11.67%

33. 某建设项目向银行一次贷款 100 万元,年利率 10%(复利),贷款期限为 5 年,则到第 5 年末需一次性偿还银行本利( )。

  A. 161.05 万元 B. 177.16 万元 C. 194.87 万元 D. 146.41 万元

34. 某项目第一年初投入 10 万元,第二年末投入 5 万元,第三年初投入 1 万元,第四年初投入 2 万元。该过程的现金流量图为( )。

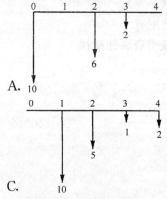
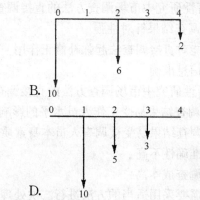

35. 进行项目的财务评价时,对投入物产出物采用的是( )。
  A. 现行市场交换价格 B. 物价部门颁布的计划价格
  C. 影子价格和市场交换价格结合 D. 影子价格

36. 在编制建设工程投资估算时,生产能力指数法是根据( )来估算拟建项目投资额。
  A. 投资估算指标 B. 设备费用百分比
  C. 已建类似项目的投资额和生产能力 D. 资金周转速度

37. 某建设工程向银行一次贷款 200 万元,年利率 5%(复利),贷款期限为 5 年,则到第 5 年末需一次性偿还银行本利( )万元。

  A. 255.25 B. 177.16 C. 194.87 D. 146.41

38. 项目在计算期内财务净现值为零时的折现率为( )。
  A. 静态收益率 B. 动态收益率
  C. 财务内部收益率 D. 基准折现率

39. 进行项目财务评价时，如果动态投资回收期小于计算期 n，则有财务净现值 $FNPV($)。

  A. <0，项目不可行　　　　　　　　B. >0，项目可行
  C. <0，项目可行　　　　　　　　　D. >0，项目不可行

40. 某项目设计生产能力 8200 台，每台销售价格 350 元，单件产品变动成本 150 元，年固定成本 285000 元，每台产品销售税金 50 元，则该项目的盈亏。平衡点为（　　）元。

  A. 1700　　　　B. 1900　　　　C. 2100　　　　D. 2300

二、多项选择题

1. 可行性研究中市场调查方法的间接搜集信息法特点（　　）。
  A. 获得资料速度快　　　　　　　　B. 费用省
  C. 能对直接调查法起弥补修正作用　D. 调查结果针对性强
  E. 能举一反三

2. 可行性研究中市场调查方法的间接搜集信息法缺点（　　）。
  A. 针对性较差　　　　　　　　　　B. 深度不够
  C. 准确性不高　　　　　　　　　　D. 调查成本高
  E. 需要采用适当的方法进行二次处理和验证

3. 可行性研究中市场调查方法的直接调查法特点（　　）。
  A. 调查结果针对性强　　　　　　　B. 费用省
  C. 能对直接调查法起弥补修正作用　D. 获得资料速度快
  E. 信息准确

4. 可行性研究中市场调查方法的直接调查法缺点（　　）。
  A. 调查结果易受工作人员水平的影响
  B. 调查结果易受被调查人员本身素质的影响
  C. 准确性不高
  D. 调查成本高
  E. 需要采用适当的方法进行二次处理和验证

5. 流动资金的扩大指标估算法有（　　）。
  A. 按建设投资的一定比例估算　　　B. 按经营成本的一定比例估算
  C. 按年销售收入的一定比例估算　　D. 按单位产量占用流动资金的比例估算
  E. 按固定资产的一定比例估算

6. 敏感性分析的中选定需要分析的不确定因素（　　）。
  A. 产品产量(生产负荷)
  B. 产品售价
  C. 主要资源价格(原材料、燃料或动力等)
  D. 固定成本
  E. 汇率

7. 在实际应用中，现金流量因工程经济分析的范围和经济评价方法不同，分为（　　）。
  A. 财务现金流量　　　　　　　　　B. 当前现金流量
  C. 国民经济效益费用流量　　　　　D. 预计现金流量

E. 已发生现金流量

8. 一般将可行性研究分为( )三个阶段。
   A. 机会研究　　　　　　　　　　B. 投机研究
   C. 初步可行性研究　　　　　　　D. 详细研究
   E. 可行性研究

9. 对一个系统而言,在某一时间点上流出系统的货币称为现金流出;流入系统的货币称为现金流入,同一时间点上的现金流入和现金流出的代数和,称为净现金流量。( )统称为现金流量。
   A. 现金流入　　B. 现金流出　　C. 应付账款　　D. 应收账款
   E. 净现金流量

10. 某投资方案基准收益率为15%,若该方案的内部收益率为18%,则该方案( )。
    A. 净现值大于零　　　　　　　　B. 净现值小于零
    C. 该方案可行　　　　　　　　　D. 该方案不可行
    E. 无法判定是否可行

11. 国民经济评价是按照经济资源合理配置的原则,用( )等国民经济评价参数,从国民经济整体角度考察项目所耗费的社会资源和对社会的贡献,评价投资项目的经济合理性。
    A. 投资收益率　　　　　　　　　B. 影子价格
    C. 净现值率　　　　　　　　　　D. 社会折现率
    E. 自有资金利润率

12. 国民经济评价与财务评价在( )方面存在差异。
    A. 评价目的　　　　　　　　　　B. 费用和效益的划分
    C. 计算期　　　　　　　　　　　D. 采用的价格
    E. 评价角度

13. 静态投资回收期可以从( )起算。
    A. 项目开始产生净收益的年份　　B. 项目投入建设年份
    C. 项目试生产年份　　　　　　　D. 项目投产年份

14. 财务评价的基本报表有( )。
    A. 现金流量表　　　　　　　　　B. 资金来源与运用表
    C. 损益与利润分配表　　　　　　D. 外汇平衡表
    E. 借款偿还计划表

15. 可行性研究的内容包括( )。
    A. 市场调查与市场预测　　　　　B. 设计概算
    C. 建设规模与产品方案　　　　　D. 劳动安全卫生与消防
    E. 项目实施进度

16. 可行性研究报告中,项目评价内容主要包括( )。
    A. 财务评价　　　　　　　　　　B. 国民经济评价
    C. 环境影响评价　　　　　　　　D. 市场及拟建规模评价
    E. 社会评价

17. 财务评价的内容有( )。

A. 盈利能力分析　　　　　　　　B. 偿债能力分析
C. 不确定性分析　　　　　　　　D. 市场分析

18. 根据( )等结论，项目是可以接受的。
    A. $PNPV \geqslant 0$　　B. $FIRR \geqslant 0$　　C. $PNPV \geqslant i_c$　　D. $FIRR \geqslant i_c$
    E. $P_t \leqslant P_c$

19. 某项目的现金流量图如图所示，则下列关系中成立的有( )。

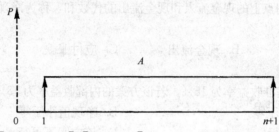

A. $P = A + [(1+i)^n - 1] / [i(1+i)^n]$

B. $P = A + A(P/A, i, n)$

C. $P = A[(1+i)^{n+1} - 1] / [i(1+i)^{n+1}]$

D. $P = A(P/A, i, n)$

E. $P = A(P/A, i, n+1)$

20. 建设工程一般会引起项目所在地( )环境的变化，对环境状况、环境质量产生不同程度的影响。
    A. 自然　　　　B. 市场　　　　C. 文化　　　　D. 社会
    E. 生态

实战练习题答案

一、单项选择题

1. D；　2. B；　3. C；　4. A；　5. D；　6. D；　7. C；　8. A；　9. A；　10. B；
11. C；　12. A；　13. B；　14. A；　15. B；　16. A；　17. B；　18. A；　19. B；　20. C；
21. D；　22. A；　23. C；　24. A；　25. D；　26. C；　27. B；　28. C；　29. A；　30. B；
31. B；　32. C；　33. A；　34. A；　35. A；　36. C；　37. A；　38. C；　39. B；　40. B

二、多项选择题

1. A、B、C、E；　2. A、B、C、E；　3. A、E；　4. A、B、D；
5. A、B、C、D；　6. A、B、C、E；　7. A、C；　8. A、C、E；
9. A、B、E；　10. A、C；　11. B、D；　12. B、D、E；
13. B、D；　14. A、B、C、E；　15. A、C、D、E；　16. A、B、C、E；
17. A、B、C；　18. A、D、E；　19. C、E；　20. A、D、E

第五章 建设工程设计阶段的投资控制

📖 考纲分解

一、考纲要求：了解设计标准的作用及设计标准化的要求

考纲解析：尤其是设计标准的作用的六条。

具体考点：

设计标准的作用有六条：

(1) 对建设工程规模、内容、建造标准进行控制；
(2) 保证工程的安全性和预期的使用功能；
(3) 提供设计所必要的指标、定额、计算方法和构造措施；
(4) 为降低工程造价、控制工程投资提供方法和依据；
(5) 减少设计工作量、提高设计效率；
(6) 促进建筑工业化、装配化，加快建设速度。

设计标准化的要求有五条：

(1) 充分了解工程设计项目的使用对象、规模、功能要求，选择相应的设计标准规范作为依据，合理确定项目等级和面积分配、功能分区以及材料、设备、装修标准和单位面积造价的控制指标；
(2) 根据建设地点的自然、地质、地理、物资供应等条件和使用功能，制定合理的设计方案，明确方案应遵循的标准规范；
(3) 施工图设计前应检查是否符合标准规范的规定；
(4) 当各层次标准出现矛盾时，应以上级标准或管理部门的为准；
(5) 当遇特殊情况难以执行标准规范时，特别是涉及安全、卫生、防火、环保等问题时，应取得当地有关管理部门的批准或认可。

二、考纲要求：了解标准设计的特点、分类

考纲解析：主要是特点五条。

具体考点：

标准设计的特点有五条：

(1) 以图形表示为主，对操作要求和使用方法作文字说明；
(2) 具有设计、施工、经济标准各项要求的综合性；
(3) 设计人员选用后可直接用于工程建设，具有产品标准的作用；
(4) 对地域、环境的适应性要求强，地方性标准较多；
(5) 除特殊情况可作少量修改外，一般情况设计人员不得自行修改标准设计。

标准设计的分类有四条：

(1) 国家标准设计；
(2) 部级标准设计；
(3) 省、市、自治区标准设计；
(4) 设计单位自行制定的标准。

三、考纲要求：了解设计方案优选方法

考纲解析：主要是比较分析法：首先建立对比条件，进行技术分析与比较；然后将其他有关费用计入后进行比较；第三经济效益计算比较；最后综合评价。

具体考点：设计方案选择就是通过对工程设计方案的经济分析，从若干设计方案中选出最佳方案的过程。

设计方案选择最常用的方法是比较分析方法。

四、考纲要求：熟悉限额设计

考纲解析：限额设计的概念及限额设计控制工作的主要内容。

具体考点：限额设计就是按批准的投资估算控制初步设计，按批准的初步设计总概算控制施工图设计。即将上阶段设计审定的投资额和工程量先行分解到各专业，然后再分解到各单位工程和分部工程。各专业在保证使用功能的前提下，按分配的投资限额控制设计，严格控制技术设计和施工图设计的不合理变更，以保证总投资限额不被突破。

五、考纲要求：熟悉价值工程及其主要工作内容

考纲解析：主要是价值工程的一般工作程序及价值工程主要工作内容中的对象选择的一般原则（两条原则）和对象选择的四种方法。

具体考点：
1. 价值工程原理
(1) 价值工程的含义

价值工程是通过各相关领域的协作，对所研究对象的功能与成本进行系统分析，不断创新，旨在提高所研究对象价值的思想方法和管理技术。这里"价值"定义可以用公式表示：

$$V = F/C$$

式中，V 为价值（value）、F 为功能（function）、C 为成本或费用（cost）。

价值工程的定义包括以下几方面的含义：
① 价值工程的性质属于一种"思想方法和管理技术"；
② 价值工程的核心内容是对"功能与成本进行系统分析"和"不断创新"；
③ 价值工程的目的旨在提高产品的"价值"。若把价值的定义结合起来，便应理解为在提高功能对成本的比值。
④ 价值工程通常是由多个领域协作而开展的活动。

(2) 价值工程的特点
① 以使用者的功能需求为出发点；
② 对所研究对象进行功能分析，并系统研究功能与成本之间的关系；
③ 致力于提高价值的创造性活动；
④ 有组织、有计划、有步骤地开展工作。

(3) 价值工程的一般工作程序

开展价值工程活动一般分为 4 个阶段、12 个步骤，如表所示。

价值工程一般活动程序

阶　　段	步　　骤	应回答的问题
准备阶段	1. 对象选择 2. 组成价值工程小组 3. 制订工作计划	VE的对象是什么？
分析阶段	4. 搜集整理信息资料 5. 功能系统分析 6. 功能评价	该对象的用途是什么？ 成本和价值是多少？
创新阶段	7. 方案创新 8. 方案评价 9. 提案编写	是否有替代方案？ 新方案的成本是多少？ 能否满足要求？
实施阶段	10. 审批 11. 实施与检查 12. 成果鉴定	

2. 价值工程主要工作内容

(1) 对象选择

1) 对象选择的一般原则

选择价值工程对象时一般应遵循以下两条原则：一是优先考虑企业生产经营上迫切要求改进的主要产品，或是对国计民生有重大影响的项目；二是对企业经济效益影响大的产品(或项目)。

2) 对象选择的方法

① 经验分析法；

② 百分比法；

③ ABC分析法；

④ 强制确定法。

(2) 信息资料的搜集

明确搜集资料的目的，确定资料的内容和调查范围，有针对性地搜集信息。

搜集信息资料的方法通常有：①面谈法；②观察法；③书面调查法。

(3) 功能系统分析

功能系统分析步骤

分析步骤	分析目的	分析类别	回答问题
功能定义 ↓ 功能整理 ↓ 功能计量	部件的功能本质 功能之间的相互关系 必要功能的价值标准	功能单元的定性分析 功能相互关系的定性分析 单元功能的量化	它的功能是什么 ↓ 它的目的或手段是什么 ↓ 它的功能是多少

(4) 功能评价

功能评价包括研究对象的价值评价和成本评价两方面的内容。价值评价着重计算、分析、研究对象的成本与功能间的关系是否协调、平衡，评价功能价值的高低，评定需要改进的具体对象。功能价值的一般计算公式与对象选择时价值的基本计算公式相同,所不同的是功能价值计算所用的成本按功能统计,而不是按部件统计。

$$V_i = F_i / C_i$$

式中　F_i——对象的功能评价值(元);

　　　C_i——对象功能的目前成本(元);

　　　V_i——对象的价值(系数)。

成本评价是计算对象的目前成本和目标成本,分析、测算成本降低期望值,排列改进对象的优先顺序。成本评价的计算公式如下:

$$\Delta C = C - C'$$

式中　C'——对象的目标成本(元);

　　　C——对象的目前成本(元);

　　　ΔC——成本降低期望值(元)。

(5) 方案创新的技术方法

方案创新的方法很多,常用的两种方法。

1) 头脑风暴法;

2) 哥顿法。

(6) 方案评价与提案编写

方案评价就是从众多的备选方案中选出价值最高的可行方案。方案评价可分为概略评价和详细评价,均包括技术评价、经济评价和社会评价等方面的内容。将这三个方面联系起来进行权衡,则称为综合评价。

六、考纲要求:掌握设计概算的编制与审查

考纲解析:主要是单位工程概算的主要编制方法与审查。

具体考点:设计概算是在初步设计或扩大初步设计阶段,由设计单位按照设计要求概略地计算拟建工程从立项开始到交付使用为止全过程所发生的建设费用的文件,是设计文件的重要组成部分。

建设项目总概算 ┬ 单项工程综合概算 ┬ 各单位建筑工程概算
　　　　　　　│　　　　　　　　　└ 各单位设备及安装工程概算
　　　　　　　├ 工程建设其他费用概算
　　　　　　　└ 预备费、建设期贷款利息、投资方向调节税等概算

设计概算的编制内容及相互关系

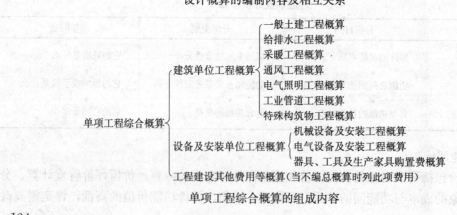

单项工程综合概算的组成内容

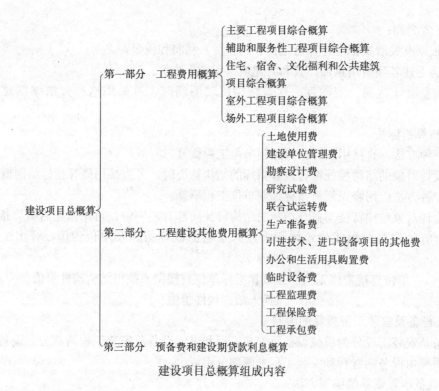

建设项目总概算组成内容

(一) 设计概算的编制方法

1. 设计概算的编制依据和编制原则

(1) 设计概算的编制依据

设计概算的编制依据是：1)经批准的有关文件、上级有关文件、指标；2)工程地质勘测资料；3)经批准的设计文件；4)水、电和原材料供应情况；5)交通运输情况及运输价格；6)地区工资标准、已批准的材料预算价格及机械台班价格；7)国家或省市颁发的概算定额或概算指标、建安工程间接费定额、其他有关取费标准；8)国家或省市规定的其他工程费用指标、机电设备价目表；9)类似工程概算及技术经济指标。

(2) 设计概算的编制原则

编制设计概算应掌握如下原则：1)应深入现场进行调查研究；2)结合实际情况合理确定工程费用；3)抓住重点环节、严格控制工程概算造价；4)应全面完整地反映设计内容。

2. 单位工程概算的主要编制方法

(1) 建筑工程概算的编制方法

1) 扩大单价法

概算定额基价＝概算定额单位材料费＋概算定额单位人工费＋概算定额单位施工机械使用费
　　　　　　＝∑(概算定额中材料消耗量×材料预算价格)
　　　　　　　＋∑(概算定额中人工工日消耗量×人工工资单价)
　　　　　　　＋∑(概算定额中施工机械台班消耗量×机械台班费用单价)

完整的编制步骤如下：

① 根据初步设计图纸和说明书，按概算定额中划分的项目计算工程量；

② 根据计算的工程量套用相应的扩大单位估价，计算出材料费、人工费、施工机械

使用费三者之和；

③ 根据有关取费标准计算措施费、间接费、利润和税金；

④ 将上述各项费用累加，其和为建筑工程概算造价。

当初步设计达到一定深度、建筑结构比较明确时，可采用这种方法编制建筑工程概算。

2) 概算指标法

第一种方法：直接用概算指标编制单位工程概算。

当设计对象的结构特征符合概算指标的结构特征时，可直接用概算指标编制概算。

第二种方法：用修正概算指标编制单位工程概算。

当设计对象结构特征与概算指标的结构特征局部有差别时，可用修正后概算指标，再根据已计算的建筑面积或建筑体积乘以修正后的概算指标及单位价值，算出工程概算价值。

$$单位直接费修正值＝原概算指标单位直接费－换出结构构件价值＋换入结构构件价值$$

(2) 设备及安装工程概算的编制

设备及安装工程分为机械设备及安装工程和电气设备及安装工程两部分。设备及安装工程的概算由设备购置费和安装工程费两部分组成。

1) 设备购置概算的编制方法

设备购置费由设备原价和设备运杂费组成。

2) 设备安装工程概算的编制

① 预算单价法；

② 扩大单价法；

③ 概算指标法。

3. 单项工程综合概算的编制

综合概算是以单项工程为编制对象，确定建成后可独立发挥作用的建筑物或构筑物所需全部建设费用的文件，由该单项工程内各单位工程概算书汇总而成。

综合概算书是工程项目总概算书的组成部分，是编制总概算书的基础文件，一般由编制说明和综合概算表两个部分组成。

4. 总概算的编制

总概算是以整个工程项目为对象，确定项目从立项开始，到竣工交用整个过程的全部建设费用的文件。

(1) 总概算书的内容

总概算书一般由编制说明、总概算表及所含综合概算表、其他工程和费用概算表组成。

(2) 总概算表的编制方法

将各单项工程综合概算及其他工程和费用概算等汇总即为工程项目总概算。

(二) 设计概算的审查

1. 设计概算审查的意义

(1) 有利于合理分配投资资金、加强投资计划管理。

(2) 有助于促进概算编制人员严格执行国家有关概算的编制规定和费用标准，提高概算的编制质量。

(3) 有助于促进设计的技术先进性与经济合理性的统一。

(4) 合理、准确的设计概算可使下阶段投资控制目标更加科学合理，堵塞了投资缺口或突破投资的漏洞，缩小了概算与预算之间的差距，可提高项目投资的经济效益。

2. 审查的主要内容

(1) 审查设计概算的编制依据

1) 合法性审查。

2) 时效性审查。

3) 适用范围审查。

(2) 单位工程设计概算构成的审查

1) 建筑工程概算的审查

① 工程量审查；

② 采用的定额或指标的审查；

③ 材料预算价格的审查；

④ 各项费用的审查。

2) 设备及安装工程概算的审查

① 标准设备原价；

② 非标准设备原价；

③ 设备运杂费审查；

④ 进口设备费用的审查；

⑤ 设备安装工程概算的审查。

(3) 综合概算和总概算的审查

1) 审查概算的编制是否符合国家经济建设方针、政策的要求，根据当地自然条件、施工条件和影响造价的各种因素，实事求是地确定项目总投资；

2) 审查概算文件的组成；

3) 审查总图设计和工艺流程；

4) 审查经济效果；

5) 审查项目的环保；

6) 审查其他具体项目。

3. 审查的方式

设计概算审查一般采用集中会审的方式进行。

一般情况下可按如下步骤进行：

(1) 概算审查的准备；

(2) 进行概算审查；

(3) 进行技术经济对比分析；

(4) 调查研究；

(5) 积累资料。

七、考纲要求：掌握施工图预算的编制与审查

考纲解析：主要是工料单价法和实物法及他俩的区别，还有是施工图预算的审查的内容与审查的方法。

具体考点：施工图预算是根据批准的施工图设计、预算定额和单位计价表、施工组织设计文件以及各种费用定额等有关资料进行计算和编制的单位工程预算造价的文件。

（一）施工图预算的编制方法

1. 工料单价法：预算单价法、实物法。

（1）单价法

单价法是编制施工图预算时广泛采用的方法。用单价法编制施工图预算，可使用工料单价，也可采用综合单价。这里以工料单价为例说明单价法编制施工图预算的步骤。用工料单价法编制施工图预算，就是根据地区统一单位估价表中的各项工程工料单价，乘以相应的各分项工程的工程量，并相加，得到单位工程的人工费、材料费和机械使用费三者之和（即直接工程费）。再加上措施费、间接费、利润和税金，即可得到单位工程的施工图预算价格。用工料单价法编制施工图预算的主要计算公式为：

单位工程施工图预算直接工程费＝Σ（工程量×工料单价）

用工料单价法编制施工图预算的完整步骤如图所示。

准备资料熟悉施工图纸	计算工程量	套预算单价，计算直接工程费	工料分析	计算其他各项费用汇总造价	复核	编制说明填写封面
（一）	（二）	（三）	（四）	（五）	（六）	（七）

（2）实物法

用实物法编制施工图预算的方法是：先用计算出的各分项工程的实物工程量，分别套取预算定额，并按类相加，求出单位工作所需的各种人工、材料、施工机械台班的消耗量，然后分别乘以当时当地各种人工、材料、施工机械台班的实际单价，求得人工费、材料费和施工机械使用费，再汇总求和。对于措施费、间接费、利润和税金等费用的计算方法均与单价法相同。

用实物法编制施工图预算的主要计算公式为：

单位工程预算直接工程费＝Σ（工程量×材料预算定额单位用量×当时当地材料预算价格）
　　　　　　　　　　　＋Σ（工程量×人工预算定额单位用量×当时当地人工工资单价）
　　　　　　　　　　　＋Σ（工程量×施工机械台班预算定额单位用量×当时当地机械台班单价）

用实物法编制施工图预算的完整步骤。实物法和单价法在编制步骤上的最大区别在于中间步骤，也就是计算人工费、材料费和施工机械使用费这三种费用之和的方法不同。采用实物法时，在计算出工程量后，不直接套用预算定额单价，而是将量价分离，先套用相应预算人工、材料、机械台班定额用量，并汇总出各类人工、材料和机械台班的消耗量，再分别乘以相应的人工、材料和机械台班的实际单价，得出单位工程的人工费、材料费和机械使用费。采用实物法编制施工图预算，由于所用的人工、材料和机械台班的单价都是当时当地的实际价格，所以编制出的预算能比较准确地反映实际水平，误差较小，这种方法适合于市场价格波动较大的情况。但是，由于采用这种方法需要统计人工、材料、机械台班消耗量，还需要搜集相应的实际价格，因而工作量较大，计算过程繁琐。

用实物单价法编制施工图预算的完整步骤如图所示。

准备资料熟悉施工图纸	计算工程量	套用消耗定额，计算人料机消耗量	计算并汇总人工费、材料费、施工机械费	计算其他各项费用并汇总造价	复核	编制说明填写封面
（一）	（二）	（三）	（四）	（五）	（六）	（七）

2. 综合单价法：全费用综合单价、部分费用综合单价。

（二）施工图预算的审查

1. 审查的内容

(1) 审查工程量；

(2) 审查定额或单价的套用；

(3) 审查其他有关费用。

2. 审查的步骤

(1) 审查前准备工作；

(2) 选择审查方法、审查相应内容；

(3) 整理审查资料并调整定案。

3. 审查的方法

(1) 逐项审查法；

(2) 标准预算审查法；

(3) 分组计算审查法；

(4) 对比审查法；

(5) "筛选"审查法；

(6) 重点审查法。

📖 重要考点

1. 执行设计标准；

2. 推行标准设计；

3. 推行限额设计；

4. 设计方案优选；

5. 价值工程原理；

6. 价值工程主要工作内容；

7. 设计概算的内容和作用；

8. 设计概算的编制方法；
9. 设计概算的审查；
10. 施工图预算的两种计价模式；
11. 施工图预算的作用；
12. 施工图预算的编制依据；
13. 施工图预算的编制方法；
14. 施工图预算的审查。

答疑解析

1. 怎样理解设计标准？

答：设计标准是国家经济建设的重要技术规范，是进行工程建设勘察、设计、施工及验收的重要依据。各类建设的设计部门制定与执行相应的不同层次的设计标准规范，对于提高工程设计阶段的投资控制水平是十分必要的。

2. 怎么具体理解"当各层次标准出现矛盾时，应以上级标准或管理部门的为准"？

答：在使用功能方面应遵守上限标准（不超标）；在安全、卫生等方面应注意下限标准（不降低要求）。

3. 采用标准设计能加快设计进度、节约建设投资吗？

答：当然了，据统计采用标准设计能设计一般可加快设计进度1～2倍，节约建设投资10％～15％以上。

4. 限额设计的含义怎么理解？

答：将上阶段设计审定的投资额和工程量先行分解到各专业，然后再分解到各单位工程和分部工程。各专业在保证使用功能的前提下，按分配的投资限额控制设计，严格控制技术设计和施工图设计的不合理变更，以保证总投资限额不被突破。

5. 最终实现设计阶段投资控制的目标应该怎么办？

答：最终实现设计阶段投资控制的目标，必须对设计工作的各个环节进行多层次的控制与管理，同时实现对设计规模、设计标准、工程量与概算指标等各个方面的多维控制。

6. 施工图阶段限额设计的重点是什么？

答：施工图阶段限额设计的重点应放在初步设计工程量控制方面；控制工程量一经审定，即作为施工图设计工程量的最高限额，不得突破。

7. 怎么理解"设计方案优选"？

答：设计方案选择就是通过对工程设计方案的经济分析，从若干设计方案中选出最佳方案的过程。由于设计方案的经济效果不仅取决于技术条件，而且还受不同地区的自然条件和社会条件的影响，设计方案选择时，须综合考虑各方面因素，对方案进行全方位技术经济分析与比较，须结合当时当地的实际条件，选择功能完善、技术先进、经济合理的设计方案。

8. 设计方案选择最常用的方法是什么方法？

答：设计方案选择最常用的方法是比较分析方法。

9. 价值工程的性质是什么？

答：价值工程的性质属于一种"思想方法和管理技术"。

10. 价值工程的核心内容是什么？

答：价值工程的核心内容是对"功能与成本进行系统分析"和"不断创新"。

11. 价值工程的目的是什么？

答：价值工程的目的旨在提高产品的"价值"。若把价值的定义结合起来，便应理解为旨在提高功能对成本的比值。

12. 价值工程中对象选择步骤应回答的问题是什么？

答：价值工程中对象选择步骤应回答的问题是"VE的对象是什么？"。

13. 价值工程中功能系统分析步骤应回答的问题是什么？

答：价值工程中功能系统分析步骤应回答的问题是"该对象的用途是什么？"。

14. 价值工程中功能评价步骤应回答的问题是什么？

答：价值工程中功能评价步骤应回答的问题是"成本和价值是多少？"。

15. 价值工程中方案创新步骤应回答的问题是什么？

答：价值工程中方案创新步骤应回答的问题是"是否有替代方案？"。

16. 价值工程中方案评价步骤应回答的问题是什么？

答：价值工程中方案评价步骤应回答的问题是"新方案的成本是多少？"。

17. 选择价值工程对象时一般应遵循的原则？

答：选择价值工程对象时一般应遵循以下两条原则：一是优先考虑企业生产经营上迫切要求改进的主要产品，或是对国计民生有重大影响的项目；二是对企业经济效益影响大的产品(或项目)。

18. 搜集信息资料的方法通常有哪些？

答：搜集信息资料的方法通常有：①面谈法；②观察法；③书面调查法。

19. 功能价值的一般计算公式与对象选择时价值的基本计算公式相同，所不同的是什么？

答：功能价值的一般计算公式与对象选择时价值的基本计算公式相同，所不同的是功能价值计算所用的成本按功能统计，而不是按部件统计。

20. 怎么理解头脑风暴法？

答：头脑风暴法原指精神病人的胡思乱想，后转意为无约无束、自由奔放地思考问题的方法。具体步骤如下：(1)组织对本问题有经验的专家如开会议；(2)会议鼓励对本问题自由鸣，相互不指责批判；(3)希望提出大量方案；(4)结合他人意见提出设想。

21. 哥顿法含义是什么？

答：哥顿法是会议主持人将拟解决的问题抽象后抛出，与会人员讨论并充分发表看法，适当时机会议主持人再将原问题抛出继续讨论的方法。

22. 当不编制总概算时单项工程综合概算是否编制工程建设其他费用概算？

答：应该编制工程建设其他费用概算。

23. 建设工程总概算第一部分工程费用包括哪些内容？

答：建设工程总概算第一部分工程费用包括：主要工程项目综合概算，辅助和服务性项目综合概算，住宅、宿舍、文化福利和公共建筑项目综合概算，室外工程项目综合概算，场外工程项目综合概算。

24. 建设工程总概算第二部分工程费用包括哪些内容？

答：建设工程总概算第二部分工程费用包括：土地使用费、建设单位管理费、勘察设计费、研究试验费、联合试运转费、生产准备费、施工机构迁移费、引进技术和进口设备项目的其他费用、供电贴费、办公和生活用具购置费、临时设施费、工程监理费、工程保险费。

25. 建设工程总概算第三部分工程费用包括哪些内容？

答：预备费、建设期利息、固定资产投资方向调节税、经营性项目铺底流动资金。

26. 散水、台阶等无设计尺寸，可根据概算定额的规定怎么计算？

答：散水、台阶等无设计尺寸，可根据概算定额的规定，按主要工程费的百分率（5%～8%）计算。

27. 用修正概算指标编制单位工程概算怎么计算？

答：当设计对象结构特征与概算指标的结构特征局部有差别时，可用修正后概算指标，再根据已计算的建筑面积或建筑体积乘以修正后的概算指标及单位价值，算出工程概算价值。其计算公式为：

单位直接费修正值＝原概算指标单位直接费－换出结构构件价值＋换入结构构件价值

28. 怎么理解回收金额概念？

答：回收金额是指在整个基本建设过程中所获得的各种收入。如原有房屋拆除所回收的材料和旧设备等的变现收入；试车收入大于支出部分的价值等。回收金额的计算方法，应按地区主管部门的规定执行。

29. 设备及安装工程概算的设备运杂费审查时需注意什么？

答：设备及安装工程概算的设备运杂费审查时需注意：(1)设备运杂费率应按主管部门或省、自治区、直辖市规定的标准执行；(2)若设备价格中包括包装费和供销部门手续费时不应重复计算，应相应降低设备运杂费率。

30. 建筑工程预算可分为哪些预算？

答：建筑工程预算可分为一般土建工程预算、卫生工程预算、工业管道工程预算、特殊构筑物工程预算和电气照明工程预算。

31. 设备安装工程预算又可分为哪些预算？

答：设备安装工程预算又可分为机械设备安装工程预算、电气设备安装工程预算。

32. 经批准的设计概算文件的作用是什么？

答：经批准的设计概算文件是控制工程拨款或贷款的最高限额，也是控制工程预算的主要依据。

33. 单价法怎么理解？

答：单价法就是用地区统一单位计价表中的各项工程工料单价乘以相应的各分项工程的工程量，求和后得到包括人工费、材料费和机械使用费在内的单位工程直接工程费。据此计算出措施费、企业管理费、规费，以及利润和税金，经汇总即可得到单位工程的施工图预算。

34. 实物法怎么编制施工图预算？

答：实物法编制施工图预算是先用计算出的各分项工程的实物工程量分别套取预算定

额，按类相加求出单位工程所需的各种人工、材料、施工机械台班的消耗量，再分别乘以当时当地各种人工、材料、机械台班的实际单价，求得人工费、材料费和施工机械使用费并汇总求和。

35. 单价法与实物法编制施工图预算的区别是什么？

答：单价法与实物法编制施工图预算的区别主要在于直接工程费的计算方法不同。

36. 施工图预算的审查的重点是什么？

答：施工图预算的审查的重点是施工图预算的工程量计算是否准确、定额或单价套用是否合理、各项取费标准是否符合现行规定等方面。

37. 逐项审查法的优缺点有哪些？

答：优点是全面、细致，审查质量高、效果好。缺点是工作量大，时间较长。这种方法适合于一些工程量较小、工艺比较简单的工程。

38. 标准预算审查法的优缺点有哪些？

答：优点是时间短、效果好、易定案。缺点是适用范围小，仅适用于采用标准图纸的工程。

39. 怎么理解对比审查法？

答：对比审查法是当工程条件相同时，用已完工程的预算或未完成但已经过审查修正的工程预算对比审查拟建工程的同类工程预算的一种方法。

40. 重点审查法的审查重点一般是什么？

答：审查的重点一般是工程量大或者造价较高的各种工程、补充定额、计取的各项费用(计取基础、取费标准)等。重点审查法的优点是突出重点、审查时间短、效果好。

41. "筛选"审查法适合于哪些工程？

答："筛选"审查法的优点是简单易懂，便于掌握，审查速度快，便于发现问题。但问题出现的原因尚需继续审查。该方法适用于审查住宅工程或不具备全面审查条件的工程。

例题解析

一、单项选择题

1. 在设计阶段，运用价值工程方法的目的是( )。
   A. 提高功能　　　　　　　　　B. 提高价值
   C. 降低成本　　　　　　　　　D. 提高设计方案施工的便利性

   答案：B

   【解析】 价值工程的目的旨在提高产品的"价值"。若把价值的定义结合起来，便应理解为在提高功能对成本的比值。

2. 当初步设计达到一定深度、建筑结构比较明确时，宜采用( )编制建筑工程概算。
   A. 预算单价法　　　　　　　　B. 概算指标法
   C. 类似工程预算法　　　　　　D. 扩大单价法

   答案：D

【解析】 当初步设计达到一定深度、建筑结构比较明确时，可采用扩大单价法编制建筑工程概算。

3. 根据设计要求，在施工过程中对某屋架结构进行破坏性试验，以提供和验证设计数据，则该项费用应在( )中支出。
   A. 业主方的研究试验费　　　　　B. 施工方的检验试验费
   C. 业主方管理费　　　　　　　　D. 勘察设计费
   答案：A

【解析】 根据设计要求，在施工过程中对某屋架结构进行破坏性试验，以提供和验证设计数据，则该项费用应在业主方的研究试验费中支出。

4. 初步设计阶段限额设计控制工作的重点是( )。
   A. 初步设计方案的比较选择　　　B. 设计进度的控制
   C. 设计概算的编制　　　　　　　D. 设计费用的支付
   答案：A

【解析】 限额设计控制工作的主要内容：重视初步设计的方案选择；严格控制施工图预算；加强设计变更管理。
初步设计阶段限额设计控制工作的重点是初步设计方案的比较选择。

5. 某产品各功能的功能系数和成本系数如表所示，应列为价值工程优先改进对象的是( )功能。

功　能	F_1	F_2	F_3	F_4
功能系数	0.36	0.2	0.25	0.19
成本系数	0.3	0.2	0.26	0.24

   A. F_1　　　　B. F_2　　　　C. F_3　　　　D. F_4
   答案：D

【解析】 价值工程系数＝功能系数/成本系数
$V_1=0.36/0.3=1.2$；$V_2=0.2/0.2=1.0$；$V_3=0.25/0.26=0.96$；$V_4=0.19/0.24=0.79$；
应该选F_4。

6. 施工图预算审查方法中，审查质量高、效果好但工作量大的是( )。
   A. 标准预算审查法　　　　　　　B. 重点审查法
   C. 逐项审查法　　　　　　　　　D. 对比审查法
   答案：C

【解析】 施工图预算审查方法中，审查质量高、效果好但工作量大的是逐项审查法。

7. 初步设计阶段限额设计控制工作的重点是( )。
   A. 设计方案的优化选择　　　　　B. 工程量清单的编制
   C. 设计预算的审查　　　　　　　D. 设计变更的审批
   答案：A

【解析】 限额设计控制工作的主要内容：

(1) 重视初步设计的方案选择；
(2) 严格控制施工图预算；
(3) 加强设计变更管理。

8. 某项目，有甲、乙、丙、丁四个设计方案，通过专业人员测算和分析，四个方案功能得分和单方造价如下表所示。按照价值工程原理，应选择实施的方案是( )。

方　案	甲	乙	丙	丁
功能得分	98	96	99	94
单方造价(元/m²)	2500	2700	2600	2450

  A. 甲方案，因为其价值系数最高　　B. 乙方案，因为其价值系数虽低
  C. 丙方案，因为其功能得分最高　　D. 丁方案，因为其单方造价最低

答案：A

【解析】 $V_i = F_i/C_i$

$F_{甲方案} = 98/(98+96+99+94) = 0.253$

$F_{乙方案} = 96/(98+96+99+94) = 0.248$

$F_{丙方案} = 99/(98+96+99+94) = 0.256$

$F_{丁方案} = 94/(98+96+99+94) = 0.243$

$C_{甲方案} = 2500/(2500+2700+2600+2450) = 0.244$

$C_{乙方案} = 2700/(2500+2700+2600+2450) = 0.263$

$C_{丙方案} = 2600/(2500+2700+2600+2450) = 0.254$

$C_{丁方案} = 2450/(2500+2700+2600+2450) = 0.239$

$V_{甲方案} = 0.253/0.244 = 1.037$

$V_{乙方案} = 0.248/0.263 = 0.943$

$V_{丙方案} = 0.256/0.254 = 1.008$

$V_{丁方案} = 0.243/0.239 = 1.017$

9. 用概算指标法计算建筑工程概算价值的主要步骤有：①计算单位直接工程费；②计算概算单价；③计算措施费、间接费、利润、税金；④计算单位工程概算价值。这些步骤正确的顺序是( )。

  A. ①→②→③→④　B. ①→③→②→④　C. ①→③→④→②　D. ②→①→③→④

答案：B

【解析】 概算指标法计算建筑工程概算价值的主要步骤有：
① 计算单位直接工程费；
② 计算措施费、间接费、利润、税金；
③ 计算概算单价；
④ 计算单位工程概算价值。

10. 某土石方工程，施工承包采用固定总价合同形式，根据地质资料、设计文件估算的工程量为17000m³，在机械施工过程中，由于局部超挖、边坡垮塌等原因，实际工程量为18000m³；基础施工前，业主对基础设计方案进行了变更，需要扩大开挖范围，增加土

石方工程量 2000m³。则结算时应对合同总价进行调整的工程量为( )m³。

  A. 0   B. 1000   C. 2000   D. 3000

答案：C

【解析】 施工承包采用固定总价合同形式，由于局部超挖、边坡垮塌等原因，实际工程量变大，结算时不能作为调整理由，但基础施工前，业主对基础设计方案进行了变更，需要扩大开挖范围，增加土石方工程量 2000m³，这个是可以在结算时应对合同总价进行调整的工程量。

11. 开展价值工程活动通常分为准备、分析、创新和实施 4 个阶段，其中分析阶段主要应回答的问题是( )。

  A. 价值工程的对象是什么   B. 价值工程对象的用途是什么
  C. 提高价值是否有替代方案   D. 提高价值的方案成本是多少

答案：B

【解析】 分析阶段步骤：(1)搜集整理信息资料；(2)功能系统分析；(3)功能评价。分析阶段主要应回答的问题是：(1)该对象的用途是什么；(2)成本和价值是多少。

12. 推行限额设计时，施工图设计阶段的直接控制目标是( )。

  A. 经批准的投资估算   B. 经批准的施工图预算
  C. 经批准的设计概算   D. 经确定的工程合同价

答案：C

【解析】 在施工图设计中，无论是建设项目总造价，还是单项工程造价，均不应该超过初步设计概算造价。设计单位按照造价控制目标确定施工图设计的构造，选用材料和设备。施工图设计阶段的直接控制目标是经批准的设计概算。

13. 运用价值工程优选设计方案，分析计算结果为：甲方案单方造价 1500 元，价值系数为 1.13；乙方案单方造价 1550 元，价值系数 1.25；丙方案单方造价 1300 元，价值系数 0.89；丁方案单方造价 1320 元，价值系数 1.08。则最佳方案为( )。

  A. 甲方案   B. 乙方案   C. 丙方案   D. 丁方案

答案：B

【解析】 根据价值工程原理价值系数高者为最佳方案，故选乙方案。

$C_甲=1500/(1500+1550+1300+1320)=0.26$

$C_乙=1550/(1500+1550+1300+1320)=0.27$

$C_丙=1300/(1500+1550+1300+1320)=0.23$

$C_丁=1320/(1500+1550+1300+1320)=0.23$

$V_甲=F_甲/C_甲$

$V_乙=F_乙/C_乙$

$V_丙=F_丙/C_丙$

$V_丁=F_丁/C_丁$

14. 设计标准是国家经济建设的重要( )，是进行工程建设勘察、设计、施工及验收的重要依据。

  A. 操作规范   B. 技术规范   C. 技术指标   D. 技术依据

答案：B

【解析】 设计标准是国家经济建设的重要技术规范，是进行工程建设勘察、设计、施工及验收的重要依据。各类建设的设计部门制定与执行相应的不同层次的设计标准规范，对于提高工程设计阶段的投资控制水平是十分必要的。

15. 某工程有4个设计方案，方案一的功能系数为0.61，成本系数为0.55；方案二的功能系数为0.63，成本系数为0.6；方案三的功能系数为0.62，成本系数为0.57；方案四的功能系数为0.64，成本系数为0.56。根据价值工程原理确定的最优方案为（ ）。
    A. 方案一　　　　B. 方案二　　　　C. 方案三　　　　D. 方案四
    答案：D
    【解析】
    $V_{方案一}=F_{方案一}/C_{方案一}=0.61/0.55=1.11$
    $V_{方案二}=F_{方案二}/C_{方案二}=0.63/0.6=1.05$
    $V_{方案三}=F_{方案三}/C_{方案三}=0.62/0.57=1.09$
    $V_{方案四}=F_{方案四}/C_{方案四}=0.64/0.56=1.14$

16. 在工程设计中采用标准设计可促进工业化水平、加快工程进度、节约材料、降低建设投资。据统计，采用标准设计一般可加快设计进度1~2倍，节约建设投资（ ）以上。
    A. 8%~12%　　　B. 10%~18%　　　C. 10%~15%　　　D. 12%~18%
    答案：C
    【解析】 工程标准设计通常指工程设计中，可在一定范围内通用的标准图、通用图和复用图，一般统称为标准图。在工程设计中采用标准设计可促进工业化水平、加快工程进度、节约材料、降低建设投资。据统计，采用标准设计一般可加快设计进度1~2倍，节约建设投资10%~15%以上。

17. 某建筑工程按扩大单价法编制单位工程概算，由于设计深度的原因，其零星工程如散水、台阶等无设计尺寸。对此部分工程可以按（ ）计算。
    A. 预算定额中划分的项目　　　　B. 概算定额中划分的项目
    C. 主要工程费用的百分率　　　　D. 主要材料消耗量的百分比
    答案：C
    【解析】 根据初步设计图纸和说明书，按概算定额中划分的项目计算工程量。有些无法直接计算的零星工程，如散水、台阶等无设计尺寸，可根据概算定额的规定，按主要工程费的百分率（5%~8%）计算。

18. 为做好限额设计控制工作，应建立健全相应的设计管理制度，尽可能将（ ）控制在设计阶段。
    A. 工程造价　　　B. 概算总价　　　C. 设计变更　　　D. 预算变更
    答案：C
    【解析】 为做好限额设计控制工作，应建立健全相应的设计管理制度，尽可能将设计变更控制在设计阶段。

19. 某学生宿舍建筑面积2400m²，按概算指标计算每平方米建筑面积的直接费为850元。因设计图纸与所选用的概算指标有差异，每100m²建筑面积发生了如下表所示的变化，则修正后的单位直接费为（ ）元。

项目名称	单位	数量	工料单价(元)	合价(元)
概算指标 (换出部分) A	m²	80	12	960
B	m²	150	6	900
设计规定 (换入部分) C	m²	65	18	1170
D	m²	45	14	630

A. 790.00　　　B. 849.40　　　C. 849.98　　　D. 850.60

答案：B

【解析】 单位直接费修正值＝原概算指标单位直接费－换出结构构件价值
　　　　　　　＋换入结构构件价值
　　　　　　＝850－(960＋900)/100＋(1170＋630)/100
　　　　　　＝849.4 元/m²

20. 价值工程的性质属于一种（　　）。
   A. 功能与成本进行系统分析　　　B. 不断创新
   C. 思想方法和管理技术　　　　　D. 价值

答案：C

【解析】 价值工程的性质属于一种"思想方法和管理技术"。

21. 某学生宿舍建筑面积为 20000 m²，按概算指标计算每平方米建筑面积的直接工程费为 800 元。因设计对象与概算指标有差异，每 100 m² 建筑面积发生了如下表所示的变化，则修正后的每平方米建筑面积的直接工程费为（　　）元。

项目名称	单位	数量	工料单价(元)	合价(元)
概算指标 (换出部分) A	m²	80	12	960
B	m²	130	6	780
设计规定 (换入部分) C	m²	65	18	1170
D	m²	45	14	630

A. 860.00　　　B. 800.60　　　C. 800.30　　　D. 799.40

答案：B

【解析】 单位直接费修正值＝原概算指标单位直接费－换出结构构件价值
　　　　　　　＋换入结构构件价值
　　　　　　＝800－(960＋780)/100＋(1170＋630)/100＝800.6 元/m²

22. 设计概算可分单位工程概算、（　　）和建设项目总概算三级。
   A. 单项工程概算　　　　　　B. 单位工程预算
   C. 单项工程综合概算　　　　D. 建设项目概算

答案：C

【解析】 设计概算可分单位工程概算、单项工程综合概算和建设项目总概算三级。

23. 工料单价法中的工料单价是由完成单位工程、分部工程、分项工程所需的（　　）所构成。
   A. 人工费和材料费

B. 人工费、材料费和机械使用费
C. 人工费、材料费和措施费
D. 人工费、材料费、机械使用费和措施费

答案：B

【解析】 单价法就是用地区统一单位计价表中的各项工程工料单价乘以相应的各分项工程的工程量，求和后得到包括人工费、材料费和机械使用费在内的单位工程直接费。据此计算出其他直接费、现场经费、间接费，以及计划利润和税金，经汇总即可得到单位工程的施工图预算。

24. 设计概算中的单项工程概算可分为（ ）。
    A. 土建工程概算和安装工程概算   B. 土建工程概算和设计安装工程概算
    C. 建筑工程概算和设备工程概算   D. 建筑工程概算和设备及安装工程概算

答案：D

【解析】 单项工程概算是确定一个单项工程所需建设费用的文件，它是由单项工程中的各单位工程概算汇总编制而成的，是建设项目总概算的组成部分。其中，各单位工程概算包括建筑单位工程概算和设备及安装单位的工程概算。

25. 可较准确地反映实际水平，适用于市场经济条件的施工图预算编制方法是（ ）。
    A. 实物法   B. 分项详细估算法
    C. 单价法   D. 综合指标法

答案：A

【解析】 实物法编制施工图预算是先用计算出的各分项工程的实物工程量分别套取预算定额，按类相加求出单位工程所需的各种人工、材料、施工机械台班的消耗量，再分别乘以当时当地各种人工、材料、机械台班的实际单价，求得人工费、材料费和施工机械使用费并汇总求和。

26. 建筑工程概算的审查有（ ）。
    A. 施工组织设计审查   B. 采用的定额或指标的审查
    C. 设计标准的审查   D. 编制人员的审查

答案：B

【解析】 建筑工程概算的审查有：工程量审查、采用的定额或指标的审查、材料预算价格的审查、各项费用的审查。

27. 单价法与实物法编制施工图预算的区别主要在于（ ）不同。
    A. 分项工程项目的划分   B. 工程量的计算方法
    C. 直接工程费的计算方法 D. 间接费、利润、税金等的计算方法

答案：C

【解析】 单价法与实物法编制施工图预算的区别主要在于直接工程费的计算方法不同。

28. 总概算价值正确的表达式是（ ）。
    A. 总概算价值＝第一部分费用＋第二部分费用＋预备费＋建设期利息＋固定资产投资方向调节税＋流动资金
    B. 总概算价值＝第一部分费用＋第二部分费用＋预备费＋建设期利息＋固定资

产投资方向调节税＋流动资金－回收金额

C. 总概算价值＝第一部分费用＋第二部分费用＋预备费＋建设期利息＋固定资产投资方向调节税＋铺底流动资金

D. 总概算价值＝第一部分费用＋第二部分费用＋预备费＋建设期利息＋固定资产投资方向调节税＋铺底流动资金－回收金额

答案：D

【解析】 总概算价值＝第一部分费用＋第二部分费用＋预备费＋建设期利息＋固定资产投资方向调节税＋铺底流动资金－回收金额

29. 某工程采用实物法编制施工图预算，对该施工图预算审查的重点内容之一是（　　）。

A. 补充单位计价表计算是否准确　　B. 定额消耗量标准是否合理

C. 分项工程单价是否与预算单价相符　D. 有关取费标准是否符合规定

答案：D

【解析】 审查的详细内容如下：(1)审查工程量；(2)审查定额或单价的套用；(3)审查其他有关费用。其他有关费用包括的内容各地不同，具体审查时应注意是否符合当地规定和定额的要求。

30. 施工图预算的编制对象为（　　）。

A. 单项工程　　　B. 单位工程　　　C. 分部工程　　　D. 分项工程

答案：B

【解析】 施工图预算是拟建工程设计概算的具体化文件，也是单项工程综合预算的基础文件。施工图预算的编制对象为单位工程，因此也称单位工程预算。

二、多项选择题

1. 用重点审查法审查施工图预算时，审查的重点有（　　）。

A. 工程量计算规则的正确性　　　B. 工程量大的分项工程

C. 单价高的分项工程　　　　　　D. 各项费用的计取基础

E. 设计标准的合理性

答案：B、C、D

【解析】 施工图预算的审查：

(1) 审查的内容

1) 审查工程量；

2) 审查定额或单价的套用；

3) 审查其他有关费用。

(2) 审查的步骤

1) 审查前准备工作；

2) 选择审查方法、审查相应内容；

3) 整理审查资料并调整方案。

(3) 审查的方法

1) 逐项审查法；

2) 标准预算审查法；

3) 分组计算审查法；

4) 对比审查法；

5) "筛选"审查法；

6) 重点审查法。

2. 强制确定法可用于价值工程活动中的(　　)。

A. 对象选择　　　B. 功能评价　　　C. 功能定义　　　D. 方案创新

E. 方案评价

答案：A、B、E

【解析】 强制确定法即以各部件功能得分占总分的比例确定功能评价系数。强制确定法根据功能评价系数和成本系数确定价值系数并确定价值对象的。

3. 设备安装工程中，单位工程概算的编制方法包括(　　)。

A. 生产能力指数法　　　　　　B. 资金周转率法

C. 预算单价法　　　　　　　　D. 扩大单价法

E. 概算指标法

答案：C、D、E

【解析】 设备安装工程概算的编制包括：(1)预算单价法；(2)扩大单价法；(3)概算指标法。

4. 价值工程活动的特点有(　　)。

A. 以使用者的功能需求为出发点

B. 中心环节是对研究对象进行功能系统分析

C. 目的是降低研究对象的成本

D. 是一种需要技术创新的创造性活动

E. 需要有组织、有计划、有步骤地开展工作

答案：A、B、D、E

【解析】 价值工程的特点：

(1) 以使用者的功能需求为出发点；

(2) 对所研究对象进行功能分析，并系统研究功能与成本之间的关系；

(3) 致力于提高价值的创造性活动；

(4) 有组织、有计划、有步骤地开展工作。

5. 某新建大型工业项目由办公楼、生产区、总图运输等部分组成，其办公楼的综合概算包括该楼的(　　)。

A. 建筑工程费　　　　　　　　B. 土地使用费

C. 设计费　　　　　　　　　　D. 安装工程费

E. 设备购置费

答案：A、C、D、E

【解析】 综合概算是以单项工程为编制对象，确定建成后可独立发挥作用的建筑物或构筑物所需全部建设费用的文件，由该单项工程内各单位工程概算书汇总而成。

6. 限额设计的要点有(　　)。

A. 严格按建设程序办事

B. 建立设计单位施工图预算责任制
C. 充分重视、认真对待每个设计环节及每项专业设计
D. 施工图设计应尽量吸收施工单位人员意见，使之符合施工要求
E. 在投资决策阶段，要提高投资估算的准确性，据以确定限额设计

答案：A、C、D、E

【解析】（1）严格按建设程序办事；
(2) 在投资决策阶段，要提高投资估算的准确性，据以确定限额设计；
(3) 充分重视、认真对待每个设计环节及每项专业设计；
(4) 加强设计审核；
(5) 建立设计单位经济责任制；
(6) 施工图设计应尽量吸收施工单位人员意见，使之符合施工要求。

7. 工程设计标准是国家经济建设的重要技术规范，对提高建设工程设计阶段的投资控制水平具有重要作用，其主要体现在（   ）等方面。

    A. 提高工程计量支付的准确性　　　　B. 对工程建设规模、标准进行控制
    C. 促进建筑工业化、装配化　　　　　　D. 减少项目经济评价的工作量
    E. 提高设计经济合理性

答案：B、C、E

【解析】 设计标准的作用：
(1) 对建设工程规模、内容、建造标准进行控制；
(2) 保证工程的安全性和预期的使用功能；
(3) 提供设计所必要的指标、定额、计算方法和构造措施；
(4) 为降低工程造价、控制工程投资提供方法和依据；
(5) 减少设计工作量、提高设计效率；
(6) 促进建筑工业化、装配化，加快建设速度。

8. 设计阶段工程造价计价与控制的重要意义（   ）。

    A. 在设计阶段控制工程造价效果最显著
    B. 在设计阶段控制工程造价会使控制工作更主动
    C. 在设计阶段进行工程造价的计价分析可以提高投资控制效率
    D. 在设计阶段控制工程造价便于技术与责任制相结合
    E. 在设计阶段进行工程造价的计价分析可以使造价构成更合理，提高资金利用效率

答案：A、B、C、E

【解析】 设计阶段工程造价计价与控制的重要意义：
(1) 在设计阶段进行工程造价的计价分析可以使造价构成更合理，提高资金利用效率；
(2) 在设计阶段进行工程造价的计价分析可以提高投资控制效率；
(3) 在设计阶段控制工程造价会使控制工作更主动；
(4) 在设计阶段控制工程造价便于技术与经济相结合；
(5) 在设计阶段控制工程造价效果最显著。

设计阶段对投资的影响度约为75%～95%。很显然，控制工程造价的关键是在设计阶段。在设计一开始就将控制投资的思想植根于设计人员的头脑、中，以保证选择恰当的设计标准和合理的功能水平。

9. 限额设计的不足主要有(　　)。
   A. 限额设计的理论及其操作技术有待于进一步发展
   B. 限额设计的理论与实践脱节
   C. 可能会出现功能水平过低而增加工程运营维护成本的情况，或者在投资限额内没有达到最佳功能水平的现象
   D. 可能出现限额设计效果较好，但项目的运营费用不一定很经济的现象
   E. 可能出现限额设计效果较好，但项目的全寿命费用不一定很经济的现象

答案：A、C、E

【解析】 限额设计的不足主要有：

(1) 限额设计的本质特征是投资控制的主动性，因而贯彻限额设计，重要的一环是在初步设计和施工图设计前就对各工程项目、各单位工程、各分部工程进行合理的投资分配，以控制设计，体现控制投资的主动性。限额设计的理论及其操作技术有待于进一步发展。

(2) 限额设计由于突出地强调了设计限额的重要性，而忽视了工程功能水平的要求，及功能与成本的匹配性，可能会出现功能水平过低而增加工程运营维护成本的情况，或者在投资限额内没有达到最佳功能水平的现象。

(3) 限额设计中的限额包括投资估算、设计概算、施工图预算等，均是指建设项目的一次性投资，而对项目建成后的维护使用费、项目使用期满后的报废拆除费用则考虑较少，这样就可能出现限额设计效果较好，但项目的全寿命费用不一定很经济的现象。

10. 标准设计的特点有(　　)。
    A. 以图形表示为主，对操作要求和使用方法作文字说明；
    B. 具有设计、施工、经济标准各项要求的综合性；
    C. 设计人员选用后可直接用于工程建设，具有产品标准的作用；
    D. 对地域、环境的适应性要求强，地方性标准较少；
    E. 除特殊情况可作少量修改外，一般情况设计人员不得自行修改标准设计。

答案：A、B、C、E

【解析】 标准设计的特点：
(1) 以图形表示为主，对操作要求和使用方法作文字说明；
(2) 具有设计、施工、经济标准各项要求的综合性；
(3) 设计人员选用后可直接用于工程建设，具有产品标准的作用；
(4) 对地域、环境的适应性要求强，地方性标准较多；
(5) 除特殊情况可作少量修改外，一般情况设计人员不得自行修改标准设计。

11. 建筑工程概算审查的内容包括(　　)。
    A. 设计规范是否合理　　　　B. 工程量计算规则是否合理
    C. 工程量计算是否正确　　　D. 费用计算是否正确
    E. 定额或指标的采用是否合理

答案：C、D、E

【解析】 建筑工程概算的审查：(1)工程量审查；(2)采用的定额或指标的审查；(3)材料预算价格的审查；(4)各项费用的审查。

12. 工程标准设计通常指工程设计中，可在一定范围内通用的(　　)，一般统称为标准图。

　　A. 标准图　　　B. 通用图　　　C. 复用图　　　D. 施工图
　　E. 手册图
　　答案：A、B、C

【解析】 工程标准设计通常指工程设计中，可在一定范围内通用的标准图、通用图和复用图，一般统称为标准图。

13. 限额设计贯穿项目(　　)等各个阶段，而在每一个阶段中贯穿于各个专业的每一道工序。

　　A. 可行性研究　B. 初步勘察　　C. 初步设计　　D. 详细勘察
　　E. 详细设计
　　答案：A、B、C、D

【解析】 限额设计贯穿项目可行性研究、初步勘察、初步设计、详细勘察、技术设计、施工图设计各个阶段，而在每一个阶段中贯穿于各个专业的每一道工序。

14. 价值工程的特点(　　)。

　　A. 以使用者的功能需求为出发点
　　B. 对所研究对象进行功能分析，并系统研究功能与成本之间的关系
　　C. 致力于提高价值的创造性活动
　　D. 有组织、有计划、有步骤地开展工作
　　E. 功能与成本成正比
　　答案：A、B、C、D

【解析】 价值工程的特点：
(1) 以使用者的功能需求为出发点；
(2) 对所研究对象进行功能分析，并系统研究功能与成本之间的关系；
(3) 致力于提高价值的创造性活动；
(4) 有组织、有计划、有步骤地开展工作。

15. 价值工程主要工作内容的对象选择的方法有(　　)。

　　A. 重要性法　　B. 经验分析法　C. 强制确定法　D. 百分比法
　　E. ABC 分析法
　　答案：B、C、D、E

【解析】 价值工程主要工作内容的对象选择的方法有：(1)经验分析法；(2)百分比法；(3)ABC 分析法；(4)强制确定法。

16. 建筑工程概算包括(　　)，(　　)，通风、空调工程概算，电气照明工程概算，(　　)，特殊构筑物工程概算等。

　　A. 给排水、采暖工程结算　　　　B. 给排水、采暖工程概算
　　C. 弱电工程概算　　　　　　　　D. 土建工程概算

E. 概算比值系数法

答案：B、C、D

【解析】 建筑工程概算包括土建工程概算，给排水、采暖工程概算，通风、空调工程概算，电气照明工程概算，弱电工程概算，特殊构筑物工程概算等。

17. 建筑工程概算的编制方法有（　　）等。
    A. 概算指标法　　　　　　　　B. 概算比值系数法
    C. 类似工程预算法　　　　　　D. 概算系数法
    E. 概算定额法

答案：A、E

【解析】 建筑工程概算的编制方法有扩大单价法（概算定额基价）、概算指标法等。

18. 施工图预算是施工图设计完成后，以施工图为依据，根据（　　）进行编制的。
    A. 设计概算　　　　　　　　　B. 预算定额
    C. 取费标准　　　　　　　　　D. 地区人工、材料、机械台班的预算价格
    E. 单项工程概算

答案：B、C、D

【解析】 设计预算是施工图预算的简称。它是由设计单位在施工图设计完成后，根据施工图设计图纸、现行预算定额、费用定额以及地区设备、材料、人工、施工机械台班等预算价格编制和确定的建筑安装工程造价的文件。

19. 用实物法编制施工图预算时，其直接工程费的计算与（　　）有关。
    A. 人工、材料、机械的市场价格　　B. 工、料、机的定额消耗量
    C. 预算定额基价　　　　　　　　　D. 工程量
    E. 取费定额

答案：A、B、D

【解析】 实物法编制施工图预算是先用计算出的各分项工程的实物工程量分别套取预算定额，按类相加求出单位工程所需的各种人工、材料、施工机械台班的消耗量，再分别乘以当时当地各种人工、材料、机械台班的实际单价，求得人工费、材料费和施工机械使用费并汇总求和。

20. 审查施工图预算时，分组审查法与全面审查法相比，具有（　　）的特点。
    A. 审查效果好　　B. 工作量小　　C. 适用范围广　　D. 审查全面
    E. 审查速度快

答案：B、E

【解析】 全面审查法又叫逐项审查法，就是按预算定额顺序或施工的先后顺序，逐一全部进行审查的方法。此方法的优点是全面、细致，经审查的工程预算差错比较少，质量比较高，缺点是工作量大。分组计算审查法是一种加快审查工程量速度的方法，其工作量相对较小。

21. 设计概算分为（　　）三级。
    A. 单位工程概算　　　　　　　B. 单项工程概算
    C. 分部分项概算　　　　　　　D. 单项工程综合概算
    E. 建设工程总概算

答案：A、D、E

【解析】 设计概算分为单位工程概算、单项工程综合概算、建设工程总概算三级。

22. 编制设计概算应掌握的原则有( )。
    A. 应深入现场进行调查研究
    B. 结合实际情况合理确定工程费用
    C. 抓住重点环节、严格控制工程概算造价
    D. 应全面完整地反映设计内容
    E. 设计概算不受限制

答案：A、B、C、D

【解析】 编制设计概算应掌握如下原则：(1)应深入现场进行调查研究；(2)结合实际情况合理确定工程费用；(3)抓住重点环节、严格控制工程概算造价；(4)应全面完整地反映设计内容。

23. 采用实物法编制单位工程施工图预算，在计算工程量之前，需列出计算工程量的分项工程项目名称，其主要依据是( )。
    A. 设计概算文件　　　　　　B. 施工图设计文件
    C. 工程量计算规则　　　　　D. 施工组织设计文件
    E. 预算定额

答案：B、D、E

【解析】 采用实物法编制单位工程施工图预算，在计算工程量之前，需列出计算工程量的分项工程项目名称，其主要依据是收集、准备施工图纸、施工组织设计、施工方案、现行建筑安装定额、取费标准、统一工程量计算规则和人、材、机的当时当地的实际价格等。

24. 用实物法编制施工图预算的完整步骤有( )等。
    A. 计算工程量
    B. 套用预算人工、材料、机械台班定额
    C. 统计汇总单位工程所需的各类消耗量
    D. 计算其他各项费用，汇总造价
    E. 填工程量清单

答案：A、B、C、D

【解析】 用实物法编制施工图预算的完整步骤有：(1)准备资料，熟悉施工图纸；(2)计算工程量；(3)套用预算人工、材料、机械台班定额；(4)统计汇总单位工程所需的各类消耗量；(5)计算并汇总人工费、材料费、机械使用费；(6)计算其他各项费用，汇总造价；(7)复核；(8)填写封面、编制说明。

25. 施工图预算的审查方法有( )。
    A. 逐项审查法　　　　　　　B. 标准预算审查法
    C. 分组计算审查法　　　　　D. 技术审查法
    E. "筛选"审查法

答案：A、B、C、E

【解析】 施工图预算的审查方法：(1)逐项审查法；(2)标准预算审查法；(3)分组计算审查法；(4)对比审查法；(5)"筛选"审查法；(6)重点审查法。

📖 实战练习题

一、单项选择题

1. 在初步设计限额设计中，各专业设计人员应强化控制建设投资意识，在拟定设计原则、技术方案和选择设备材料过程中应先掌握工程的参考造价和工程量，严格按照限额设计所分解的投资额和控制工程量进行设计，并以（　　）为考核单元，事先作好专业内部平衡调整，提出节约投资的措施，力求将造价和工程量控制在限额范围之内。
   A. 单位工程　　　B. 单项工程　　　C. 建设项目　　　D. 分部工程

2. 因可行性研究深度不够造成初步设计阶段修改方案而增加投资，应将对其进行技术经济综合评价，经必要审查并获得通过后（　　）在投资分解时解决。
   A. 项目负责人　　B. 总设计师　　C. 造价工程师　　D. 咨询工程师

3. 百分比法即按（　　）来选择价值工程对象。
   A. 按局部成本在总成本中的比重的大小
   B. 某种费用或资源在不同项目中所占的比重的大小
   C. 根据功能评价系数和成本系数确定价值系数
   D. 以各部件功能得分占总分的比例

4. ABC 分析法即运用数理统计分析原理，按（　　）选择价值工程对象。
   A. 按局部成本在总成本中的比重的大小
   B. 某种费用或资源在不同项目中所占的比重的大小
   C. 根据功能评价系数和成本系数确定价值系数
   D. 以各部件功能得分占总分的比例

5. 强制确定法即以（　　）确定功能评价系数。
   A. 按局部成本在总成本中的比重的大小
   B. 某种费用或资源在不同项目中所占的比重的大小
   C. 根据功能评价系数和成本系数确定价值系数
   D. 以各部件功能得分占总分的比例

6. 强制确定法根据功能评价系数和成本系数确定价值系数并确定价值对象，（　　）部件作为 VE 对象。
   A. 当 $V_i<1$ 时　　B. 当 $V_i=1$ 时　　C. 当 $V_i>1$ 时　　D. 当 $V_i=-1$ 时

7. 某建设项目有四个方案，其评价指标值甲功能评价总分为 12.0，成本系数为 0.22；乙功能评价总分为 9.0，成本系数为 0.18；丙功能评价总分为 14.0，成本系数为 0.35；丁功能评价总分为 13.0，成本系数为 0.25；根据价值工程原理，最好的方案是（　　）。
   A. 甲　　　　　B. 乙　　　　　C. 丙　　　　　D. 丁

8. 所谓限额设计就是按照设计任务书批准的（　　）进行初步设计，按照（　　）进行施工图设计，按施工图预算造价对施工图设计的各个专业设计文件做出决策。
   A. 初步设计概算造价限额 投资估算额　　B. 投资估算额 初步设计概算造价限额
   C. 投资概算额 初步设计概算造价限额　　D. 投资估算额 初步设计估算额

9. 采用标准设计一般可加快设计进度（　　），节约建设投资 10%～15% 以上。

A. 1倍　　　　　B. 1~2倍　　　　C. 2~3倍　　　　D. 3倍以上

10. 限额设计体现了设计标准、规范、原则的合理确定和有关(　　)的合理取定，是衡量勘察设计工作质量的综合标志，应将之作为提高设计质量工作的管理目标。
    A. 预算基础资料　　　　　　　　B. 估算基础资料
    C. 概算基础资料　　　　　　　　D. 设计基础资料

11. 开展价值工程活动通常分为准备、分析、创新和实施4个阶段，其中创新阶段主要应回答的问题是(　　)。
    A. 价值工程的对象是什么　　　　B. 是否有替代方案
    C. 该对象的用途是什么　　　　　D. 成本和价值是多少

12. 设计概算是设计文件的重要组成部分，是在投资估算的控制下由设计单位根据初步设计(或技术设计)图纸及说明、概算定额(概算指标)、各项费用定额或取费标准(指标)、设备、材料预算价格等资料，编制和确定的建设项目从筹建至(　　)所需全部费用的文件。
    A. 交钥匙　　　B. 竣工验收　　　C. 结算后　　　D. 竣工交付使用

13. 设备及安装工程概算包括机械设备及安装工程概算，(　　)等，以及工具、器具及生产家具购置费概算等。
    A. 电气设备及安装工程概算　　　B. 设备基础及安装工程概算
    C. 电气照明安装工程概算　　　　D. 弱电工程概算

14. 单价法和实物法编制施工图预算的主要区别是(　　)。
    A. 计算工程量的方法不同　　　　B. 计算利税的方法不同
    C. 计算直接费的方法不同　　　　D. 计算其他直接费、间接费的方法不同

15. 由于设计深度不够等原因，对一般附属、辅助和服务工程等项目，以及住宅和文化福利工程项目或投资比较小、比较简单的工程项目，可采用(　　)编制概算。
    A. 扩大单价法　　　　　　　　　B. 概算指标法
    C. 预算单价法　　　　　　　　　D. 实物法

16. 施工图预算审查的方法中，(　　)全面、细致，审查质量高、效果好。
    A. 标准预算审查法　　　　　　　B. 逐项审查法
    C. 分组计算审查法　　　　　　　D. 对比审查法

17. 价值工程的重要特点是以提高项目的(　　)为目标。
    A. 投资　　　B. 价值　　　C. 功能　　　D. 美观

18. 在限额设计的横向控制中，经济责任制的核心是正确处理(　　)三者之间的关系。
    A. 工、料、机　　　　　　　　　B. 量、价、费
    C. 责、权、利　　　　　　　　　D. 国家、集体、个人

19. 当初步设计深度不够，不能准确地计算工程量，但工程采用的技术比较成熟而又有类似指标可以利用时，可采用(　　)编制设计概算。
    A. 概算定额法　　　　　　　　　B. 概算指标法
    C. 类似工程预算法　　　　　　　D. 生产能力指数法

20. 扩大单价法编制单位工程概算以(　　)为依据。

A. 概算指标 B. 概算定额
C. 预算定额 D. 类似工程预算资料

21. 价值工程的核心是（ ）。
    A. 功能分析 B. 成本分析
    C. 价值分析 D. 寿命周期分析

22. 用实物法编制施工图预算，有关人工、材料和施工机械台班的单价，采用的是（ ）。
    A. 预算定额手册中的价格 B. 当时当地的实际市场价格
    C. 调价文件公布的价格 D. 国家计划价格

23. 采用单价法和实物法编制施工图预算的主要区别是（ ）。
    A. 计算工程量的方法不同 B. 计算直接费的方法不同
    C. 计算利税的方法不同 D. 计算其他直接费、间接费的方法不同

24. 下列（ ）方法不属于审查施工图预算方法。
    A. 筛选法 B. 对比审查法
    C. 扩大单价法 D. 逐项审查法

25. 对结构复杂的大中型项目，施工图预算审查方式多采用（ ）。
    A. 单审 B. 会审
    C. 设计部门审查 D. 建设单位审查

26. 采用标准图设计的工程，其施工图预算的审查，宜采用的审查方法是（ ）。
    A. 对比审查法 B. 分组计算审查法
    C. 标准预算审查法 D. 重点审查法

27. 审查施工图预算的重点，应该放在（ ）等方面。
    A. 审查文件的组成
    B. 审查总设计图和工艺流程
    C. 工程量计算是否准确、预算单价套用是否正确、各项取费标准是否符合现行规定
    D. 审查项目的"三废"治理

28. 编制施工图预算时纳税地点在县城、镇的企业的综合税率为（ ）。
    A. 3.35% B. 3.22% C. 3% D. 3.41%

29. 在预算审查中，审查分部分项单价应依据（ ）。
    A. 企业定额 B. 扩大单位估价表
    C. 概算定额 D. 预算定额基价

30. 价值工程的主要特征是着眼于提高价值，即以（ ）实现必要的功能。
    A. 产品的合理成本 B. 产品的最低成本
    C. 产品的研制、生产费用 D. 最低的寿命周期费用

二、多项选择题

1. 采用标准设计能设计一般可（ ）。
   A. 节约建设投资 15%～20%以上 B. 加快设计进度 1～2 倍
   C. 加快设计进度 2～3 倍 D. 节约建设投资 5%～10%以上
   E. 节约建设投资 10%～15%以上

2. 标准设计一般要求中对不同用途和要求的建筑物，应按（　　）进行设计。
   A. 统一的建筑模数　　　　　　　　B. 统一的建筑标准
   C. 统一的设计规范　　　　　　　　D. 统一的技术规定
   E. 统一的建筑定额
3. 限额设计贯穿项目（　　）阶段。
   A. 可行性研究　　B. 初步勘察　　C. 初步设计　　D. 详细勘察
   E. 招标投标
4. 在初步设计开始时，项目总设计师应将可行性研究报告的设计原则、建设方案和各项控制经济指标向设计人员交底，对（　　）要提出技术经济比较方案，要研究可实现可行性研究报告中投资限额的可能性。
   A. 关键机械　　B. 工艺流程　　C. 总图方案　　D. 主要建筑指标
   E. 各项费用指标
5. 在初步设计开始时，项目总设计师应将可行性研究报告的（　　）向设计人员交底，对关键设备、工艺流程、总图方案、主要建筑和各项费用指标要提出技术经济比较方案，要研究可实现可行性研究报告中投资限额的可能性。
   A. 设计原则　　B. 建设方案　　C. 总图方案　　D. 主要建筑指标
   E. 各项控制经济指标
6. 价值工程对功能进行分析的技术内容特别丰富，即（　　）。通过功能与成本进行比较，形成比较价值的概念和量值。
   A. 要辨别必要功能或不必要功能　　B. 要辨别过剩功能或不足功能
   C. 要计算出不同方案的功能量化值　　D. 要考虑功能与其载体的有分有合问题
   E. 要计算各项技术经济指标
7. 价值工程一般活动程序中准备阶段步骤有（　　）。
   A. 功能系统分析　　　　　　　　B. 对象选择
   C. 成果鉴定　　　　　　　　　　D. 组成价值工程小组
   E. 方案评价
8. 价值工程一般活动程序中分析阶段步骤有（　　）。
   A. 功能系统分析　　　　　　　　B. 对象选择
   C. 方案创新　　　　　　　　　　D. 搜集整理信息资料
   E. 功能评价
9. 价值工程一般活动程序中创新阶段步骤有（　　）。
   A. 提案编写　　　　　　　　　　B. 对象选择
   C. 方案创新　　　　　　　　　　D. 搜集整理信息资料
   E. 方案评价
10. 价值工程一般活动程序中实施阶段步骤有（　　）。
    A. 审批　　　　　　　　　　　　B. 对象选择
    C. 实施与检查　　　　　　　　　D. 搜集整理信息资料
    E. 成果鉴定
11. 价值工程一般活动程序中分析阶段应回答的问题有（　　）。

A. 能否满足要求？ B. VE 的对象是什么？
C. 该对象的用途是什么？ D. 新方案的成本是多少？
E. 成本和价值是多少？

12. 价值工程一般活动程序中创新阶段应回答的问题有（　　）。
    A. 是否有替代方案？ B. VE 的对象是什么？
    C. 新方案的成本是多少？ D. 成本和价值是多少？
    E. 能否满足要求？

13. 运用价值工程优化设计方案的途径一般来说，提高产品的价值，有以下（　　）途径。
    A. 成本不变，降低功能 B. 功能略下降，带来成本大降低
    C. 成本略提高，功能提高 D. 功能提高，成本降
    E. 功能不变，成本降低

14. 设计标准是国家经济建设的重要技术规范，是进行工程建设（　　）的重要依据。
    A. 工程建设验收 B. 工程建设勘察
    C. 工程建设监理 D. 工程建设设计
    E. 工程建设施工

15. 用实物法编制施工图预算时，直接费的计算与（　　）有关。
    A. 人工、材料、机械台班的市场价格
    B. 预算定额单价
    C. 当地造价管理部门公布的取费标准
    D. 人、材、机的预算定额消耗量
    E. 按工程量计算规则计算出的工程量

16. 审查施工图预算的意义（　　）。
    A. 有利于加强固定资产投资管理，节约建设资金
    B. 有利于控制工程造价，克服和防止预算超概算
    C. 有利于施工图设计完善，控制施工中变更增加
    D. 有利于积累和分析各项技术经济指标，不断提高设计水平
    E. 有利于施工承包合同价的合理确定和控制

17. 施工图预算是根据批准的（　　）等有关资料进行计算和编制的单位工程预算造价的文件。
    A. 施工图设计 B. 预算定额和单位计价表
    C. 施工组织设计文件 D. 各种费用定额
    E. 概算

18. 标准化的基本特征有（　　）。
    A. 政策化 B. 约束性 C. 长期性 D. 技术性
    E. 统一化

19. 标准设计包括（　　）几类。
    A. 国家标准设计 B. 县级标准设计
    C. 设计单位自行制定的标准 D. 省、市、自治区标准设计

E. 部级标准设计
20. 在审查单位工程设计概算时，建筑工程概算的审查内容包括（　　）。
    A. 工艺流程　　　　　　　　　　B. 经济效果
    C. 工程量　　　　　　　　　　　D. 采用的定额或指标
    E. 预算价格
21. 施工图预算的编制依据有（　　）。
    A. 工程量清单　　　　　　　　　B. 施工图纸及说明
    C. 定额及费用标准　　　　　　　D. 预算工作手册
    E. 施工组织设计
22. 施工图预算是在施工图设计完成后，以施工图为依据，根据（　　）进行编制的。
    A. 预算定额　　B. 设计概算　　C. 取费标准　　D. 概算定额
    E. 地区人工、材料、机械台班的预算价格
23. 通过（　　）等途径可以提高价值。
    A. 提高功能、降低造价　　　　　B. 降低功能、提高造价
    C. 功能不变的情况下降低造价　　D. 造价不变的情况下提高功能
    E. 功能提高20%，造价提高10%
24. 设计概算编制依据的审查内容有（　　）。
    A. 编制依据的合法性　　　　　　B. 概算文件的组成
    C. 编制依据的时效性　　　　　　D. 编制依据的适用范围
    E. 工程量或设备清单
25. 编制施工图预算的方法有（　　）。
    A. 单价法　　　　　　　　　　　B. 扩大单价法
    C. 实物法　　　　　　　　　　　D. 类似工程概算法
    E. 类似工程预算法
26. 设计概算编制依据审查内容有（　　）。
    A. 编制依据的合法性　　　　　　B. 编制依据的权威性
    C. 编制依据的正确性　　　　　　D. 编制依据的适用范围
    E. 编制依据的审批部门
27. 施工图预算的编制依据有（　　）。
    A. 工程量清单　　　　　　　　　B. 施工图纸及说明
    C. 定额及费用标准　　　　　　　D. 预算工作手册
    E. 施工组织设计
28. 施工图预算审查的环节主要是（　　）。
    A. 做好审查前的准备工作
    B. 报项目法人批准
    C. 选择合适的审查方式、方法，按相应内容进行审查
    D. 综合整理审查资料，与编制单位交换与统一意见，确定后编制调整预算
    E. 施工组织设计
29. 在审查施工图预算时，分组计算审查法与逐项审查法相比，具有（　　）特点。

A. 审查效果好 B. 工作量小
C. 审查范围广 D. 审查全面
E. 审查速度快

30. 施工组织设计是编制施工图预算的重要依据之一，通过它可充分了解各分部分项工程的（　　）等内容，与工程量、定额的套用密切相关。

A. 施工方法 B. 施工进度计划
C. 施工人员的选择 D. 施工平面的布局
E. 主要技术措施

📖 实战练习题答案

一、单项选择题

1. A；   2. B；   3. B；   4. A；   5. D；   6. A；   7. A；   8. B；   9. B；   10. C；
11. B； 12. D； 13. A； 14. C； 15. B； 16. B； 17. B； 18. C； 19. B； 20. B；
21. A； 22. B； 23. B； 24. C； 25. B； 26. C； 27. C； 28. A； 29. D； 30. D

二、多项选择题

1. B、E； 2. A、B、C、D； 3. A、B、C、D； 4. B、C、D、E；
5. A、B、E； 6. A、B、C、D； 7. B、D、E； 8. A、D、E；
9. A、C、E； 10. A、C、E； 11. C、E； 12. A、C、E；
13. B、D、E； 14. A、B、D、E； 15. A、D、E； 16. A、B、D、E；
17. A、B、C、D； 18. A、B、C、D； 19. A、C、D、E； 20. C、D、E；
21. B、C、D、E； 22. A、C、E； 23. A、C、D、E； 24. A、C、D；
25. A、C； 26. A、D； 27. B、C、D、E； 28. A、C、D；
29. B、E； 30. A、B、D、E

第六章 建设工程施工招标阶段的投资控制

考纲分解

一、考纲要求：了解工程投标报价的计算

考纲解析：主要是投标报价的策略。

具体考点：工程的投标报价，是投标人按照招标文件中规定的各种因素和要求，根据本企业的实际水平和能力、各种环境条件等，对承建投标工程所需的成本、拟获利润、相应的风险费用等进行计算后提出的报价。

（一）投标报价计算的原则

（1）以招标文件中设定的发承包双方的责任划分，作为考虑投标报价费用项目和费用计算的基础；根据工程发承包模式考虑投标报价的费用内容和计算深度。

（2）以施工方案、技术措施等作为投标报价计算的基本条件。

（3）以反映企业技术和管理水平的企业定额作为计算人工、材料和机械台班消耗量的基本依据。

（4）充分利用现场考察、调研成果、市场价格信息和行情资料，编制基价，确定调价方法。

（5）报价计算方法要科学严谨，简明适用。

（二）投标报价工作的主要内容

（1）复核或计算工程量；

（2）确定单价，计算合价；

（3）确定分包工程费；

（4）确定利润；

（5）确定风险费；

（6）确定投标价格。

（三）投标报价的策略

1. 不平衡报价

不平衡报价是单价合同投标报价中常见的一种方法。

（1）对能早期得到结算付款的分部分项工程的单价定得较高，对后期的施工分项单价适当降低。

（2）估计施工中工程量可能会增加的项目，单价提高；工程量会减少的项目单价降低。

（3）设计图纸不明确或有错误的，估计今后修改后工程量会增加的项目，单价提高；工程内容说明不清的，单价降低。

（4）没有工程量，只填单价的项目，其单价提高些，这样做既不影响投标总价，以后发生时承包人又可多获利。

（5）对于暂列数额（或工程），预计会做的可能性较大，价格定高些，估计不一定发生的则单价低些。

（6）零星用工（计日工）的报价高于一般分部分项工程中的工资单价，因它不属于承包总价的范围，发生时实报实销，价高些会多获利。

2. 其他手法

（1）多方案报价法；

（2）突然降价法；

（3）先亏后盈法。

二、考纲要求：熟悉建设工程招标投标价格

考纲解析：注意采用工料单价法和综合单价法及投标报价概念。

具体考点：《建筑工程施工发包与承包计价管理办法》（中华人民共和国建设部令第107号）第五条规定了：施工图预算、招标标底和投标报价由成本、利润和税金构成。其编制可以采用工料单价法和综合单价法两种计价方法。

（一）工料单价法

工料单价法使用的分部分项工程量的单价为直接工程费单价，它是以分部分项工程量乘以单价后得到直接工程费。直接工程费以人工、材料、机械的消耗量及其相应价格确定，间接费、利润、税金按照有关规定另行计算。

工料单价法的计算程序分为三种：以直接费为计算基础；以人工费和机械费为计算基础；以人工费为计算基础。具体程序详见下表。

以直接费为计算基础的工料单价法计价程序

序 号	费用项目	计算方法	备 注
1	直接工程费	按预算表	
2	措施费	按规定标准计算	
3	小 计	(1)+(2)	
4	间接费	(3)×相应费率	
5	利 润	((3)+(4))×相应利润率	
6	合 计	(3)+(4)+(5)	
7	含税造价	(6)×(1+相应税率)	

以人工费和机械费为计算基础的工料单价法计价程序

序 号	费用项目	计算方法	备 注
1	直接工程费	按预算表	
2	其中人工费和机械费	按预算表	
3	措施费	按规定标准计算	
4	其中人工费和机械费	按规定标准计算	
5	小 计	(1)+(3)	
6	人工费和机械费小计	(2)+(4)	

续表

序 号	费用项目	计算方法	备 注
7	间接费	(6)×相应费率	
8	利润	(6)×相应利润率	
9	合计	(5)+(7)+(8)	
10	含税造价	(9)×(1+相应税率)	

以人工费为计算基础的工料单价法计价程序

序 号	费用项目	计算方法	备 注
1	直接工程费	按预算表	
2	直接工程费中人工费	按预算表	
3	措施费	按规定标准计算	
4	措施费中人工费	按规定标准计算	
5	小计	(1)+(3)	
6	人工费小计	(2)+(4)	
7	间接费	(6)×相应费率	
8	利润	(6)×相应利润率	
9	合计	(5)+(7)+(8)	
10	含税造价	(9)×(1+相应税率)	

(二) 综合单价法

综合单价法使用的分部分项工程量的单价为全费用单价。全费用单价经综合计算后生成，其内容包括直接工程费、间接费、利润和税金（措施费也可按此方法生成全费用价格），并考虑风险因素。各分项工程量乘以综合单价的合价汇总后，生成工程发承包价。

由于各分部分项工程中的人工、材料、机械含量的比例不同，各分项工程可根据其材料费占人工费、材料费、机械费合计的比例，在以下三种计算程序中选择一种计算其综合单价。

(1) 以直接费为计算基础。当各分项工程材料费占人工费、材料费、机械费合计的比例(C)大于本地区原费用定额测算所选典型工程材料费占人工费、材料费、机械费合计的比例(C_0)时，可采用以人工费、材料费、机械费合计为基数计算该分项的间接费和利润。计算程序详见下表。

以直接费为计算基础的综合单价计算程序

序 号	费用项目	计算方法	备 注
1	分项直接工程费	人工费+材料费+机械费	
2	间接费	(1)×相应费率	
3	利润	((1)+(2))×相应利润率	
4	合计	(1)+(2)+(3)	
5	含税造价	(4)×(1+相应税率)	

(2) 以人工费和机械费为计算基础。当 C 小于 C_0 值的下限时，可采用以人工费和机械费合计为基数计算该分项的间接费和利润。计算程序详见下表。

以人工费＋机械费为计算基础的综合单价计算程序

序 号	费用项目	计算方法	备 注
1	分项直接工程费	人工费＋材料费＋机械费	
2	其中人工费和机械费	人工费＋机械费	
3	间 接 费	(2)×相应费率	
4	利 润	(2)×相应利润率	
5	合 计	(1)+(3)+(4)	
6	含税造价	(5)×(1+相应税率)	

(3) 以人工费为计算基础。如该分项工程的直接费中无材料和机械费，而仅为人工费时，可采用以人工费为基数计算该分项的间接费和利润。计算程序详见下表。

以人工费为计算基础的综合单价计算程序

序 号	费用项目	计算方法	备 注
1	分项直接工程费	人工费＋材料费＋机械费	
2	直接工程费中人工费	人工费	
3	间 接 费	(2)×相应费率	
4	利 润	(2)×相应利润率	
5	合 计	(1)+(3)+(4)	
6	含税造价	(5)×(1+相应税率)	

(三) 建设工程招标投标价格

1. 标底价格

标底价格是招标人对拟招标工程事先确定的预期价格，而非交易价格。招标人以此作为衡量投标人的投标价格的一个尺度，也是招标人控制投资的一种手段。同时，标底价格也是招标工程社会平均水平的建造价格，在工程评标时，招标人可以用此来衡量各个工程投标人的个别价格，用以判断投标人的投标价格是否合理，以此作为衡量投标人投标价格的一个尺度。

2. 投标报价

投标人为了得到工程施工承包的资格，按照招标人在招标文件中的要求进行估价，然后根据投标策略确定投标价格，以争取中标并通过工程实施取得经济效益。因此投标报价是卖方的要价，如果中标，这个价格就是合同谈判和签订合同确定工程价格的基础。

编制投标报价的依据应是企业定额。

编制投标报价之前还要认真研究招标文件及工程量清单。

3. 评标定价

中标价必须是经评审的最低报价，但不得低于成本。那么如何界定成本，如果有招标标底的，可以用两种办法确定：一是招标标底扣除招标人拟允许投标人获得的利润（或类似工程的社会平均利润水平统计资料）；二是把计算标底时的直接工程费与间接费相加便可得出成本。如果不设标底的，则难以界定。只能由评标委员会的专家根据报价的情况，把低报价，其施工组织设计中又无具体措施的，认为是以低于成本的报价投标者，予以剔除；或专家根据经验判断其报价是否低于成本。

中标者的报价，即为决标价，即签订合同的价格依据。

三、考纲要求：掌握建设工程承包合同价格的分类及其适用条件

考纲解析：主要是合同价可以采用三种方式的适用条件及优缺点，影响合同计价方式选择的因素。

具体考点：《建筑工程施工发包与承包计价管理办法》规定，合同价可以采用三种方式：固定价、可调价和成本加酬金。

（一）固定价

固定价是指合同总价或者单价，在合同约定的风险范围内不可调整。

（1）固定总价合同的适用条件一般为：

① 招标时的设计深度已达到施工图设计要求，工程设计图纸完整齐全，项目范围及工程量计算依据确切，合同履行过程中不会出现较大的设计变更，承包方依据的报价工程量与实际完成的工程量不会有较大的差异。

② 规模较小，技术不太复杂的中小型工程，承包方一般在报价时可以合理地预见到实施过程中可能遇到的各种风险。

③ 合同工期较短，一般为工期在一年之内的工程。

（2）固定单价分估算工程量单价、纯单价。

① 估算工程量单价：

估算工程量单价合同大多用于工期长、技术复杂、实施过程中可能会发生各种不可预见因素较多的建设工程；或发包方为了缩短项目建设周期。在施工图不完整或当准备招标的工程项目内容、技术经济指标尚不能明确、具体予以规定时，往往要采用这种合同计价方式。

② 纯单价：

这种合同计价方式主要适用于没有施工图，工程量不明，却急需开工的紧迫工程。

（二）可调价

（1）可调总价

可调总价适用于工程内容和技术经济指标规定很明确的项目，由于合同中列有调值条款，所以工期在一年以上的工程项目较适于采用这种合同计价方式。

（2）可调单价

合同单价的可调，一般是在工程招标文件中规定。在合同中签订的单价，根据合同约定的条款可以调整。

（三）成本加酬金

成本加酬金合同是将工程项目的实际投资划分成直接成本费和承包方完成工作后应得酬金两部分。工程实施过程中发生的直接成本费由发包方实报实销，再按合同约定的方式另外支付给承包方相应报酬。

这种合同，计价方式主要适用于工程内容及技术经济指标尚未全面确定，投标报价的

依据尚不充分的情况下，发包方因工期要求紧迫，必须发包的工程；或者发包方与承包方之间有着高度的信任，承包方在某些方面具有独特的技术、特长或经验。

(1) 成本加固定百分比酬金

这种合同计价方式，工程总价及付给承包方的酬金随工程成本而水涨船高，这不利于鼓励承包方降低成本，正是由于这种弊病所在，使得这种合同计价方式很少被采用。

(2) 成本加固定金额酬金

采用上述两种合同计价方式时，为了避免承包方企图获得更多的酬金而对工程成本不加控制，往往在承包合同中规定一些补充条款，以鼓励承包方节约工程费用的开支，降低成本。

(3) 成本加奖罚

这种合同计价方式可以促使承包方关心和降低成本，缩短工期，而且目标成本可以随着设计的进展而加以调整，所以发承包双方都不会承担太大的风险，故这种合同计价方式应用较多。

(4) 最高限额成本加固定最大酬金

这种合同计价方式有利于控制工程投资，并能鼓励承包方最大限度地降低工程成本。

重要考点

1. 固定价；
2. 可调价；
3. 成本加酬金；
4. 影响合同计价方式选择的因素；
5. 建设工程招标投标计价方法；
6. 建设工程招标投标价格；
7. 标底价格的概念；
8. 标底价格的编制原则、依据和步骤；
9. 标底文件的主要内容；
10. 标底表格；
11. 标底价格的编制；
12. 标底价格的审查；
13. 投标报价计算的原则；
14. 投标报价工作的主要内容；
15. 投标报价的策略。

答疑解析

1. 总价合同的主要特征是什么？

答：总价合同的主要特征：一是根据招标文件的要求由承包方实施全部工程任务，按承包方在投标报价中提出的总价确定；二是拟实施项目的工程性质和工程量应在事先基本确定。显然，总价合同对承包方具有一定的风险。

2. 总价合同适用范围是什么？

答：通常采用这种合同时，必须明确工程承包合同标的物的详细内容及其各种技术经济指标，一方面承包方在投标报价时要仔细分析风险因素，需在报价中考虑一定的风险费；另一方面发包方也考虑到使承包方承担的风险是可以承受的，以获得合格而又有竞争力的投标人。

3. 单价合同的执行原则是什么？

答：单价合同的执行原则是，工程量清单中的分部分项工程量在合同实施过程中允许有上下的浮动变化，但分部分项工程的合同单价不变，结算支付时以实际完成工程量为依据。

4. 单价合同的工程量怎么确定？

答：单价合同的工程量清单内所列出的分部分项工程的工程量为估计工程量，而非准确工程量。

5. 固定价的概念是什么？

答：固定价，是指合同总价或单价，在合同约定的风险范围内不可调整，即在合同的实施期不因资源价格等因素的变化而调整的价格。

6. 合同总价如何变动？

答：合同总价只有在设计和工程范围发生变更的情况下才能随之作相应的变更，除此之外，合同总价一般不能变动。

7. 采用固定总价合同有哪些风险？

答：采用固定总价合同，承包方要承担合同履行过程中的主要风险，要承担实物工程量、工程单价等变化而可能造成损失的风险。

8. 估算工程量单价合同是以什么为基础和依据来计算合同价格的？

答：估算工程量单价合同是以工程量清单和工程单价表为基础和依据来计算合同价格的，亦可称为计量估合同。

9. 估算工程量单价合同通常是由谁提出工程量清单，列出分部分项工程量，由谁以此为基础填报相应单价，累计计算后得出合同价格？

答：估算工程量单价合同通常是由发包方提出工程量清单，列出分部分项工程量，由承包方以此为基础填报相应单价，累计计算后得出合同价格。

10. 估算工程量单价合同最后的工程结算价应该怎么办？

答：估算工程量单价合同最后的工程结算价应按照实际完成的工程量来计算，即按合同中的分部分项工程单价和实际工程量，计算得出工程结算和支付的工程总价格。

11. 采用估算工程量单价合同时，要求实际完成的工程量与原估计的工程量不能有实质性的变更，怎么理解？

答：采用估算工程量单价合同时，要求实际完成的工程量与原估计的工程量不能有实质性的变更。因为承包方给出的单价是以相应的工程量为基础的，如果工程量大幅度增减可能影响工程成本。不过在实践中往往很难确定工程量究竟有多大范围的变更才算实质性变更，这是采用这种合同计价方式需要考虑的一个问题。有些固定单价合同规定，如果实际工程量与报价表中的工程量相差超过±10%时，允许承包方调整合同单价。此外，也有些固定单价合同在材料价格变动较大时允许承包方调整单价。

12. 在什么情况下采用估算工程量单价合同？

答：估算工程量单价合同大多用于工期长、技术复杂、实施过程中可能发生各种不可预见因素较多的建设工程；或发包方为了缩短项目建设周期，如在初步设计完成后就拟进行施工招标的工程。在施工图不完整或当准备招标的工程项目内容、技术经济指标一时尚不能明确、具体予以规定时，往往要采用这种合同计价方式。

13. 纯单价合同计价方式主要适用于什么样的工程？

答：纯单价合同计价方式主要适用于没有施工图，工程量不明，却急需开工的紧迫工程。如设计单位来不及提供正式施工图纸，或虽有施工图但由于某些原因不能比较准确地计算工程量。当然，对于纯单价合同来说，发包方必须对工程范围的划分做出明确的规定，以使承包方能够合理地确定工程单价。

14. 什么是可调价？

答：可调价，是指合同总价或者单价，在合同实施期内根据合同约定的办法调整，即在合同的实施过程中可以按照约定，随资源价格等因素的变化而调整的价格。

15. 可调总价合同的总价怎么理解？

答：可调总价合同的总价一般也是以设计图纸及规定、规范为基础，在报价及签约时，按招标文件的要求和当时的物价计算合同总价。

16. 调总价适用于什么样的工程？

答：调总价适用于内容和技术经济指标规定很明确的项目，由于合同中列有调值条款，所以工期在一年以上的工程项目较适于采用这种合同计价方式。

17. 怎么理解合同单价的可调？

答：合同单价的可调，一般是在工程招标文件中规定。在合同中签订的单价，根据合同约定的条款，如在工程实施过程中物价发生变化等，可作调值。

18. 可调单价合同在合同中暂定单价怎么处理？

答：有的工程在招标或签约时，因某些不确定因素而在合同中暂定某些分部分项工程单价，在工程结算时，再根据实际情况和合同约定对合同单价进行调整，确定实际结算单价。

19. 成本加酬金合同怎么理解？

答：成本加酬金合同是将工程项目的实际投资划分成直接成本费和承包方完成工作后应得酬金两部分。工程实施过程中发生的直接成本费由发包方实报实销，再按合同约定的方式另外支付给承包方相应报酬。

20. 成本加酬金合同，计价方式主要适用于什么工程？

答：这种合同，计价方式主要适用于工程内容及技术经济指标尚未全面确定，投标报价的依据尚不充分的情况下，发包方因工期要求紧迫，必须发包的工程；或者发包方与承包方之间有着高度的信任，承包方在某些方面具有独特的技术、特长或经验。由于在签订合同时，发包方提供承包方准确报价所必需的资料，报价缺乏依据，因此，在合同内只能商定酬金的计算方法。成本加酬金合同广泛地适用于工作范围很难确定的工程和在设计完成之前就开始施工的工程。

21. 成本加酬金合同的明显缺点是什么？

答：以这种计价方式签订的工程承包合同，有两个明显缺点：一是发包方对工程总价不能实施有效的控制；一是承包方对降低成本也是不太感兴趣。因此，采用这种合同计价方式，其条款必须非常严格。

22. 采用成本加固定百分比酬金合同计价方式含义是什么？

答：采用成本加固定百分比酬金合同计价方式，承包方的实际成本实报实销，同时按照实际成本的固定百分比付给承包方一笔酬金。

23. 为什么很少采用成本加固定百分比酬金合同计价方式？

答：成本加固定百分比酬金合同计价方式，工程总价及付给承包方的酬金随工程成本而水涨船高，这不利于鼓励承包方降低成本，正是由于这种弊病所在，使得这种合同计价方式很少被采用。

24. 成本加固定金额酬金合同与成本加固定百分比酬金合同有什么不同？

答：合同计价方式与成本加固定百分比酬金合同相似。其不同之处仅在于在成本上所增加的费用是一笔固定金额的酬金。

25. 如何理解成本加奖罚合同？

答：在签订合同时双方事先约定该工程的预期成本或称目标成本和固定酬金，以及实际发生的成本与预期成本比较后的奖罚计算办法。

26. 成本加奖罚合同在合同实施后怎么办？

答：在合同实施后，根据工程实际成本的发生情况，确定奖罚的额度，当实际成本低于预期成本时，承包方除可获得实际成本补偿和酬金外，还可根据成本降低额得到一笔奖金；当实际成本大于预期成本时，承包方仅可得到实际成本补偿和酬金，并视实际成本高出预期成本的情况，被处以罚金。

27. 为什么采用成本加奖罚合同？

答：这种合同计价方式可以促使承包方关心和降低成本，缩短工期，而且目标成本可以随着设计的进展而加以调整，所以发承包双方都不会承担太大的风险，故这种合同计价方式应用较多。

28. 最高限额成本加固定最大酬金合同的优点是什么？

答：这种合同计价方式有利于控制工程投资，并能鼓励承包方最大限度地降低工程成本。

29. 影响合同计价方式选择的因素是什么？

答：项目的复杂程度、工程设计工作的深度、工程施工的难易程度、工程进度要求的紧迫程度。

30. 《建筑工程施工发包与承包计价管理办法》（中华人民共和国建设部令第107号）第五条规定：施工图预算、招标标底和投标报价由成本、利润和税金构成。其编制可以采用哪种方法？

答：《建筑工程施工发包与承包计价管理办法》（中华人民共和国建设部令第107号）第五条规定：施工图预算、招标标底和投标报价由成本、利润和税金构成。其编制可以采用工料单价法和综合单价法两种计价方法。

31. 怎么理解标底价格?

答：标底价格是招标人对拟招标工程事先确定的预期价格，而非交易价格。

32. 标底主要有哪些作用?

答：标底主要有两个作用：一是招标人发包工程的期望值，即招标人对建设工程价格的期望值；二是定标价的参考值，设有标底的招标工程，在评标时应当参考标底。

33. 如果设有标底，投标报价时要研究招标文件中评标时如何使用标底?

答：一是以靠近标底者得分最高，则报价就无需追求最低标价；二是标底价只作为招标人的期望，但仍要求低价中标，这时，报标人就要努力采取措施，使标价最具竞争力（最低价），又能使报价不低于成本，即能获得理想的利润。

34. 中标人的投标应符合哪些条件?

答：应符合两个条件之一，一是"最大限度地满足招标文件中规定的各项综合评价标准"，该评价标准中当然包含投标报价；二是"能够满足招标文件的实质性要求，并且经评审的投标价格最低，但是投标价低于成本的除外"。

35. 中标价必须是经评审的最低报价，但不得低于成本。那么如何界定成本?

答：如果有招标标底的，可以用两种办法确定：一是招标标底扣除招标人拟允许投标人获得的利润（或类似工程的社会平均利润水平统计资料）；二是把计算标底时的直接工程费与间接费相加便可得出成本。

36. 标底由哪些内容组成?

答：标底由成本、利润、税金等组成，一般应控制在批准的总概算及投资包干限额内。

37. 招标工程标底价格的编制分几步?

答：(1)准备工作；(2)收集编制资料；(3)计算标底价格；(4)审核标底价格。

38. 标底文件主要包括哪些内容?

答：(1)标底编制的综合说明；(2)标底价格；(3)主要人工、材料、机械设备用量表；(4)标底附件；(5)标底价格编制的有关表格。

39. 怎样理解标底价格?

答：工程标底价格是招标人控制建设投资、掌握招标工程造价的重要手段，工程标底价格在计算时应科学合理、计算准确和全面。应严格按照国家的有关政策、规定，科学公正地编制工程标底价格。

40. 标底价格的编制，除按设计图纸进行费用的计算外，还需考虑图纸以外的费用，包括什么?

答：标底价格的编制，除按设计图纸进行费用的计算外，还需考虑图纸以外的费用，包括由合同条件、现场条件、主要施工方案、施工措施等所产生费用的取定。

41. 标底价格审查方法主要有哪些?

答：标底价格审查方法主要有全面审查法、重点审查法、分解对比审查法、分组计算审查法、标准预算审查法、筛选法、应用手册审查法等。

42. 怎么计算复核或计算工程量?

答：工程招标文件中若提供有工程量清单，投标价格计算之前，要对工程量进行校核。若招标文件中没有提供工程量清单，则须根据设计图纸计算全部工程量。如果招标文件对工程量计算方法有规定，应按规定的方法进行计算。

43. 怎样确定投标价格？

答：调整投标价格应当建立在对工程盈亏分析的基础上，盈亏预测应用多种方法从多角度进行，找出计算中的问题以及分析可以通过采取哪些措施降低成本、增加盈利，确定最后的投标报价。

44. 什么是多方案报价法？

答：运用多方案报价法，是要在充分估计投标风险的基础上，按多个投标方案进行报价，即在投标文件中报两个价，按原工程说明书和合同条件报一个价；然后再提出如果工程说明书或合同条件可作某些改变时的另一个较低的报价（需加以注释）。

45. 怎么理解先亏后盈法？

答：如想占领某一市场或想在某一地区打开局面，可能会采用这种不惜代价、降低投标价格的手段，目的是以低价甚至亏本进行投标，只求中标。

例题解析

一、单项选择题

1. 对于没有施工图，工程量不明，却急需开工的紧迫工程，发包方宜采用（　　）合同。

　　A. 纯单价　　　　　　　　　　B. 估计工程量单价
　　C. 固定总价　　　　　　　　　D. 可调总价

答案：A

【解析】 纯单价，采用这种计价方式的合同时。即在招标文件中仅给出工程内各个分部分项工程一览表、工程范围和必要的说明，而不必提供实物工程量。承包方在投标时只需要对这类给定范围的分部分项工程做出报价即可，合同实施过程中按实际完成的工程量进行结算。

这种合同计价方式主要适用于没有施工图，工程量不明，却急需开工的紧迫工程。

2. 对于承包商来说，下列合同中风险最小的是（　　）合同。

　　A. 可调总价　　　　　　　　　B. 可调单价
　　C. 成本加奖罚　　　　　　　　D. 成本加固定金额酬金

答案：D

【解析】 根据四个备选答案来看，对于承包商来说应该选成本加固定金额酬金这种合同计价方式可以促使承包方关心和降低成本，缩短工期，而且目标成本可以随着设计的进展而加以调整，所以发承包双方都不会承担太大的风险，故这种合同计价方式应用较多。

3. 估算工程量单价合同结算工程价款的主要依据是投标单价和（　　）。

　　A. 工程量清单中提供的工程量
　　B. 承包人投标书中填报的工程量
　　C. 按合同及设计文件要求实际完成的工程量
　　D. 工程标底计算所依据的工程量

答案：C

【解析】 估算工程量单价：这种合同是以工程量清单和工程单价表为基础和依据来计算合同价格的，亦可称为计量估价合同。估算工程量单价合同通常是由发包方提出工程量清单，列出分部分项工程量，由承包方以此为基础填报相应单价，累计计算后得出合同价格。但最后的工程结算价应按照实际完成的工程量来计算，即按合同中的分部分项工程单价和实际工程量，计算得出工程结算和支付的工程总价格。

估算工程量单价合同大多用于工期长、技术复杂、实施过程中可能会发生各种不可预见因素较多的建设工程；或发包方为了缩短项目建设周期。在施工图不完整或当准备招标的工程项目内容、技术经济指标尚不能明确、具体予以规定时，往往要采用这种合同计价方式。

4. 从支付工程款的时间顺序出发，投标人对土方分项工程和电气设备安装分项工程采用不平衡报价时，应遵循的原则是(   )。

A. 土方分项工程单价适当提高，电气安装分项工程单价适当降低
B. 土方分项工程单价适当降低，电气安装分项工程单价适当提高
C. 两者单价均适当提高
D. 两者单价均适当降低

答案：A

【解析】 不平衡报价是单价合同投标报价中常见的一种方法。

(1) 对能早期得到结算付款的分部分项工程的单价定得较高，对后期的施工分项单价适当降低。

(2) 估计施工中工程量可能会增加的项目，单价提高；工程量会减少的项目单价降低。

(3) 设计图纸不明确或有错误的，估计今后修改后工程量会增加的项目，单价提高；工程内容说明不清的，单价降低。

(4) 没有工程量，只填单价的项目，其单价提高些，这样做既不影响投标总价，以后发生时承包人又可多获利。

(5) 对于暂列数额(或工程)，预计会做的可能性较大，价格定高些，估计不一定发生的则单价低些。

(6) 零星用工(计日工)的报价高于一般分部分项工程中的工资单价，因它不属于承包总价的范围，发生时实报实销，价高些会多获利。

5. 不能促使承包商降低工程成本，甚至还可能"鼓励"承包商增大工程成本的合同形式是(   )。

A. 成本加固定金额酬金合同　　B. 成本加固定百分比酬金合同
C. 成本加奖罚合同　　　　　　D. 最高限额成本加固定最大酬金合同

答案：B

【解析】 成本加固定百分比酬金合同。这种合同计价方式，工程总价及付给承包方的酬金随工程成本而水涨船高，这不利于鼓励承包方降低成本，正是由于这种弊病所在，使得这种合同计价方式很少被采用。

6. 下列关于中标人的投标报价和合同价关系的表述中，正确的是(   )。

A. 合同价应低于中标人的投标报价
B. 中标人的投标报价扣除下浮比例后等于合同价
C. 中标人的投标报价是签订合同的价格依据
D. 合同价等于中标人的投标报价与标底价格的平均值

答案：C

【解析】 投标报价：投标人为了得到工程施工承包的资格，按照招标人在招标文件中的要求进行估价，然后根据投标策略确定投标价格，以争取中标并通过工程实施取得经济效益。因此投标报价是卖方的要价，如果中标，这个价格就是合同谈判和签订合同确定工程价格的基础。编制投标报价的依据应是企业定额。编制投标报价之前还要认真研究招标文件及工程量清单。

7. 对于承包商来说，风险最大的合同计价形式为（　　）合同。
   A. 可调总价 B. 固定总价
   C. 成本加酬金 D. 估算工程量单价

答案：B

【解析】 固定总价合同的价格计算是以设计图纸、工程量及规范等为依据，发承包双方就承包工程协商一个固定的总价，即承包方按投标时发包方接受的合同价格实施工程，并一笔包死，无特定情况不作变化。采用固定总价合同，承包方承担合同履行过程中的主要风险，要承担实物工程量、工程单价等变化而可能造成的损失的风险。

8. 固定价在合同的实施期间不因（　　）等因素的变化而调整价格。
   A. 资源价格 B. 供应价格 C. 市场价格 D. 国际价格

答案：A

【解析】 固定价，是指合同总价或者单价，在合同约定的风险范围内不可调整，即在合同的实施期间不因资源价格等因素的变化而调整的价格。

9. 某施工项目，发包方与承包方按固定总价签订了工程承包合同，合同实施过程中可以对合同总价做相应变更的情况是（　　）。
   A. 人工费上涨 B. 定额消耗量变化
   C. 遇雨季导致工期延长 D. 工程范围调整

答案：D

【解析】 采用固定总价合同，合同总价只有在设计和工程范围发生变更的情况下才能随之作相应的变更。

10. 单价法和实物法编制施工图预算的主要区别是（　　）。
    A. 计算工程量的方法不同 B. 计算利税的方法不同
    C. 计算直接费的方法不同 D. 计算其他直接费、间接费的方法不同

答案：C

【解析】 单价法编制施工图预算时计算直接费采用的公式为：
单位工程施工图预算直接费＝∑（工程量×预算综合单价）
而实物法编制施工图预算时计算直接费采用的公式为：
单位工程预算直接费＝∑（工程量×人工预算定额用量×当时当地人工工资单价）
　　　　　　　　＋∑（工程量×材料预算定额用量×当时当地材料预算价格）

$+\Sigma$（工程量×施工机械台班预算定额用量
×当时当地机械台班单价）

11. 采用估算工程量单价合同时，工程款的结算是按（　　）计算确定的。
    A. 业主提供的工程量及承包商所填报的单价
    B. 业主提供的工程量及实际发生的单价
    C. 实际完成的工程量及承包商所填报的单价
    D. 实际完成的工程量及实际发生的单价

答案：C

【解析】 估算工程量单价：最后的工程结算价应按照实际完成的工程量来计算，即按合同中的分部分项工程单价和实际工程量，计算得出工程结算和支付的工程总价格。

12. 中标价必须是经评审的最低报价，但不得低于（　　）。
    A. 直接成本价　　B. 标底价　　C. 预算价　　D. 成本

答案：D

【解析】 中标价必须是经评审的最低报价，但不得低于成本。那么如何界定成本，如果有招标标底的，可以用两种办法确定：一是招标标底扣除招标人拟允许投标人获得的利润（或类似工程的社会平均利润水平统计资料）；二是把计算标底时的直接工程费与间接费相加便可得出成本。

13. 工料单价法与综合单价法的主要区别是（　　）
    A. 确定直接费的方法不同　　　　B. 确定其他直接费的方法不同
    C. 单价中所包含的费用内容不同　　D. 参照的定额不同

答案：C

【解析】 根据工料单价法与综合单价法的定义可看出单价中所包含的费用内容不同。

14. 标底是指招标人根据招标项目的具体情况，编制的完成招标项目所需的全部费用，是依据国家规定的计价依据和计价办法计算出来的工程造价，是招标人对建设工程的（　　）。
    A. 最高限价　　B. 控制指标　　C. 期望价格　　D. 市场价格

答案：C

【解析】 标底是指招标人根据招标项目的具体情况，编制的完成招标项目所需的全部费用，是依据国家规定的计价依据和计价办法计算出来的工程造价，是招标人对建设工程的期望价格。

15. （　　）没有明确规定招标工程是否必须设置标底价格，招标人可根据工程的实际情况自己决定是否需要编制标底价格。
    A.《招标投标法》　B.《建筑法》　C.《计价依据》　D.《价格法》

答案：A

【解析】《招标投标法》没有明确规定招标工程是否必须设置标底价格，招标人可根据工程的实际情况自己决定是否需要编制标底价格。一般情况下，即使采用无标底招标方式进行工程招标，招标人在招标时还是需要对招标工程的建造费用做出估计，使心中有一基本价格底数，同时由此也可对各个投标报价的合理性做出理性的判断。

16. 如果招标文件规定，中标价必须是经评审的最低报价，则投标人在报价时，应兼顾投标中的竞争力与中标后的利润，在计算报价是，宜（　　）。

  A. 以预算定额为报价基础，再进行适当让利

  B. 以概算定额为报价基础，再适当让利

  C. 以市场类似项目为报价基础

  D. 以企业自身的技术与管理水平为报价基础

  答案：D

【解析】 编制投标报价的依据应是企业定额，该定额由企业自己编制，是自身技术水平和管理能力的体现。

17. 计算单价时，应将构成分部分项工程的所有费用项目都归入其中。人工、材料、机械费用应是根据分部分项工程的人工、材料、机械消耗量及其相应的（　　）计算而得。

  A. 定额价格　　　　　　　　B. 市场价格

  C. 规定价格　　　　　　　　D. 当地造价部门发布价格

  答案：B

【解析】 计算单价时，应将构成分部分项工程的所有费用项目都归入其中。人工、材料、机械费用应是根据分部分项工程的人工、材料、机械消耗量及其相应的市场价格计算而得。一般来说，承包企业应建立自己的标准价格数据库，并据此计算工程的投标价格。在应用单价数据库针对某一具体工程进行投标报价时，需要对选用的单价进行审核评价与调整，使之符合拟投标工程的实际情况，反映市场价格的变化。

18. 为了得到工程施工的承包资格，需按招标文件的要求进行报价，投标价格是投标人确定的（　　）。

  A. 招标人的预期价格　　　　B. 招标工程的概算价格

  C. 招标工程社会平均水平的建造价格　　D. 招标工程卖方的要价

  答案：D

【解析】 投标人为了得到工程施工承包的资格，按照招标人在招标文件中的要求进行估价，然后根据投标策略确定投标价格，以争取中标并通过工程实施取得经济效益。因此投标报价是卖方的要价，如果中标，这个价格就是合同谈判和签订合同确定工程价格的基础。

19. （　　）是招标人控制建设投资、掌握招标工程造价的重要手段，在计算时应科学合理、计算准确和全面。应严格按照国家的有关政策、规定，科学公正地编制。

  A. 最高限价　　B. 概算　　　C. 工程标底价格　　D. 中标价

  答案：C

【解析】 工程标底价格是招标人控制建设投资、掌握招标工程造价的重要手段，工程标底价格在计算时应科学合理、计算准确和全面。应严格按照国家的有关政策、规定，科学公正地编制工程标底价格。

20. 当工程总报价确定后，通过调整工程量清单内某些项目的单价，使其不影响中标，但又能在结算时获得较好的经济效益的投标报价技巧称为（　　）。

  A. 多方案报价法　B. 不平衡报价法　C. 先亏后盈法　D. 内部协调法

  答案：B

【解析】 所谓不平衡报价法，就是在不影响投标总报价的前提下，将某些分布分项工

程的单价定得比正常水平高一些，某些分布分项工程的单价定得比正常水平低一些。

21. 不平衡报价时，零星用工（计日工）的报价（　　）。

　　A. 低于一般分部分项工程中的工资单价，因它不属于承包总价的范围
　　B. 高于一般分部分项工程中的工资单价，因它属于承包总价的范围
　　C. 发生时不能实报实销，故少报，不会多获利
　　D. 高于一般分部分项工程中的工资单价，因它不属于承包总价的范围，发生时实报实销，价高些会多获利

答案：D

【解析】 不平衡报价时，零星用工（计日工）的报价高于一般分部分项工程中的工资单价，因它不属于承包总价的范围，发生时实报实销，价高些会多获利。

二、多项选择题

1. 根据建设部《建筑工程施工发包与承包计价管理办法》（第107号部令）的规定，发包与承包价的计算方法有（　　）。

　　A. 工料单价法　　　　　　B. 综合单价法
　　C. 预算单价法　　　　　　D. 概算单价法
　　E. 实物单价法

答案：A、B

【解析】《建筑工程施工发包与承包计价管理办法》（中华人民共和国建设部令第107号）第五条规定了：施工图预算、招标标底和投标报价由成本、利润和税金构成。其编制可以采用工料单价法和综合单价法两种计价方法。

2. 当实际工程量与估计工程量没有实质性差别时，工程量变动风险由承包方承担的合同形式包括（　　）。

　　A. 固定总价合同　　　　　B. 纯单价合同
　　C. 可调总价合同　　　　　D. 成本加固定金额酬金合同
　　E. 成本加固定百分比酬金合同

答案：A、C

【解析】 固定总价合同的价格计算是以设计图纸、工程量及规范等为依据，发承包双方就承包工程协商一个固定的总价，即承包方按投标时发包方接受的合同价格实施工程，并一笔包死，无特定情况不作变化。

可调总价合同的总价一般也是以设计图纸及规定、规范为基础，在报价及签约时，按招标文件的要求和当时的物价计算合同总价Q。但合同总价是一个相对固定的价格，在合同执行过程中，由于通货膨胀而使所用的工料成本增加，可对合同总价进行相应的调整。

可调总价适用于工程内容和技术经济指标规定很明确的项目，由于合同中列有调值条款，所以工期在一年以上的工程项目较适于采用这种合同计价方式。

3. 对于估算工程量单价合同，下列说法正确的有（　　）。

　　A. 要求实际完成的工程量与原估计的工程量不能有实质的变更
　　B. 适用于工期紧迫、急需开工的项目
　　C. 适用于工程项目内容、经济指标一时不能明确的项目
　　D. 当实际工程量与清单中所列工程量超过约定的范围、允许对单价进行调整

E. 可以避免使发包或承包的任何一方承担过大的风险

答案：A、D、E

【解析】 采用估算工程量单价合同，要求实际完成的工程量与原估计的工程量不能有实质的变更，因为承包方给出的是以相应的工程量为基础的，如果工程量幅度增减可能影响工程成本；当实际工程量与清单中所列工程量超过约定的范围，允许对单价进行调整，可以避免使发包或承包的任何一方承担过大的风险。

4. 可调总价适用于(　　)规定很明确的项目，由于合同中列有调值条款，所以工期在一年以上的工程项目较适于采用这种合同计价方式。

　　A. 工程内容　　　　　　　　B. 工程特征
　　C. 技术经济指标　　　　　　D. 合同内容
　　E. 概算定额

答案：A、C

【解析】 可调总价适用于工程内容和技术经济指标规定很明确的项目，由于合同中列有调值条款，所以工期在一年以上的工程项目较适于采用这种合同计价方式。

5. 成本加酬金以这种计价方式签订的工程承包合同，有明显缺点是(　　)。

　　A. 承包方对工程总价不能实施有效的控制
　　B. 发包方对工程总价不能实施有效的控制
　　C. 监理方对工程总价不能实施有效的控制
　　D. 承包方对降低成本也不太感兴趣
　　E. 发包方对降低成本也不太感兴趣

答案：B、D

【解析】 成本加酬金：以这种计价方式签订的工程承包合同，有两个明显缺点：一是发包方对工程总价不能实施有效的控制；二是承包方对降低成本也不太感兴趣。因此，采用这种合同计价方式，其条款必须非常严格。

6. 《建筑工程施工发包与承包计价管理办法》(中华人民共和国建设部令第107号)第五条规定了施工图预算、招标标底和投标报价由(　　)构成。

　　A. 成本　　　B. 利润　　　C. 差价　　　D. 税金
　　E. 费用

答案：A、B、D

【解析】《建筑工程施工发包与承包计价管理办法》(中华人民共和国建设部令第107号)第五条规定了：施工图预算、招标标底和投标报价由成本、利润和税金构成。其编制可以采用工料单价法和综合单价法两种计价方法。

7. 在工程实践中，选用总价合同、单价合同还是成本加酬金合同形式，需综合考虑(　　)等因素后确定。

　　A. 项目的复杂程度　　　　　　B. 工程设计工作的深度
　　C. 工程施工的难易程度　　　　D. 工程进度要求的紧迫程度
　　E. 业主、监理单位、承包商之间的信任程度

答案：A、B、C、D

【解析】 影响合同计价方式选择的因素。

(1) 项目的复杂程度

(2) 工程设计工作的深度

(3) 工程施工的难易程度

(4) 工程进度要求的紧迫程度

8. 纯单价合同计价方式主要适用于( )工程。

　　A. 没有施工图　　B. 工程简单　　C. 工程量不明　　D. 资金不足

　　E. 急需开工

答案：A、C、E

【解析】 纯单价计价方式的合同，在招标文件中仅给出工程分部分项工程一览表、工程范围和必要的说明，而不必提供实物工程量。承包方在投标时只需要对这类给定范围的分部分项工程做出报价即可，合同实施过程中按实际完成的工程量进行结算。

这种合同计价方式主要适用于没有施工图，工程量不明，却急需开工的紧迫工程。

9. 按照酬金的计算方式不同，成本加酬金合同又分为( )几种形式。

　　A. 成本加固定百分比酬金　　　　B. 成本加奖罚

　　C. 成本加固定金额酬金　　　　　D. 固定成本加固定酬金

　　E. 最高限额成本加固定最大酬金

答案：A、B、C、E

【解析】 按照酬金的计算方式不同，成本加酬金合同又分为以下几种形式：

(1) 成本加固定百分比酬金；

(2) 成本加固定金额酬金；

(3) 成本加奖罚；

(4) 最高限额成本加固定最大酬金。

10. 《建筑工程施工发包与承包计价管理办法》(建设部令第107号)规定，建设工程招标投标的计价可采用( )。

　　A. 工料单价法　　B. 实物单价法　　C. 工程量清单法　　D. 综合单价法

　　E. 定额指标法

答案：A、D

【解析】《建筑工程施工发包与承包计价管理办法》(中华人民共和国建设部令第107号)第五条规定了：施工图预算、招标标底和投标报价由成本、利润和税金构成。其编制可以采用工料单价法和综合单价法两种计价方法。

11. 招标投标定价方式( )。

　　A. 也是一种工程价格的定价方式，在定价的过程中，招标文件及标底价均可认为是发包人的定价意图

　　B. 投标报价可认为是承包人的定价意图

　　C. 中标价可认为是两方都可接受的价格

　　D. 标底价，即为决标价，即签订合同的价格依据

　　E. 在合同中予以确定，合同价便具有法律效力

答案：A、B、C、E

【解析】 招标投标定价方式也是一种工程价格的定价方式，在定价的过程中，招标文

件及标底价均可认为是发包人的定价意图;投标报价可认为是承包人的定价意图;中标价可认为是两方都可接受的价格。在合同中予以确定,合同价便具有法律效力。

12. 标底价格的审查方法类似于施工图预算的审查方法,主要有( )等。
   A. 含量审查法　　B. 全面审查法　　C. 重点审查法　　D. 分解对比审查法
   E. 分组计算审查法
   答案:B、C、D、E
   【解析】 标底价格的审查方法类似于施工图预算的审查方法,主要有:全面审查法、重点审查法、分解对比审查法、分组计算审查法、标准预算审查法、筛选法、应用手册审查法等。

13. 投标报价工作的主要内容( )。
   A. 复核或计算工程量　　　　　　B. 确定分包工程费
   C. 确定单价,计算合价　　　　　D. 确定利润
   E. 确定主材
   答案:A、B、C、D
   【解析】 投标报价工作的主要内容:(1)复核或计算工程量;(2)确定单价,计算合价;(3)确定分包工程费;(4)确定利润;(5)确定风险费;(6)确定投标价格。

14. 标底文件的主要内容( )。
   A. 标底编制的综合说明　　　　　B. 标底价格
   C. 工程量清单　　　　　　　　　D. 主要人工、材料、机械设备用量表
   E. 分包工程费用表
   答案:A、B、C、D
   【解析】 标底文件的主要内容:
   (1)标底编制的综合说明。
   (2)标底价格,包括标底价格审定书、工程量清单、标底价格计算书、现场因素和施工措施费明细表、工程风险金测算明细表、主要材料用量表等。
   (3)主要人工、材料、机械设备用量表。
   (4)标底附件,包括各项交底纪要、各种材料及设备的价格来源、现场的地质、水文、地上情况的有关资料、编制标底价格所依据的施工方案和施工组织设计、特殊施工方法等。
   (5)标底价格编制的有关表格。

15. 标底应由( )等组成,一般应控制在批准的建设工程投资估算或总概算(修正概算)价格以内。
   A. 技术措施费　　B. 直接工程费　　C. 间接费　　D. 利润
   E. 税金
   答案:B、C、D、E
   【解析】 标底应由直接工程费、间接费、利润、税金等组成,一般应控制在批准的建设工程投资估算或总概算(修正概算)价格以内。

16. 对设置标底价格的招标工程,标底价格是招标人的预期价格,对工程招标阶段的工作有着一定的作用。标底价格是( )。

A. 衡量、评审投标人施工组织设计的尺度和依据
B. 招标人控制建设工程投资、确定工程合同价格的参考依据
C. 衡量、评审投标人中标的唯一的尺度和依据
D. 招标人控制建设工程投资、确定工程合同价格的主要依据
E. 衡量、评审投标人投标报价是否合理的尺度和依据

答案：B、E

【解析】 对设置标底价格的招标工程，标底价格是招标人的预期价格，对工程招标阶段的工作有着一定的作用。
(1) 标底价格是招标人控制建设工程投资、确定工程合同价格的参考依据。
(2) 标底价格是衡量、评审投标人投标报价是否合理的尺度和依据。

17. 编制标底需考虑的其他因素（   ）。
A. 把目标工期对照正常工期，按提前天数给出必要的赶工费和奖励，并列入标底价格
B. 标底价格的计算应体现优质优价的客观实际
C. 费用的计取应反映企业和市场的现实情况
D. 标底价格不必考虑招标工程所处的自然地理条件和招标工程的范围等因素
E. 标底价格应根据招标文件或合同条件的规定，按规定的工程发承包模式，确定相应的计价方式，考虑相应的风险费用

答案：A、B、C、E

【解析】 编制标底需考虑的其他因素
(1) 标底价格必须适应目标工期的要求，对提前工期因素有所反映。
把目标工期对照正常工期，按提前天数给出必要的赶工费和奖励，并列入标底价格。
(2) 标底价格必须适应招标人的质量要求，对高于国家验收规范的质量因素有所反映。
标底价格的计算应体现优质优价的客观实际。
(3) 标底价格计算时，必须合理确定间接费、利润等费用的计取。
费用的计取应反映企业和市场的现实情况。
(4) 标底价格应根据招标文件或合同条件的规定，按规定的工程发承包模式，确定相应的计价方式，考虑相应的风险费用。
(5) 标底价格必须综合考虑招标工程所处的自然地理条件和招标工程的范围等因素。
总之，要正确处理招标人与投标人的利益关系，坚持公平、公正、公开、客观统一的基本原则。

实战练习题

一、单项选择题

1. 总价合同是指支付给承包方的工程款项在承包合同中是一个规定的金额，即总价。它是以（   ）为依据，由承包方与发包方经过协商确定的。

A. 合同 B. 预算
　　C. 甲仪双方约定 D. 设计图纸和工程说明书
2. 在所有形式的总价合同文件中，（　　）尤为重要。
　　A. 施工说明书 B. 预算
　　C. 施工组织设计 D. 设计图纸和工程说明书
3. 单价合同的执行原则是，工程量清单中的分部分项工程量在合同实施过程中（　　），但分部分项工程的合同单价不变，结算支付时以实际完成工程量为依据。
　　A. 不允许有上下的浮动变化 B. 允许有上下的浮动变化
　　C. 可以随意上下的浮动变化 D. 是一个变量
4. 采用固定总价合同，合同总价只有在（　　）的情况下才能随之作相应的变更，除此之外合同总价一般不能变动。
　　A. 设计发生变更 B. 设计和工程范围发生变更
　　C. 工程范围发生变更 D. 双方都同意
5. 在固定总价合同执行过程中，发承包双方均不能以（　　）变动为理由，提出对合同总价调值的要求。
　　A. 工程量 B. 工程量、设备和材料价格、工资等
　　C. 工资 D. 材料价格
6. 这种估算工程量单价合同是以工程量清单和工程单价表为基础和依据来计算合同价格的，亦可称为（　　）。
　　A. 纯单价合同 B. 计量估价合同
　　C. 固定总价合同 D. 估价计量合同
7. 对于纯单价合同来说，发包方必须对（　　）做出明确的规定，以使承包方能够合理地确定工程单价。
　　A. 工程设计 B. 工程范围的划分
　　C. 施工组织设计 D. 变更设计
8. 可调总价合同的（　　），只是在合同条款中增加调价条款，如果出现通货膨胀这一不可预见的费用要素，合同总价就可按约定的调价条款作响应调整。
　　A. 合同总价也变 B. 合同总价不变
　　C. 相当固定总价 D. 相当估算工程量单价
9. 合同单价的可调，一般是在（　　）规定。
　　A. 合同中 B. 工程招标文件中
　　C. 协议中 D. 施工组织设计中
10. 采用成本加酬金合同，由于在签订合同时，发包方提供不出可供承包方准确报价所必需的资料，报价缺乏依据，因此，在合同内只能（　　）。
　　A. 商定可调总价 B. 商定酬金的计算方法
　　C. 商定可调单价 D. 商定施工范围
11. 总价合同是指支付给承包方的工程款项在承包合同中是一个规定的金额，即总价。它是以设计图纸和工程说明书为依据，由（　　）确定的。
　　A. 招标 B. 监理工程师

C. 发包方　　　　　　　　　　　D. 承包方与发包方经过协商

12. 一般情况下，综合单价法比（　　）能更好地控制工程价格，使工程价格接近市场行情，有利于竞争，同时也有利于降低建设工程投资。
    A. 固定价法　　B. 总价法　　C. 预算单价法　　D. 工料单价法

13. 《建筑工程施工发包与承包计价管理办法》（中华人民共和国建设部令第 107 号）第五条规定了：施工图预算、招标标底和投标报价，其编制可以采用工料单价法和（　　）计价方法。
    A. 综合单价法　　　　　　　B. 市场公认价法
    C. 套定额法　　　　　　　　D. 实物量法

14. 评标定价时，中标价必须是（　　）。
    A. 经评审的最低报价
    B. 不得低于成本
    C. 经评审的最低报价，但可以低于成本
    D. 经评审的最低报价，但不得低于成本

15. 标底价格的计价内容，包括承包范围、（　　）及招标文件的其他有关条款。
    A. 招标文件规定的计价方法　　B. 工程图纸
    C. 工期　　　　　　　　　　　D. 质量

16. 对设置标底价格的招标工程，标底价格是招标人的（　　），对工程招标阶段的工作有着一定的作用。
    A. 预期价格　　B. 中标价　　C. 市场价　　D. 投标价

17. 投标报价时承包人应根据（　　）确定在该工程上的利润率。
    A. 市场竞争情况　　B. 工程大小　　C. 当前利息率　　D. 要求工期长短

18. 单价合同是指（　　）内的分部分项工程内容填报单价，并据此签订承包合同，而实际总价则是按实际完成的工程量与合同单价计算确定，合同履行过程中无特殊情况，一般不得变更单价。
    A. 承包方提供的工程量清单　　B. 承包方中标的工程量清单
    C. 承包方按发包方提供的工程量清单　　D. 监理工程师提供的工程量清单

19. 估算工程量单价合同，在最后的工程结算价时按照（　　）计算。
    A. 发包方确定的工程量　　　　B. 监理工程师确定的工程量
    C. 承包方确定的工程量　　　　D. 实际完成的工程量

20. （　　）合同是承包方按投标时发包方接受的合同价格实施工程，并一笔包死，无特定情况不作变化。
    A. 固定单价　　B. 可调单价　　C. 可调总价　　D. 固定总价

21. 所谓不平衡报价，就是在不影响投标总报价的前提下，将（　　）定得比正常水平高一些，某些分部分项工程的单价定得比正常水平低一些。
    A. 某些分部分项工程的单价　　B. 综合单价
    C. 市场价　　　　　　　　　　D. 投标价

22. 工程招标文件中若提供有工程量清单，投标价格计算之前，要对（　　）。
    A. 暂定价核实　　B. 费用调整　　C. 工程量进行校核　　D. 市场价考核

23. 采用可调值总价合同，发包方承担（　　）的风险。
    A. 工程量因素　　B. 工期因素　　C. 通货膨胀因素　　D. 成本因素
24. 按照编制标底的原则，工程总承包的标底价格（　　）。
    A. 应控制在国家批准的投资估算限额以内
    B. 应控制在国家（或投资单位）建议的总投资限额以内
    C. 应控制在国家（或投资单位，或业主）批准的投资限额（建设工程总概算）以内
    D. 应控制在业主建议的总投资限额以内
25. 下列说法中，符合标底价格编制原则的是（　　）。
    A. 标底价格应由成本、税金组成，不包含利润部分
    B. 一个工程可根据投标企业的不同编制若干个标底价格
    C. 标底的计价依据可由编制单位自主选择
    D. 标底价格作为招标单位的期望计划价，应力求与市场的实际变化相吻合
26. 在按成本加酬金确定合同价时，最不利于降低成本的是（　　）。
    A. 成本加固定百分比酬金　　　　B. 成本加固定金额酬金
    C. 成本加奖罚金　　　　　　　　D. 成本加固定利润
27. 采用估算工程量单价合同时，最后工程的总价是按（　　）计算确定的。
    A. 业主提出的暂估工程量清单及承包商所填报的单价
    B. 业主提出的暂估工程量清单及其实际发生的单价
    C. 实际完成的工程量及承包商所填报的单价
    D. 实际完成的工程量及其实际发生的单价
28. EPC合同需由承包方完全承担工程和交付使用的责任，通常是采用（　　）合同。
    A. 估算工程量单价　　　　　　　B. 总价
    C. 成本加酬金　　　　　　　　　D. 纯单价
29. 采用工料单价法编制标底时，企业管理费、规费、利润和税金应按规定的（　　）确定。
    A. 费用定额　　B. 工程量　　C. 定额单价　　D. 总预算
30. （　　）是招标人对拟招标工程事先确定的预期价格，而非交易价格。
    A. 投标报价　　B. 标底价格　　C. 决标价　　D. 合同价

二、多项选择题
1. 工料单价法的计算程序分为（　　）。
    A. 以直接费为计算基础　　　　　B. 以人工费和机械费为计算基础
    C. 以人工费为计算基础　　　　　D. 以机械费为计算基础
    E. 以材料费和机械费为计算基础
2. 综合单价法使用的分部分项工程量的单价为全费用单价，经综合计算后生成，其内容包括（　　）。
    A. 直接工程费　　B. 间接费　　C. 利润　　D. 税金
    E. 并考虑风险因素
3. 综合单价法使用的措施费工程量的单价为全费用单价，经综合计算后生成，其内容包括（　　）。

A. 直接工程费　　B. 预备费　　C. 利润　　D. 税金

   E. 并考虑风险因素

4. 招标投标定价方式(　　)。

   A. 是一种工程价格的定价方式

   B. 在定价的过程中,招标文件及标底价均可认为是发包人的定价意图

   C. 投标报价可认为是承包人的定价意图

   D. 中标价可认为是两方都可接受的价格

   E. 是目前发承包的最好办法

5. 对标底的理解正确的是(　　)。

   A. 一般应控制在批准的总概算及投资包干限额内

   B. 是编制的完成招标项目所需的全部费用

   C. 是依据国家规定的计价依据和计价办法计算出来的工程造价

   D. 是招标人对建设工程的期望价格

   E. 标底由成本、税金等组成

6. 工程标底的编制,需要根据招标工程的具体情况,正确的是(　　)。

   A. 如果在工程招标时施工图设计已经完成,标底价格应按施工图纸进行编制

   B. 如果招标时只是完成了初步设计,标底价格只能按照初步设计图纸进行编制

   C. 如果招标时只有设计方案,标底价格可用每平方米造价指标或单位指标等进行编制

   D. 如果招标时只是完成了初步设计,标底价格可用每平方米造价指标或单位指标等进行编制

   E. 如果招标时只有设计方案,标底价格只能按照初步设计图纸进行编制

7. 编制一个比较理想的工程标底,应该怎么把握(　　)。

   A. 要把建设工程施工组织和规划做的比较深入、透彻,有一个比较先进、切合实际的施工规划方案

   B. 要认真分析拟采用的工程定额,认真分析行业总体的施工水平和可能前来投标企业的实际水平,比较合理地运用工程定额编制标底价格

   C. 要分析建筑市场的动态,比较切实地把握招标投标的形式

   D. 要符合招标文件的要求

   E. 要正确处理招标人与投标人的利益关系,坚持公平、公正、公开、客观统一的基本原则

8. 工程量清单的单价,即分部分项工程量的单价为全费用单价,综合了(　　)等的一切费用。

   A. 直接工程费　　B. 间接费　　C. 材差　　D. 税金

   E. 利润

9. 标底由(　　)等组成。

   A. 费用　　B. 成本　　C. 利润　　D. 税金

   E. 酬金

10. 工程的投标报价,是投标人按照招标文件中规定的各种因素和要求,根据本企业

的实际水平和能力、各种环境条件等，对承建投标工程所需的(　　)等进行计算后提出的报价。

　　A. 费率　　　　B. 成本　　　　C. 拟获利润　　　　D. 相应的风险费用
　　E. 工期

11. 投标报价计算的原则(　　)。
　　A. 以招标文件中设定的发承包双方的责任划分，作为考虑投标报价费用项目和费用计算的基础；根据工程发承包模式考虑投标报价的费用内容和计算深度
　　B. 以施工方案、技术措施等作为投标报价计算的基本条件
　　C. 以预算定额作为计算人工、材料和机械台班消耗量的基本依据
　　D. 充分利用现场考察、调研成果、市场价格信息和行情资料，编制定额价，确定调价方法
　　E. 报价计算方法要科学严谨，简明适用

12. 《建筑工程施工发包与承包计价管理办法》规定，合同价可以采用三种方式：(　　)。
　　A. 成本加奖金　　B. 可调价　　C. 固定价　　D. 成本加酬金
　　E. 固定加酬金

13. 固定总价合同的价格计算是以(　　)等为依据。
　　A. 变更　　　　B. 设计图纸　　　　C. 工程量　　　　D. 规范
　　E. 定额

14. 固定总价合同的适用条件一般为(　　)。
　　A. 招标时的设计深度已达到施工图设计要求，工程设计图纸完整齐全，项目范围及工程量计算依据确切
　　B. 合同履行过程中不会出现较大的设计变更，承包方依据的报价工程量与实际完成的工程量不会有较大的差异
　　C. 规模较小，技术不太复杂的中小型工程，承包方一般在报价时可以合理地预见到实施过程中可能遇到的各种风险
　　D. 没有施工图，工程量不明，却急需开工的紧迫工程
　　E. 合同工期较短，一般为工期在一年之内的工程

15. 招标工程标底价格和工程量清单由具有编制招标文件能力的招标人自行编制，也可委托具有相应资质和能力的(　　)编制。
　　A. 评估资产所　　　　　　　　B. 工程造价咨询机构
　　C. 招标代理机构　　　　　　　D. 监理单位
　　E. 工程造价管理站

16. 投标报价的策略有(　　)。
　　A. 多方案报价法　B. 不平衡报价　C. 突然降价法　D. 先亏后盈法
　　E. 最低利润法

17. 建设单位决定采用哪种合同形式，应根据(　　)因素综合考虑。
　　A. 设计工作深度　　　　　　　B. 工期长短
　　C. 质量要求的高低　　　　　　D. 工程规模、复杂程度
　　E. 施工单位的要求

18. 标底价格编制原则为( )等。
    A. 工程项目划分、计量单位、计算规则统一
    B. 计价内容、依据与招标文件完全一致
    C. 一个工程只能编制一个标底
    D. 标底必须在招标工作开始前完成
19. 招标单位在编制标底时需考虑的因素包括( )。
    A. 工期因素   B. 工程质量因素
    C. 材料价格因素   D. 本招标工程资金来源因素
    E. 本招标工程的自然地理条件和招标工程范围等因素
20. 标底文件的主要内容有( )。
    A. 标底附件   B. 标底编制的综合说明
    C. 确定所有分包工程费用   D. 标底价格
    E. 主要人工、材料、机械设备用量表

实战练习题答案

一、单项选择题

1. D; 2. A; 3. B; 4. B; 5. B; 6. B; 7. B; 8. B; 9. B; 10. B;
11. D; 12. D; 13. A; 14. D; 15. A; 16. A; 17. A; 18. C; 19. D; 20. D;
21. A; 22. C; 23. C; 24. C; 25. D; 26. A; 27. C; 28. B; 29. A; 30. B

二、多项选择题

1. A、B、C;	2. A、B、C、D;	3. A、C、D、E;	4. A、B、C、D;
5. A、B、C、D;	6. A、B、C;	7. A、B、C、E;	8. A、B、D、E;
9. B、C、D;	10. B、C、D;	11. A、B、C、E;	12. B、C、D;
13. B、C、D;	14. A、B、C、E;	15. B、C、D;	16. A、B、C、D;
17. A、B、D;	18. A、B、C;	19. A、B、C、E;	20. A、B、D、E

第七章 建设工程施工阶段的投资控制

📖 考纲分解

一、考纲要求：了解施工阶段投资控制的工作流程

考纲解析：注意业主、承包人、监理工程师、设计人员的工作内容流程。

具体考点：见书"施工阶段投资控制的工作流程"图。

二、考纲要求：熟悉资金使用计划的编制

考纲解析：应该注意时间——投资累计曲线。

具体考点：投资控制的目的是为了确保投资目标的实现。因此，监理工程师必须编制资金使用计划，合理地确定投资控制目标值。

（一）投资目标的分解

投资目标的分解可以分为按投资构成、按子项目、按时间分解三种类型。

1. 按投资构成分解的资金使用计划

工程项目的投资主要分为建筑安装工程投资、设备工器具购置投资及工程建设其他投资。

2. 按子项目分解的资金使用计划

要把项目总投资分解到单项工程和单位工程中。

另外，对各单位工程的建筑安装工程投资还需要进一步分解，在施工阶段一般可分解到分部分项工程。

3. 按时间进度分解的资金使用计划

为了编制项目资金使用计划，并据此筹措资金，尽可能减少资金占用和利息支出，有必要将项目总投资按其使用时间进行分解。

编制按时间进度的资金使用计划，通常可利用控制项目进度的网络图进一步扩充而得。

在编制网络计划时在充分考虑进度控制对项目划分要求的同时，还要考虑确定投资支出预算对项目划分的要求，做到二者兼顾。

（二）资金使用计划的形式

1. 按子项目分解得到的资金使用计划表

内容一般包括：

（1）工程分项编码；

（2）工程内容；

（3）计量单位；

(4) 工程数量；

(5) 计划综合单价；

(6) 本分项总计。

2. 时间——投资累计曲线

表示方式有两种：一种是在总体控制时标网络图上表示；另一种是利用时间——投资曲线(S形曲线)表示。

时间——投资累计曲线的绘制步骤如下：

(1) 确定工程项目进度计划，编制进度计划的横道图；

(2) 根据每单位时间内完成的实物工程量或投入的人力、物力和财力，计算单位时间(月或旬)的投资，在时标网络图上按时间编制投资支出计划；

(3) 计算规定时间 t 计划累计完成的投资额；

(4) 按各规定时间的 Q_t 值，绘制 S 形曲线。

3. 综合分解资金使用计划表

将投资目标的不同分解方法相结合，会得到比前者更为详尽、有效的综合分解资金使用计划表。

三、考纲要求：熟悉施工阶段投资控制的措施

考纲解析：特别是经济措施概念。

具体考点：对施工阶段的投资控制应给予足够的重视，仅仅靠控制工程款的支付是不够的，应从组织、经济、技术、合同等多方面采取措施，控制投资。

(一) 组织措施

(1) 在项目管理班子中落实从投资控制角度进行施工跟踪的人员任务分工和职能分工。

(2) 编制本阶段投资控制工作计划和详细的工作流程图。

(二) 经济措施

(1) 编制资金使用计划，确定、分解投资控制目标。对工程项目造价目标进行风险分析，并制定防范性对策。

(2) 进行工程计量。

(3) 复核工程付款账单，签发付款证书。

(4) 在施工过程中进行投资跟踪控制，定期地进行投资实际支出值与计划目标值的比较；发现偏差，分析产生偏差的原因，采取纠偏措施。

(5) 协商确定工程变更的价款，审核竣工结算。

(6) 对工程施工过程中的投资支出作好分析与预测，经常或定期向建设单位提交项目投资控制及其存在问题的报告。

(三) 技术措施

(1) 对设计变更进行技术经济比较，严格控制设计变更；

(2) 继续寻找通过设计挖潜节约投资的可能性；

(3) 审核承包商编制的施工组织设计，对主要施工方案进行技术经济分析。

(四) 合同措施

(1) 做好工程施工记录，保存各种文件图纸；特别是注有实际施工变更情况的图纸，

注意积累素材，为正确处理可能发生的索赔提供依据。参与处理索赔事宜。

（2）参与合同修改、补充工作，着重考虑它对投资控制的影响。

四、考纲要求：熟悉 FIDIC 合同条件下工程的变更与估价

考纲解析：注意变更权及变更程序、工程变更的估价。

具体考点：

1. 工程变更

（1）变更权

根据 FIDIC 施工合同条件（1999年第一版）的约定，在颁发工程接收证书前的任何时间，工程师可通过发布指示或要求承包商提交建议书的方式，提出变更。承包商应遵守并执行每项变更，除非承包商立即向工程师发出通知，说明（附详细根据）承包商难以取得变更所需的货物。工程师接到此类通知后，应取消、确认或改变原指示。

（2）变更程序

如果工程师在发出变更指示前要求承包商提出一份建议书，承包商应尽快做出书面回应，或提出他不能照办的理由（如果情况如此）。

2. 工程变更的估价

第一种情况：

（1）如果此项工作实际测量的工程量比工程量表或其他报表中规定的工程量的变动大于10%；

（2）工程量的变化与该项工作规定的费率的乘积超过了中标的合同金额的0.01%；

（3）由此工程量的变化直接造成该项工作单位成本的变动超过1%；

（4）这项工作不是合同中规定的"固定费率项目"。

第二种情况：

（1）此工作是根据变更与调整的指示进行的；

（2）合同没有规定此项工作的费率或价格；

（3）由于该项工作与合同中的任何工作没有类似的性质或不在类似的条件下进行，故没有一个规定的费率或价格适用。

五、考纲要求：熟悉常见的索赔内容

考纲解析：分承包商向业主的索赔、业主向承包商的索赔。特别是承包商向业主的索赔内容：工程延期的费用索赔、业主的风险、不可抗力等概念。

具体考点：

1. 承包商向业主的索赔

（1）不利的自然条件与人为障碍引起的索赔；

（2）工程变更引起的索赔；

（3）工期延期的费用索赔；

（4）加速施工费用的索赔；

（5）业主不正当地终止工程而引起的索赔；

（6）物价上涨引起的索赔；

（7）法律、货币及汇率变化引起的索赔；

（8）拖延支付工程款的索赔；

(9) 业主的风险;

(10) 不可抗力。

2. 业主向承包商的索赔

(1) 工期延误索赔;

(2) 质量不满足合同要求索赔;

(3) 承包商不履行的保险费用索赔;

(4) 对超额利润的索赔;

(5) 对指定分包商的付款索赔;

(6) 业主合理终止合同或承包商不正当地放弃工程的索赔。

六、考纲要求：熟悉 FIDIC 合同条件下工程费用的支付

考纲解析：注意工程支付的范围。

具体考点：

1. 工程支付的范围和条件

(1) 工程支付的范围

FIDIC 合同条件所规定的工程支付的范围主要包括两部分。

一部分费用是工程量清单中的费用，这部分费用是承包商在投标时根据合同条件的有关规定提出的报价，并经业主认可的费用。

另一部分费用是工程量清单以外的费用，这部分费用虽然在工程量清单中没有规定，但是在合同条件中却有明确的规定。因此它也是工程支付的一部分。

(2) 工程支付的条件

1) 质量合格是工程支付的必要条件;

2) 符合合同条件;

3) 变更项目必须有工程师的变更通知;

4) 支付金额必须大于期中支付证书规定的最小限额;

5) 承包商的工作使工程师满意。

2. 工程支付的项目

(1) 工程量清单项目

1) 一般项目的支付。一般项目是指工程量清单中除暂列金额和计日工作以外的全部项目。这类项目的支付是以经过监理工程师计量的工程数量为依据，乘以工程量清单中的单价，其单价一般是不变的。

2) 暂列金额。"暂列金额"是指包括在合同中，供工程任何部分的施工，或提供货物、材料、设备或服务，或提供不可预料事件之费用的一项金额。这项金额按照工程师的指示可能全部或部分使用，或根本不予动用。

3) 计日工作。计日工作是指承包商在工程量清单的附件中，按工种或设备填报单价的日工劳务费和机械台班费，一般用于工程量清单中没有合适项目，且不能安排大批量的流水施工的零星附加工作。

① 按合同中包括的计日工作计划表中所定项目和承包商在其投标书中所确定的费率和价格计算。

② 对于清单中没有定价的项目，应按实际发生的费用加上合同中规定的费率计算有

关的费用。

(2) 工程量清单以外项目

1) 动员预付款；

2) 材料设备预付款；

3) 保留金；

4) 工程变更的费用；

5) 索赔费用；

6) 价格调整费用；

7) 迟付款利息；

8) 业主索赔。

3. 工程费用支付的程序

1) 承包商提出付款申请

2) 工程师审核，编制期中付款证书

3) 业主支付

4. 工程支付的报表与证书

1) 月报表

月报表是指对每月完成的工程量的核算、结算和支付的报表。

2) 竣工报表

承包商在收到工程的接收证书后48天内向工程师递交竣工报表（一式六份），该报表应附有按工程师批准的格式所编写的证明文件。

3) 最终报表和结清单

承包商在收到履约证书后56天内，应向工程师提交按照工程师批准的格式编制的最终报表草案并附证明文件，一式六份。

4) 最终付款证书

工程师在收到正式最终报表及结清单之后28天内，工程师应向业主递交一份最终付款证书。

5) 履约证书

履约证书应由工程师在整个工程的最后一个区段缺陷通知期限期满之后28天内颁发，这说明承包商已尽其义务完成施工和竣工并修补了其中的缺陷，达到了使工程师满意的程度。

七、考纲要求：掌握工程计量的程序、依据、方法

考纲解析：主要是工程计量的依据、工程计量的六种方法。

具体考点：

1. 工程计量的重要性

(1) 计量是控制项目投资支出的关键环节；

(2) 计量是约束承包商履行合同义务的手段。

2. 工程计量的程序

(1) 施工合同(示范文本)约定的程序；

(2) 建设工程监理规范规定的程序；

(3) FIDIC 施工合同约定的工程计量程序。
3. 工程计量的依据
(1) 质量合格证书；
(2) 工程量清单前言和技术规范；
(3) 设计图纸。
4. 工程计量的方法
工程师一般只对以下三方面的工程项目进行计量：
(1) 工程量清单中的全部项目；
(2) 合同文件中规定的项目；
(3) 工程变更项目。
根据 FIDIC 合同条件的规定，一般可按照以下方法进行计量：
(1) 均摊法；
(2) 凭据法；
(3) 估价法；
(4) 断面法；
(5) 图纸法；
(6) 分解计量法。

八、考纲要求：掌握项目监理机构对工程变更的管理

考纲解析：主要是项目监理机构对工程变更的程序处理。

具体考点：项目监理机构对工程变更的管理：

(1) 设计单位对原设计存在的缺陷提出的工程变更；应编制设计变更文件；建设单位或承包单位提出的变更，应提交总监理工程师，由总监理工程师组织专业监理工程师审查。审查同意后，应由建设单位转交原设计单位编制设计变更文件。当工程变更涉及安全、环保等内容时，应按规定经有关部门审定。

(2) 项目监理机构应了解实际情况和收集与工程变更有关的资料。

(3) 总监理工程师必须根据实际情况、设计变更文件和其他有关资料，按照施工合同的有关款项，在指定专业监理工程师完成下列工作后，对工程变更的费用和工期做出评估。

1) 确定工程变更项目与原工程项目之间的类似程度和难易程度；
2) 确定工程变更项目的工程量；
3) 确定工程变更的单价或总价。

(4) 总监理工程师应就工程变更费用及工期的评估情况与承包单位和建设单位进行协调。

(5) 总监理工程师签发工程变更单。

工程变更单应包括工程变更要求、工程变更说明、工程变更费用和工期、必要的附件等内容，有设计变更文件的工程变更应附设计变更文件。

(6) 项目监理机构根据项目变更单监督承包单位实施。

在建设单位和承包单位未能就工程变更的费用等方面达成协议时，项目监理机构应提出一个暂定的价格，作为临时支付工程款的依据。该工程款最终结算时，应以建设单位与承包单位达成的协议为依据。在总监理工程师签发工程变更单之前，承包单位不得实施工程变更。

九、考纲要求：掌握工程变更价款的确定方法

考纲解析：主要是《建设工程施工合同《示范文本》》约定的工程变更价款的确定方法。

具体考点：《建设工程施工合同《示范文本》》约定的工程变更价款的确定方法如下：

(1) 合同中已有适用于变更工程的价格，按合同已有的价格变更合同价款；

(2) 合同中只有类似于变更工程的价格，可以参照类似价格变更合同价款；

(3) 合同中没有适用或类似于变更工程的价格，由承包人提出适当的变更价格，经工程师确认后执行。

十、考纲要求：掌握索赔费用的计算

考纲解析：主要是索赔费用的组成及计算方法。

具体考点：

1. 索赔费用的组成

按我国现行规定，建安工程合同价包括直接费、间接费、利润和税金。

(1) 人工费；

(2) 材料费；

(3) 施工机械使用费；

(4) 分包费用；

(5) 工地管理费；

(6) 利息；

(7) 总部管理费；

(8) 利润。

2. 索赔费用的计算方法

(1) 实际费用法；

(2) 总费用法；

(3) 修正的总费用法。

十一、考纲要求：掌握工程价款的结算、工程价款的动态结算

考纲解析：主要是工程价款的主要结算方式、工程预付款、工程预付款的扣回、工程进度款、竣工结算、保修金的返还的概念及计算；工程价款的动态结算的五种方法(调值公式法)。

具体考点：

(一) 工程价款的结算

1. 工程价款的主要结算方式

(1) 按月结算；

(2) 竣工后一次结算；

(3) 分段结算；

(4) 结算双方约定的其他结算方式。

2. 工程预付款

工程预付款是建设工程施工合同订立后由发包人按照合同约定，在正式开工前预先支付给承包人的工程款。它是施工准备和所需要材料、结构件等流动资金的主要来源，国内习惯上又称为预付备料款。

一般是根据施工工期、建安工作量、主要材料和构件费用占建安工作量的比例以及材料储备周期等因素经测算来确定。

(1) 在合同条件中约定；
(2) 公式计算法。

3. 工程预付款的扣回

(1) 由发包人和承包人通过洽商用合同的形式予以确定，采用等比率或等额扣款的方式。

(2) 从未施工工程尚需的主要材料及构件的价值相当于工程预付款数额时扣起，从每次中间结算工程价款中，按材料及构件比重扣抵工程价款，至竣工之前全部扣清。

工程预付款起扣点可按下式计算：

$$T=P-M/N$$

4. 工程进度款

(1) 工程进度款的计算

《建设工程施工合同(示范文本)》关于工程款的支付也作出了相应的约定："在确认计量结果后 14 天内，发包人应向承包人支付工程款(进度款)"。"发包人超过约定的支付时间不支付工程款(进度款)，承包人可向发包人发出要求付款的通知，发包人接到承包人通知后仍不能按要求付款，可与承包人协商签订延期付款协议，经承包人同意后可延期支付。协议应明确延期支付的时间和从计量结果确认后第 15 天起计算应付款的贷款利息"。"发包人不按合同约定支付工程款(进度款)，双方又未达成延期付款协议，导致施工无法进行，承包人可停止施工，由发包人承担违约责任"。

工程进度款的计算，主要涉及两个方面：一是工程量的计量；二是单价的计算方法。

单价的计算方法，主要根据由发包人和承包人事先约定的工程价格的计价方法决定。目前我国一般来讲，工程价格的计价方法可以分为工料单价和综合单价两种方法。

1) 可调工料单价法的表现形式；
2) 固定综合单价法的表现形式；
3) 工程价格的计价方法。可调工料单价法和固定综合单价法在分项编号、项目名称、计量单位，工程量计算方面是一致的，都可按照国家或地区的单位工程分部分项进行划分、排列，包含了统一的工作内容，使用统一的计量单位和工程量计算规则。所不同的是，可调工料单价法将工、料、机再配上预算价作为直接成本单价，措施费、间接成本、利润、税金分别计算；因为价格是可调的，其材料等费用在竣工结算时按工程造价管理机构公布的竣工调价系数或按主材计算差价或主材用抽料法计算，次要材料按系数计算差价而进行调整；固定综合单价法是包含了风险费用在内的全费用单价，故不受时间价值的影响。由于两种计价方法的不同，因此工程进度款的计算方法也不同。

4) 工程进度款的计算。当采用可调工料单价法计算工程进度款时，在确定已完工程量后，可按以下步骤计算工程进度款：

① 根据已完工程量的项目名称、分项编号、单价得出合价；
② 将本月所完全部项目合价相加，得出直接费小计；
③ 按规定计算其他直接费、现场经费、间接费、利润；
④ 按规定计算主材差价或差价系数；
⑤ 按规定计算税金；
⑥ 累计本月应收工程进度款。

用固定综合单价法计算工程进度款比用可调工料单价法更方便、省事，工程量得到确认后，只要将工程量与综合单价相乘得出合价，再累加即可完成本月工程进度款的计算工作。

(2) 工程进度款的支付

工程进度款的支付，一般按当月实际完成工程量进行结算，工程竣工后办理竣工结算。在工程竣工前，承包人收取的工程预付款和进度款的总额一般不超过合同总额（包括工程合同签订后经发包人签证认可的增减工程款）的 95%，其余 5%尾款，在工程竣工结算时除保修金外一并清算。

5. 竣工结算

工程竣工验收报告经发包人认可后 28 天内，承包人向发包人递交竣工结算报告及完整的结算资料，双方按照协议书约定的合同价款及专用条款约定的合同价款调整内容，进行工程竣工结算。专业监理工程师审核承包人报送的竣工结算报表，总监理工程师审定竣工结算报表；与发包人、承包人协商一致后，签发竣工结算文件和最终的工程款支付证书。

竣工结算要有严格的审查，一般从以下几个方面入手：
(1) 核对合同条款；
(2) 检查隐蔽验收纪录；
(3) 落实设计变更签证；
(4) 按图核实工程数量；
(5) 执行定额单价；
(6) 防止各种计算误差。

6. 保修金的返还

工程保修金一般为施工合同价款的 3%，在专用条款中具体规定，发包人在质量保修期后 14 天内，将剩余保修金和利息返还承包商。

(二) 工程价款的动态结算

1. 按实际价格结算法

这种方法方便。但由于是实报实销，因而承包商对降低成本不感兴趣，为了避免副作用，造价管理部门要定期公布最高结算限价，同时合同文件中应规定建设单位或监理工程师有权要求承包商选择更廉价的供应来源。

2. 按主材计算价差

发包人在招标文件中列出需要调整价差的主要材料表及其基期价格《一般采用当时当地工程价格管理机构公布的信息价或结算价》，工程竣工结算时按竣工当时当地工程价格管理机构公布的材料信息价或结算价，与招标文件中列出的基期价比较计算材料差价。

3. 主料按抽料计算价差

主要材料按施工图预算计算的用量和竣工当月当地工程价格管理机构公布的材料结算价或信息价与基价对比计算差价。其他材料按当地工程价格管理机构公布的竣工调价系数计算方法计算差价。

4. 竣工调价系数法

按工程价格管理机构公布的竣工调价系数及调价计算方法计算差价。

5. 调值公式法（又称动态结算公式法）

事实上，绝大多数情况是发包方和承包方在签订的合同中就明确规定了调值公式。

（1）利用调值公式进行价格调整的工作程序及监理工程师应做的工作

价格调整的计算工作比较复杂，其程序是：

首先，确定计算物价指数的品种，一般的说，品种不宜太多，只确立那些对项目投资影响较大的因素，如设备、水泥、钢材、木材和工资等。这样便于计算。

其次，要明确以下两个问题：一是合同价格条款中，应写明经双方商定的调整因素，在签订合同时要写明考核几种物价波动到何种程度才进行调整。二是考核的地点和时点、地点一般在工程所在地，或指定的某地市场价格；时点指的是某月某日的市场价格。这里要确定两个时点价格，即基准日期的市场价格（基础价格）和与特定付款证书有关的期间最后一天的49天前的时点价格。这两个时点就是计算调值的依据。

第三，确定各成本要素的系数和固定系数，各成本要素的系数要根据各成本要素对总造价的影响程度而定。各成本要素系数之和加上固定系数应该等于1。

在实行国际招标的大型合同中，监理工程师应负责按下述步骤编制价格调值公式：

1）分析施工中必需的投入，并决定选用一个公式，还是选用几个公式；

2）估计各项投入占工程总成本的相对比重，以及国内投入和国外投入的分配，并决定对国内成本与国外成本是否分别采用单独的公式；

3）选择能代表主要投入的物价指数；

4）确定合同价中固定部分和不同投入因素的物价指数的变化范围；

5）规定公式的应用范围和用法；

6）如有必要，规定外汇汇率的调整。

（2）建筑安装工程费用的价格调值公式

$$P = P_0(a_0 + a_1 \times A/A_0 + a_2 \times B/B_0 + a_3 \times C/C_0 + a_4 \times D/D_0)$$

十二、考纲要求：掌握投资偏差分析方法

考纲解析：主要是投资偏差概念及公式。

具体考点：偏差分析可采用不同的方法，常用的有横道图法、表格法和曲线法。

（一）横道图法

用横道图法进行投资偏差分析，是用不同的横道标识已完工程计划投资、拟完工程计划投资和已完工程实际投资，横道的长度与其金额成正比例。

（二）表格法

表格法是进行偏差分析最常用的一种方法。它将项目编号、名称、各投资参数以及投资偏差数综合归纳入一张表格中，并且直接在表格中进行比较。

用表格法进行偏差分析具有如下优点：

（1）灵活、适用性强。可根据实际需要设计表格，进行增减项。

（2）信息量大。可以反映偏差分析所需的资料，从而有利于投资控制人员及时采取针对性措施，加强控制。

（3）表格处理可借助于计算机，从而节约大量数据处理所需的人力，并大大提高速度。

（三）曲线法（赢值法）

曲线法是用投资累计曲线（S形曲线）来进行投资偏差分析的一种方法。其中 a 表示投资实际值曲线，p 表示投资计划值曲线，两条曲线之间的竖向距离表示投资偏差。

用曲线法进行偏差分析同样具有形象、直观的特点，但这种方法很难直接用于定量分析，只能对定量分析起一定的指导作用。

重要考点

1. 施工阶段投资控制的工作流程；
2. 资金使用计划的编制；
3. 施工阶段投资控制的措施；
4. 工程计量的重要性；
5. 工程计量的程序；
6. 工程计量的依据；
7. 工程计量的方法；
8. 项目监理机构对工程变更的管理；
9. 我国现行工程变更价款的确定方法；
10. FIDIC 合同条件下工程的变更与估价；
11. 常见的索赔内容；
12. 索赔费用的计算；
13. 工程价款的结算；
14. FIDIC 合同条件下工程费用的支付；
15. 工程价款的动态结算；
16. 投资偏差的概念；
17. 偏差分析的方法；
18. 偏差原因分析；
19. 纠偏。

答疑解析

1. 监理工程师在施工阶段进行投资控制的基本原理是什么？

答：监理工程师在施工阶段进行投资控制的基本原理是把计划投资额作为投资控制的目标值，在工程施工过程中定期地进行投资实际值与目标值的比较，通过比较发现并找出实际支出额与投资控制目标值之间的偏差，分析产生偏差的原因，并采取有效措施加以控制，以保证投资控制目标的实现。

2. 资金使用计划由谁来编制？

答：监理工程师必须编制资金使用计划，合理地确定投资控制目标值。

3. 投资目标值应与哪些内容想适应？

答：投资目标值应与人工单价、材料预算价格、设备价格及各项有关费用和各种取费标准相适应，投资控制目标才能实现。

4. 编制资金使用计划过程中最重要的步骤是什么？

答：就是项目投资目标的分解。

5. 按投资的构成分解的方法适合于什么工程项目？

答：按投资的构成分解的方法比较适合于有大量经验数据的工程项目。

6. 按子项目分解的资金使用计划，项目其他投资如何比例分摊？

答：按子项目分解的资金使用计划，项目其他投资所包含的内容既与具体单项工程或单位工程直接有关，也与整个项目建设有关，因此必须采取适当的方法将项目其他投资合理地分解到各个单项工程和单位工程中，最常用的也是最简单的方法就是按照单项工程的建筑安装工程投资和设备工器具购置投资之和的比例分摊。

7. 编制按时间进度的资金使用计划，通常怎么办？

答：编制按时间进度的资金使用计划，通常可利用控制项目进度的网络图进一步扩充而得。

8. 资金使用计划表内容一般包括哪些内容？

答：工程分项编码、工程内容、计量单位、工程数量、计划综合单价、本分项总计。

9. 时间——投资累计曲线在什么基础上编制资金使用计划？

答：在项目进度计划的横道图上。

10. 通过对项目投资目标按时间进行分解，在网络计划基础上，可获得项目进度计划的横道图，并在此基础上编制资金使用计划。表示方式有哪种？

答：通过对项目投资目标按时间进行分解，在网络计划基础上，可获得项目进度计划的横道图，并在此基础上编制资金使用计划。表示方式有两种：一种是在总体控制时标网络图上表示；另一种是利用时间——投资曲线（S形曲线）表示。

11. 在时间——投资累计曲线中投资控制与最迟开始时间的关系是怎样的？

答：一般而言，所有工作都按最迟开始时间开始，对节约建设单位的建设资金贷款利息是有利的，但同时，也降低了项目按期竣工的保证率。因此，监理工程师必须合理地确定投资支出计划，达到既节约投资支出，又能控制项目工期的目的。

12. 综合分解资金使用计划表有助于什么？

答：综合分解资金使用计划表一方面有助于检查个单项工程和单位工程的投资构成是否合理，有无缺陷或重复计算；另一方面也可以检查各项具体的投资支出的对象是否明确和落实，并可校正分解的结果是否正确。

13. 施工阶段投资控制采取的措施是什么？

答：对施工阶段的投资控制应给予足够的重视，仅仅靠控制工程款的支付是不够的，应从组织、经济、技术、合同等多方面采取措施，控制投资。

14. 工程计量的重要性有哪些？

答：工程计量的重要性有：计量是控制项目投资支出的关键环节；计量是约束承包商履行合同义务的手段。

15. 怎样理解"计量是控制项目投资支出的关键环节"？

答：工程计量是指根据设计文件及承包合同中关于工程量计算的规定，项目监理机构对承包商申报的已完成工程的工程量进行的核验。经过项目监理机构计量所确定的数量是向承包商支付任何款项的凭证。

16. 工程计量在FIDIC合同条件中是怎么规定的？

答：FIDIC合同条件规定，业主对承包商的付款，是以工程师批准的付款证书为凭据的，工程师对计量支付有充分的批准权和否决权。

17. 按照施工合同（示范文本）规定，工程计量的一般程序是什么？

答：按照施工合同（示范文本）规定，工程计量的一般程序是：承包人应按专用条款约定的时间，向工程师提交已完工程量的报告，工程师接到报告后7天内按设计图纸核实已完工程量，并在计量前24小时通知承包人，承包人为计量提供便利条件并派人参加。承包人收到通知后不参加计量，计量结果有效，作为工程价款支付的依据。工程师收到承包人报告后7天内未进行计量，从第8天起，承包人报告中开列的工程量即视为已被确认，作为工程价款支付的依据。工程师不按约定时间通知承包人，使承包人不能参加计量，计量结果无效。对承包人超出设计图纸范围和因承包人原因造成返工的工程量，工程师不予计量。

18. 按照FIDIC施工合同约定，当工程师要求测量工程的任何部分时，应向承包商代表发出合理通知，承包商代表应怎么办？

答：按照FIDIC施工合同约定，当工程师要求测量工程的任何部分时，应向承包商代表发出合理通知，承包商代表应：（1）及时亲自或另派合格代表，协助工程师进行测量；（2）提供工程师要求的任何具体材料。

19. 工程计量的依据有哪些？

答：计量依据一般有质量合格证书，工程量清单前言，技术规范中的"计量支付"条款和设计图纸。也就是说，计量时必须以这些资料为依据。

20. 工程师一般只对哪方面的工程项目进行计量？

答：（1）工程量清单中的全部项目；
（2）合同文件中规定的项目；
（3）工程变更项目。

21. 根据FIDIC合同条件的规定，一般可按均摊法方法进行计量的内容有哪些？

答：根据FIDIC合同条件的规定，一般可按均摊法方法进行计量的内容有：如：为监理工程师提供宿舍，保养测量设备，保养气象记录设备，维护工地清洁和整洁等。这些项目都有一个共同的特点，即每月均有发生。所以可以采用均摊法进行计量支付。

22. 根据FIDIC合同条件的规定，一般可按凭据法方法进行计量的内容有哪些？

答：所谓凭据法，就是按照承包商提供的凭据进行计量支付。如建筑工程险保险费、第三方责任险保险费、履约保证金等项目，一般按凭据法进行计量支付。

23. 根据FIDIC合同条件的规定，一般可按估价法方法进行计量的内容有哪些？

答：所谓估价法，就是按合同文件的规定，根据工程师估算的已完成的工程价值支付。

24. 工程计量的估价法的计量过程是什么?

答:其计量过程如下:

(1) 按照市场的物价情况,对清单中规定购置的仪器设备分别进行估价;

(2) 按下式计量支付金额: $F = A \times B / D$

式中　F——计算支付的金额;

　　　A——清单所列该项的合同金额;

　　　B——该项实际完成的金额。《按估算价格计算》;

　　　D——该项全部仪器设备的总估算价格。

25. 怎样理解估价的款额与最终支付的款额的关系?

答:估价的款额与最终支付的款额无关,最终支付的款额总是合同清单中的款额。

26. 断面法主要用于什么计量?

答:断面法主要用于取土坑或填筑路堤土方的计量。

27. 什么情况下用工程计量的图纸法?

答:在工程量清单中,许多项目采取按照设计图纸所示的尺寸进行计量。如混凝土构筑物的体积,钻孔桩的桩长等。

28. 项目监理机构对设计单位、建设单位或承包单位提出的变更,应怎么处理?

答:设计单位对原设计存在的缺陷提出的工程变更,应编制设计变更文件;建设单位或承包单位提出的变更,应提交总监理工程师,由总监理工程师组织专业监理工程师审查。审查同意后,应由建设单位转交原设计单位编制设计变更文件。当工程变更涉及安全、环保等内容时,应按规定经有关部门审定。

29. 总监理工程师对工程变更怎么管理?

答:总监理工程师必须根据实际情况、设计变更文件和其他有关资料,按照施工合同的有关款项,在指定专业监理工程师完成下列工作后,对工程变更的费用和工期做出评估。

(1) 确定工程变更项目与原工程项目之间的类似程度和难易程度;

(2) 确定工程变更项目的工程量;

(3) 确定工程变更的单价或总价。

30. 在建设单位和承包单位未能就工程变更的费用等方面达成协议时,项目监理机构应怎么办?

答:在建设单位和承包单位未能就工程变更的费用等方面达成协议时,项目监理机构应提出一个暂定的价格,作为临时支付工程款的依据。

31. 如何理解项目监理机构根据项目变更单监督承包单位实施?

答:在总监理工程师签发工程变更单之前,承包单位不得实施工程变更。未经总监理工程师审查同意实施的工程变更,项目监理机构不得予以计量。

32.《建设工程施工合同(示范文本)》约定的工程变更价款的确定方法是什么?

答:《建设工程施工合同(示范文本)》约定的工程变更价款的确定方法如下:

(1) 合同中已有适用于变更工程的价格,按合同已有的价格变更合同价款;

(2) 合同中只有类似于变更工程的价格,可以参照类似价格变更合同价款;

（3）合同中没有适用或类似于变更工程的价格，由承包人提出适当的变更价格，经工程师确认后执行。

33. 采用合同中工程量清单的单价或价格有几种情况？

答：采用合同中工程量清单的单价或价格有下列几种情况：一是直接套用；二是间接套用；三是部分套用。

34. 什么情况下采用协商单价和价格？

答：协商单价和价格是基于合同中没有或者有但不合适的情况而采取的一种方法。

35. FIDIC 合同条件下如何理解变更权？

答：根据 FIDIC 施工合同条件(1999 年第一版)的约定，在颁发工程接收证书前的任何时间，工程师可通过发布指示或要求承包商提交建议书的方式，提出变更。承包商应遵守并执行每项变更，除非承包商立即向工程师发出通知，说明（附详细根据）承包商难以取得变更所需的货物。工程师接到此类通知后，应取消、确认或改变原指示。

36. FIDIC 合同条件下承包商能对永久工程作任何改变和(或)修改？

答：除非并直到工程师指示或批准了变更，承包商不得对永久工程作任何改变和(或)修改。

37. FIDIC 合同条件下如果此项工作实际测量的工程量比工程量表或其他报表中规定的工程量的变动大于多少，采用新的费率或价格？

答：如果此项工作实际测量的工程量比工程量表或其他报表中规定的工程量的变动大于10%。

38. FIDIC 合同条件下工程量的变化与该项工作规定的费率的乘积超过了中标的合同金额的多少，采用新的费率或价格？

答：工程量的变化与该项工作规定的费率的乘积超过了中标的合同金额的 0.01%。

39. FIDIC 合同条件下由此工程量的变化直接造成该项工作单位成本的变动超过多少，采用新的费率或价格？

答：由此工程量的变化直接造成该项工作单位成本的变动超过 1%。

40. 怎么样理解索赔？

答：索赔是工程承包合同履行中，当事人一方因对方不履行或不完全履行既定的义务，或者由于对方的行为使权利人受到损失时，要求对方补偿损失的权利。

41. 为什么说索赔的控制将是建设工程施工阶段投资控制的重要手段？

答：索赔是工程承包中经常发生并随处可见的正常现象。由于施工现场条件、气候条件的变化，施工进度的变化，以及合同条款、规范、标准文件和施工图纸的变更、差异、延误等因素的影响，使得工程承包中不可避免地出现索赔，进而导致项目的投资发生变化。因此索赔的控制将是建设工程施工阶段投资控制的重要手段。

42. 在什么情况下，承包商可以向业主提出索赔要求？

答：不利的自然条件是指施工中遭遇到的实际自然条件比招标文件中所描述的更为困难和恶劣，是一个有经验的承包商无法预测的不利的自然条件与人为障碍，导致了承包商必须花费更多的时间和费用，在这种情况下，承包商可以向业主提出索赔要求。

43. 一般情况下，因遭遇人为障碍什么费用是索赔的主要部分？

答：一般情况下，因遭遇人为障碍而要求索赔的数额并不太大，但闲置机器而引起的费用是索赔的主要部分。

44. 工期延期的索赔通常包括哪两个方面？

答：一是承包商要求延长工期；二是承包商要求偿付由于非承包商原因导致工程延期而造成的损失。

45. 在工期索赔中，应怎样延长工期和费用补偿？

答：在工期索赔中，凡属于客观原因造成的延期，属于业主也无法预见到的情况，如特殊反常天气等，承包商可得到延长工期，但得不到费用补偿。凡纯属业主方面的原因造成拖期，不仅应给承包商工期补偿，还应给予费用补偿。

46. 如何处理物价上涨引起的合同价调整问题？

答：常用的办法有三种：(1)对固定总价合同不予调整。这适用于工期短、规模小的工程。(2)按价差调整合同价。在工程结算时，对人工费及材料费的价差，即现行价格与基础价格的差值，由业主向承包商补偿。(3)用调价公式调整合同价。在每月结算工程进度款时，利用合同文件中的调价公式，计算人工、材料等的调整数。

47. 拖延支付工程款的索赔中 FIDIC 合同是怎么规定的？

答：拖延支付工程款的索赔 FIDIC 合同规定利息以高出支付货币所在国中央银行的贴现率加三个百分点的年利率进行计算。

48. 业主在确定误期损害赔偿费的费率时，一般要考虑哪些因素？

答：业主在确定误期损害赔偿费的费率时，一般要考虑以下因素：(1)业主盈利损失；(2)由于工程拖期而引起的贷款利息增加；(3)工程拖期带来的附加监理费；(4)由于工程拖期不能使用，继续租用原建筑物或租用其他建筑物的租赁费。

49. 误期损害赔偿费的计算方法是什么？

答：误期损害赔偿费的计算方法，在每个合同文件中均有具体规定。一般按每延误一天赔偿一定的款额计算，累计赔偿额一般不超过合同总额5%～10%。

50. 对于索赔费用中的人工费部分而言，人工费是指什么？

答：对于索赔费用中的人工费部分而言，人工费是指完成合同之外的额外工作所花费的人工费用；由于非承包商责任的工效降低所增加的人工费用；超过法定工作时间加班劳动；法定人工费增长以及非承包商责任工程延误导致的人员窝工费和工资上涨费等。

51. 承包商可以列入利润的索赔有哪些？

答：一般来说，由于工程范围的变更、文件有缺陷或技术性错误、业主未能提供现场等引起的索赔，承包商可以列入利润。但对于工程暂停的索赔，由于利润通常是包括在每项实施的工程内容的价格之内的，而延误工期并未影响削减某些项目的实施，而导致利润减少。所以，一般监理工程师很难同意在工程暂停的费用索赔中加进利润损失。

52. 怎么理解竣工后一次结算？

答：建设项目或单项工程全部建筑安装工程建设期在12个月以内，或者工程承包合同价值在100万元以下的，可以实行工程价款每月月中预支，竣工后一次结算。

53. 工程进度款的计算，主要涉及哪个方面？

答：主要涉及两个方面：一是工程量的计量；二是单价的计算方法。

54. FIDIC 合同条件下工程费用的支付包括哪两部分？

答：包括清单费用、清单以外费用两部分。

55. FIDIC 合同条件下工程费用的支付中工程费用包括哪些？

答：包括工程量清单、工程变更、成本增减、费用索赔四部分。

56. FIDIC 合同条件下工程费用的支付中暂付费用有哪些？

答：动员预付款、材料预付款、保留金。

57. FIDIC 合同条件下工程费用的支付中违约费有哪些？

答：迟付款利息、业主索赔。

58. 利用调值公式进行价格调整的工作程序是什么？

答：首先，确定计算物价指数的品种，其次，要明确以下两个问题：一是合同价格条款中，应写明经双方商定的调整因素，在签订合同时要写明考核几种物价波动到何种程度才进行调整。二是考核的地点和时点：地点一般在工程所在地，或指定的某地市场价格；时点指的是某月某日的市场价格。这里要确定两个时点价格，即基准日期的市场价格（基础价格）和与特定付款证书有关的期间最后一天的49天前的时点价格。第三，确定各成本要素的系数和固定系数，各成本要素的系数要根据各成本要素对总造价的影响程度而定。各成本要素系数之和加上固定系数应该等于1。

59. 投资偏差结果正负怎么理解？

答：结果为正，表示投资超支；结果为负，表示投资节约。

60. 局部偏差的两层含义是什么？

答：局部偏差，有两层含义：一是对于整个项目而言，指各单项工程、单位工程及分部分项工程的投资偏差；另一含义是对于整个项目已经实施的时间而言，是指每一控制周期所发生的投资偏差。

61. 横道图法的优缺点有哪些？

答：横道图法具有形象、直观、一目了然等优点，它能够准确表达出投资的绝对偏差，而且能一眼感受到偏差的严重性。但是，这种方法反映的信息量少，一般在项目的较高管理层应用。

62. 用表格法进行偏差分析具有哪些优点？

答：用表格法进行偏差分析具有如下优点：

(1) 灵活、适用性强。可根据实际需要设计表格，进行增减项。

(2) 信息量大。可以反映偏差分析所需的资料，从而有利于投资控制人员及时采取针对性措施，加强控制。

(3) 表格处理可借助于计算机，从而节约大量数据处理所需的人力，并大大提高速度。

63. 曲线法（赢值法）优缺点有哪些？

答：用曲线法进行偏差分析同样具有形象、直观的特点，但这种方法很难直接用于定量分析，只能对定量分析起一定的指导作用。

64. 投资偏差的施工原因包括哪些？

答：投资偏差的施工原因包括施工方案不当、材料代用、施工质量有问题、赶进度、工期拖延和其他。

例题解析

一、单项选择题

1. 保养测量设备、维护工地清洁和整洁等项目适合采用（ ）进行计量支付。
   A. 凭据法　　　B. 估价法　　　C. 均摊法　　　D. 分解计量法

答案：C

【解析】 根据 FIDIC 合同条件的规定，一般可按照以下方法进行计量：

（1）均摊法

所谓均摊法，就是对清单中某些项目的合同价款，按合同工期平均计量。

（2）凭据法

所谓凭据法，就是按照承包商提供的凭据进行计量支付。

（3）估价法

所谓估价法，就是按合同文件的规定，根据工程师估算的已完成的工程价值支付。

（4）断面法

断面法主要用于取土坑或填筑路堤土方的计量。

（5）图纸法

在工程量清单中，许多项目采取按照设计图纸所示的尺寸进行计量。

（6）分解计量法

所谓分解计量法，就是将一个项目，根据工序或部位分解为若干子项。对完成的各子项进行计量支付。

2. 根据 FIDIC 施工合同条件的约定，在施工过程中发生了一个有经验的承包商也无法预见的地质条件变化，导致工程延误和费用增加，则承包商可索赔（ ）。
   A. 工期、成本和利润　　　　　　　B. 工期、成本，不能索赔利润
   C. 成本、利润，不能索赔工期　　　D. 工期，不能索赔成本和利润

答案：B

【解析】 一般来说，由于工程范围的变更、文件有缺陷或技术性错误、业主未能提供现场等引起的索赔，承包商可以列入利润。但对于工程暂停的索赔，由于利润通常是包括在每项实施的工程内容的价格之内的，而延误工期并未影响削减某些项目的实施，而导致利润减少。所以，一般监理工程师很难同意在工程暂停的费用索赔中加进利润损失。

根据 FIDIC 施工合同条件的约定，在施工过程中发生了一个有经验的承包商也无法预见的地质条件变化，导致工程延误和费用增加，则承包商可索赔工期、成本，不能索赔利润。

3. 根据《建设工程施工合同（示范文本）》，当合同中没有适用或类似于变更工程的价格时，变更价格由（ ）确认后，作为结算的依据。
   A. 承包人提出，经工程师　　　　　B. 承包人提出，经发包人
   C. 工程师提出，经发包人　　　　　D. 发包人提出，经工程师

答案：A

【解析】《建设工程施工合同(示范文本)》约定的工程变更价款的确定方法如下：

(1) 合同中已有适用于变更工程的价格，按合同已有的价格变更合同价款；

(2) 合同中只有类似于变更工程的价格，可以参照类似价格变更合同价款；

(3) 合同中没有适用或类似于变更工程的价格，由承包人提出适当的变更价格，经工程师确认后执行。

4. 某混凝土结构工程，工程量清单中估计工程量为 3000m^3，合同规定混凝土结构工程综合单价为 550 元/m^3，实际工程量超过估计工程量 10% 以上时，单价调整为 540 元/m^3。工程结束时承包商实际完成混凝土结构工程量为 4000m^3，则该项工程结算款为（　　）万元。

  A. 216.0   B. 219.0   C. 219.3   D. 220.0

答案：C

【解析】 工程结算款为 $3000(1+10\%) \times 550 + [4000-3000(1+10\%)] \times 540$
    =219.3 万元

5. 某土方工程，3月份计划工程量 1 万 m^3，计划单价 10 元/m^3，实际完成工程量 1.1 万 m^3，实际单价 9.8 元/m^3，3月底该土方工程的进度偏差为（　　）万元。

  A. -1.00   B. -0.98   C. -0.78   D. -0.22

答案：A

【解析】 进度偏差=拟完工程计划投资-已完工程计划投资
    =1.0×10-1.1×10=-1 万元

6. 在不影响施工总工期的前提下，有利于业主降低资金成本的工作安排方式是（　　）。

  A. 所有工作均按最早开始时间安排

  B. 所有工作均按最迟开始时间安排

  C. 早期工作按最早时间安排，后期工作按最迟时间安排

  D. 早期工作按最迟时间安排，后期工作按最早时间安排

答案：B

【解析】 根据时间投资累计曲线，在不影响施工总工期的前提下，有利于业主降低资金成本的工作安排方式是所有工作均按最迟开始时间安排。

7. 根据《建设工程施工合同(示范文本)》规定，当发生工程变更，原合同中又没有适用和类似于变更工程的价格时，变更工程的价格应（　　）。

  A. 由承包人和工程师共同提出，经业主批准后执行

  B. 由专业监理工程师提出，经业主确认后执行

  C. 由业主提出，经承包商同意后执行

  D. 由承包人提出，经工程师确认后执行

答案：D

【解析】《建设工程施工合同(示范文本)》约定的工程变更价款的确定方法如下：

(1) 合同中已有适用于变更工程的价格，按合同已有的价格变更合同价款；

(2) 合同中只有类似于变更工程的价格，可以参照类似价格变更合同价款；

(3) 合同中没有适用或类似于变更工程的价格，由承包人提出适当的变更价格，经工程师确认后执行。

8. 某合同价为 30 万元的分项工程采用调值公式法进行动态结算。可调值部分占合同总价的 70%，可调值部分由 A、B、C 三项成本要素构成，分别占可调值部分的 20%、40%、40%，基准日期价格指数均为 100，结算依据的价格指数分别为 110、95、103，则结算的价款为（ ）万元。

    A. 24.18　　　　B. 30.25　　　　C. 33.18　　　　D. 34.52

答案：B

【解析】 $P = P_0(a_0 + a_1 \times A/A_0 + a_2 \times B/B_0 + a_3 \times C/C_0 + a_4 \times D/D_0)$
$= 30[30\% + (20\% \times 110/100 + 40\% \times 95/100 + 40\% \times 103/100) \times 70\%]$
$= 30.25$ 万元。

9. 项目监理机构进行施工阶段投资控制的组织措施之一是（ ）。

    A. 编制施工阶段投资控制工作流程　　B. 制定施工方案并对其进行分析论证
    C. 审核竣工结算　　　　　　　　　　D. 防止和处理施工索赔

答案：A

【解析】 对施工阶段的投资控制应给予足够的重视，仅仅靠控制工程款的支付是不够的，应从组织、经济、技术、合同等多方面采取措施控制投资。组织措施有：

(1) 在项目管理班子中落实从投资控制角度进行施工跟踪的人员任务分工和职能分工。

(2) 编制本阶段投资控制工作计划和详细的工作流程图。

10. 某工程，基础底板的设计厚度为 0.9m，但承包商按 1.0m 施工，多做的工程量在工程计量时应（ ）。

    A. 计量一半　　　　　　　　　　　　B. 不予计量
    C. 按实际发生数计量　　　　　　　　D. 由业主和承包商协商处理

答案：B

【解析】 对承包人超出设计图纸范围和因承包人原因造成返工的工程量，工程师不予计量。

11. 某土方工程，招标文件中估计工程量为 1.5 万 m^3，合同中约定土方工程单价为 16 元/m^3，当实际工程量超过估计工程量 10% 时，超过部分单价调整为 15 元/m^3。该工程实际完成土方工程量 1.8 万 m^3，则土方工程实际结算工程款为（ ）万元。

    A. 27.00　　　　B. 28.50　　　　C. 28.65　　　　D. 28.80

答案：C

【解析】 工程结算款为 $1.5(1+10\%) \times 16 + [1.8 - 1.5(1+10\%)] \times 15 = 28.65$ 万元。

12. 根据 FIDIC《施工合同条件》的规定，承包商只能索赔成本和工期，不能索赔利润的事件是（ ）。

    A. 业主未能提供施工现场　　　　　　B. 工程师增加试验次数
    C. 设计图纸错误　　　　　　　　　　D. 业主原因暂停施工

答案：D

【解析】 一般来说，由于工程范围的变更、文件有缺陷或技术性错误、业主未能提供现场等引起的索赔，承包商可以列入利润。但对于工程暂停的索赔，由于利润通常是包括在每项实施的工程内容的价格之内的，而延误工期并未影响减削某些项目的实施，而导致利润减少。所以,一般监理工程师很难同意在工程暂停的费用索赔中加进利润损失。

索赔利润的款额计算通常是与原报价单中的利润百分率保持一致。即在成本的基础上,增加原报价单中的利润率;作为该项索赔款的利润。

13. 某工程,拟完工程计划投资和已完工程计划投资的比较如下图所示。图中 Δ 表示 t 时刻的( )。

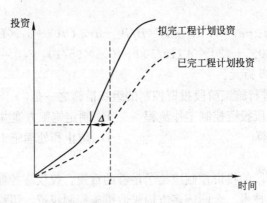

    A. 投资节约额   B. 投资超支额   C. 进度滞后量   D. 进度超前量

答案:C

【解析】 从水平线看,已完工程计划投资超过拟完工程计划投资,表示滞后。

14. 对承包人超出设计图纸范围的工程量,监理工程师应( )。

    A. 经发包人同意后计量   B. 与承包人协商后计量
    C. 在竣工结算时计量   D. 不予计量

答案:D

【解析】 对承包人超出设计图纸范围和因承包人原因造成返工的工程量,工程师不予计量。

15. 在 FIDIC 合同条件下,保养气象记录设备和维护工地清洁等项目适宜采用( )进行计量支付。

    A. 均摊法   B. 估价法   C. 分解计量法   D. 凭据法

答案:A

【解析】 根据 FIDIC 合同条件的规定,一般可按照以下方法进行计量:(1)均摊法;(2)凭据法;(3)估价法;(4)断面法;(5)图纸法;(6)分解计量法。

所谓均摊法,就是对清单中某些项目的合同价款,按合同工期平均计量。如:为监理工程师提供宿舍,保养测量设备,保养气象记录设备,维护工地清洁和整洁等。这些项目都有一个共同的特点,即每月均有发生。所以可以采用均摊法进行计量支付。

16. 设计单位对原设计缺陷提出的工程变更应编制设计变更文件,由( )签发工程变更单。

    A. 建设单位   B. 设计单位
    C. 相关专业监理工程师   D. 总监理工程师

答案:D

【解析】 设计单位对原设计存在的缺陷提出的工程变更;应编制设计变更文件;建设

单位或承包单位提出的变更,应提交总监理工程师,由总监理工程师组织专业监理工程师审查。审查同意后,应由建设单位转交原设计单位编制设计变更文件。当工程变更涉及安全、环保等内容时,应按规定经有关部门审定。

17. 编制按时间进度的资金使用计划,通常可利用控制项目进度的( )进一步扩充而得。

  A. 网络图 B. 曲线图 C. 进度图 D. 投资图

答案:A

【解析】 编制按时间进度的资金使用计划,通常可利用控制项目进度的网络图进一步扩充而得。即在建立网络图时,一方面确定完成各项工作所需花费时间,另一方面同时确定完成这一工作的合适的投资支出预算。

18. 设计单位提出的某专业工程变更应由( )签发工程变更单。

  A. 业主 B. 设计单位 C. 总监理工程师 D. 专业监理工程师

答案:C

【解析】 设计单位对原设计存在的缺陷提出的工程变更,应编制设计变更文件;建设单位或承包单位提出的变更,应提交总监理工程师,由总监理工程师组织专业监理工程师审查。审查同意后,应由建设单位转交原设计单位编制设计变更文件。当工程变更涉及安全、环保等内容时,应按规定经有关部门审定。

19. 在建设单位和承包单位未能就工程变更的费用达成协议时,( )应提出一个暂定的价格,作为临时支付工程款的依据。

  A. 建设单位   B. 承包单位
  C. 项目监理机构   D. 工程造价管理机构

答案:C

【解析】 在建设单位和承包单位未能就工程变更的费用等方面达成协议时,项目监理机构应提出一个暂定的价格,作为临时支付工程款的依据。该工程款最终结算时,应以建设单位与承包单位达成的协议为依据。在总监理工程师签发工程变更单之前,承包单位不得实施工程变更。

20. 按照FIDIC施工合同约定,当工程师要求测量工程的任何部分时,应向( )发出合理通知。

  A. 承包商 B. 承包商代表 C. 承包方工程师 D. 项目经理

答案:B

【解析】 按照FIDIC施工合同约定,当工程师要求测量工程的任何部分时,应向承包商代表发出合理通知。

21. 按照FIDIC《施工合同条件》的约定,如果遇到了"一个有经验的承包商难以合理预见"的地下电缆,导致承包商工期延长和成本增加,则承包商有权索赔( )。

  A. 工期、成本和利润   B. 工期、成本,但不包括利润
  C. 工期,但不包括成本   D. 成本,但不包括工期

答案:B

【解析】 根据教材表7-1判断。

22. 由于特殊恶劣气候,导致承包商工期延长和成本上升,则承包商有权索赔( )。

A. 成本，但不包括工期　　　　　　B. 工期，但不包括成本
C. 工期、成本，但不包括利润　　　D. 工期、成本和利润

答案：B

【解析】 由于特殊恶劣气候，导致承包商工期延长和成本上升，则承包商有权索赔工期，但不包括成本。

23. 物价上涨引起的索赔中人工费调整数（　　）。

A. 人工费调整数＝（现时工资－基础工资）×（实际工作小时数）
B. 人工费调整数＝（现时工资－基础工资）×（实际工作小时数＋加班工作小时数×加班工资增加率）
C. 人工费调整数＝（现时工资－基础工资）×（实际工作小时数＋加班工作小时数×2）
D. 人工费调整数＝（现时工资－基础工资）×（实际工作小时数＋加班工作小时数×1）

答案：B

【解析】 物价上涨引起的索赔中人工费调整数＝（现时工资－基础工资）×（实际工作小时数＋加班工作小时数×加班工资增加率）。

24. 某混凝土结构工程，工程量清单中估计工程量为 $5000m^3$，合同规定混凝土结构工程综合单价为 600 元/m^3，并且当实际工程量超过估计工程量 10% 时，应调整单价，单价调为 550 元/m^3。工程结束时承包商实际完成混凝土结构工程量为 $6500m^3$，则该项工程结算款为（　　）万元。

A. 385.00　　　B. 382.50　　　C. 373.75　　　D. 357.50

答案：A

【解析】 工程结算款为 $5000(1+10\%)\times600+[6500-5000(1+10\%)]\times550$
＝385 万元

25. 2003 年 3 月实际完成的工程按基准日的价格计算工程进度款为 100 万元，调值公式中的固定系数为 0.2，相关成本要素除钢材价格指数上升了 10% 外，都未发生变化，钢材费占合同调值部分的 50%。按调值公式计算 2003 年 3 月实际工程结算款应为（　　）万元。

A. 104　　　B. 105　　　C. 108　　　D. 110

答案：A

【解析】 $P=P_0(a_0+a_1\times A/A_0+a_2\times B/B_0+a_3\times C/C_0+a_4\times D/D_0)$
＝$100[0.2+(1-0.2)50\%\times(1+10\%)+(1-0.2)50\%]$
＝104 万元

26. 2005 年 3 月完成的某工程，按基准日期的价格计算工程进度款为 200 万元，合同支付中不能调值的部分占合同总价的 20%；相关成本要素除水泥价格上涨 15% 外，其余均未发生变化，水泥费用在合同总价中所占的比重系数为 0.3。按调值公式计算 2005 年 3 月实际工程结算款应为（　　）万元。

A. 200.00　　　B. 207.20　　　C. 209.00　　　D. 230.00

答案：C

【解析】 $P=P_0(a_0+a_1\times A/A_0+a_2\times B/B_0+a_3\times C/C_0+a_4\times D/D_0)$

$$=200[0.2+0.3\times(1+15\%)+0.5]$$
$$=209 \text{ 万元}$$

27. 工程预付款是建设工程施工合同订立后由发包人按照合同约定，在正式开工前预先支付给承包人的( )。

　　A. 材料款　　　B. 借款　　　C. 工程款　　　D. 定金款

答案：C

【解析】 工程预付款是建设工程施工合同订立后由发包人按照合同约定，在正式开工前预先支付给承包人的工程款。

28. 投资偏差分析中的拟完工程计划投资是指( )。

　　A. 计划工程量×实际单价　　　B. 已完工程量×实际单价
　　C. 计划工程量×计划单价　　　D. 已完工程量×计划单价

答案：C

【解析】 投资偏差分析中的拟完工程计划投资是指：拟完工程量(计划工程量)×计划单价。

29. 在投资偏差分析中，可把进度偏差表示为( )与已完工程计划投资的差异。

　　A. 已完工程实际投资　　　B. 拟完工程计划投资
　　C. 未完工程计划投资　　　D. 拟完工程实际投资

答案：B

【解析】 进度偏差＝拟完工程计划投资－已完工程计划投资。

30. 某混凝土工程，9月份计划工程量为5000m^3，计划单价为400元/m^3；而9月份实际完成工程量为4000m^3，实际单价为410元/m^3，则该工程9月份的进度偏差为( )万元。

　　A. －36　　　B. 36　　　C. 40　　　D. 41

答案：C

【解析】 进度偏差＝拟完工程计划投资－已完工程计划投资
$$=5000\times400-4000\times400=40 \text{ 万元}$$

31. 发包人支付给承包人的工程预付款其性质是( )。

　　A. 工程款　　　B. 借款　　　C. 预支　　　D. 定金

答案：C

【解析】 发包人支付给承包人的工程预付款其性质是预支。

二、多项选择题

1. 根据FIDIC工施合同条件规定，导致工程延误和成本增加，允许承包商索赔利润的情况有( )。

　　A. 业主未能提供现场　　　B. 法律、法规的变化
　　C. 设计错误　　　　　　　D. 难以预见的人为障碍
　　E. 恶劣气候

答案：A、C

【解析】 根据FIDIC工施合同条件规定，导致工程延误和成本增加，允许承包商索赔利润的情况有：业主未能提供现场、设计错误等。

一般来说，由于工程范围的变更、文件有缺陷或技术性错误、业主未能提供现场等引

起的索赔，承包商可以列入利润。但对于工程暂停的索赔，由于利润通常是包括在每项实施的工程内容的价格之内的，而延误工期并未影响削减某些项目的实施，而导致利润减少。所以，一般监理工程师很难同意在工程暂停的费用索赔中加进利润损失。

索赔利润的款额计算通常是与原报价单中的利润百分率保持一致。即在成本的基础上，增加原报价单中的利润率；作为该项索赔款的利润。

2. 施工阶段监理工程师投资控制的经济措施包括（　　）。
　　A. 落实投资控制人员的职能分工　　B. 进行工程计量
　　C. 确定工程变更价款　　D. 审核竣工结算
　　E. 编制资金使用计划
　　答案：B、C、D、E

【解析】　施工阶段投资控制的措施

对施工阶段的投资控制应给予足够的重视，仅仅靠控制工程款的支付是不够的，应从组织、经济、技术、合同等多方面采取措施，控制投资。

（1）组织措施

1）在项目管理班子中落实从投资控制角度进行施工跟踪的人员任务分工和职能分工。

2）编制本阶段投资控制工作计划和详细的工作流程图。

（2）经济措施

1）编制资金使用计划，确定、分解投资控制目标。对工程项目造价目标进行风险分析，并制定防范性对策。

2）进行工程计量。

3）复核工程付款账单，签发付款证书。

4）在施工过程中进行投资跟踪控制，定期地进行投资实际支出值与计划目标值的比较；发现偏差，分析产生偏差的原因，采取纠偏措施。

5）协商确定工程变更的价款，审核竣工结算。

6）对工程施工过程中的投资支出作好分析与预测，经常或定期向建设单位提交项目投资控制及其存在问题的报告。

（3）技术措施

1）对设计变更进行技术经济比较，严格控制设计变更；

2）继续寻找通过设计挖潜节约投资的可能性；

3）审核承包商编制的施工组织设计，对主要施工方案进行技术经济分析。

（4）合同措施

1）做好工程施工记录，保存各种文件图纸；特别是注有实际施工变更情况的图纸，注意积累素材，为正确处理可能发生的索赔提供依据。参与处理索赔事宜。

2）参与合同修改、补充工作，着重考虑它对投资控制的影响。

3. 工程计量的依据包括（　　）。
　　A. 质量合格证书　　B. 承包商填报的工程款支付申请
　　C. 工程量清单前言　　D. 技术规范中的"计量支付"条款
　　E. 设计图纸
　　答案：A、C、D、E

【解析】 计量依据一般有质量合格证书，工程量清单前言，技术规范中的"计量支付"条款和设计图纸。

（1）质量合格证书

对于承包商已完的工程，并不是全部进行计量，而只是质量达到合同标准的已完工程才予以计量。所以工程计量必须与质量监理紧密配合并经过专业工程师检验，工程质量达到合同规定的标准后，由专业工程师签署报验申请表（质量合格证书），只有质量合格的工程才予以计量。所以说质量监理是计量监理的基础，计量又是质量监理的保障，通过计量支付，强化承包商的质量意识。

（2）工程量清单前言和技术规范

工程量清单前言和技术规范是确定计量方法的依据。因为工程量清单前言和技术规范的"计量支付"条款规定了清单中每一项工程的计量方法，同时还规定了按规定的计量方法确定的单价所包括的工作内容和范围。

（3）设计图纸

单价合同以实际完成的工程量进行结算，但被工程师计量的工程数量，并不一定是承包商实际施工的数量。计量的几何尺寸要以设计图纸为依据，工程师对承包商超出设计图纸要求增加的工程量和自身原因造成返工的工程量，不予计量。

4. 在下列材料费用中，承包商可以获得业主补偿的包括（　　）。

A. 由于索赔事项材料实际用量超过计划用量而增加的材料费用

B. 由于客观原因材料价格大幅度上涨而增加的材料费用

C. 由于非承包商责任工程延误导致的材料价格上涨而增加的材料费用

D. 由于现场承包商仓库被盗而损失的材料费用

E. 承包商为保证混凝土质量选用高标号水泥而增加的材料费用

答案：A、B、C

【解析】 材料费的索赔包括：

（1）由于索赔事项材料实际用量超过计划用量而增加的材料费；

（2）由于客观原因材料价格大幅度上涨；

（3）由于非承包商责任工程延误导致的材料价格上涨和超期储存费用。

材料费中应包括运输费、仓储费，以及合理的损耗费用。如果由于承包商管理不善，造成材料损坏失效，则不能列入索赔计价。

5. 确定工程预付款的额度时，应考虑的主要因素包括（　　）。

A. 施工工期　　　B. 合同总额　　　C. 施工方法　　　D. 施工组织措施

E. 施工季节

答案：A、B

【解析】 工程预付款是建设工程施工合同订立后由发包人按照合同约定，在正式开工前预先支付给承包人的工程款。它是施工准备和所需要材料、结构件等流动资金的主要来源，国内习惯上又称为预付备料款。

一般是根据施工工期、建安工作量、主要材料和构件费用占建安工作量的比例以及材料储备周期等因素经测算来确定。

（1）在合同条件中约定；

(2) 公式计算法：

工程预付款数额＝{[工程总价×材料比重(％)]/年度施工天数}×材料储备定额天数
工程预付款比率＝工程预付款数额/工程总价×100％

式中，年度施工天数按 365 天日历天计算；材料储备定额天数由当地材料供应的在途天数、加工天数、整理天数、供应间隔天数、保险天数等因素决定。

6. 承包商可索赔的人工费包括(　　)。
　　A. 特殊恶劣气候导致的人员窝工费　　B. 法定增长的人工费
　　C. 设计变更导致的人员窝工费　　　　D. 因雨季停工后加班增加的人工费
　　E. 完成额外工作增加的人工费
答案：B、C、E

【解析】 承包商可索赔的人工费包括施工人员的基本工资、工资性质的津贴、加班费、奖金以及法定的安全福利等费用。对于索赔费用中的人工费部分而言，人工费是指完成合同之外的额外工作所花费的人工费用；由于非承包商责任的工效降低所增加的人工费用；超过法定工作时间加班劳动；法定人工费增长以及非承包商责任工程延误导致的人员窝工费和工资上涨费等。

7. 下列属于施工阶段投资控制经济措施的有(　　)。
　　A. 编制投资控制工作流程图
　　B. 对设计变更方案进行严格论证
　　C. 落实投资控制人员的任务分工和职能分工
　　D. 编制资金使用计划
　　E. 定期地进行投资偏差分析
答案：D、E

【解析】 经济措施

(1) 编制资金使用计划，确定、分解投资控制目标。对工程项目造价目标进行风险分析，并制定防范性对策。
(2) 进行工程计量。
(3) 复核工程付款账单，签发付款证书。
(4) 在施工过程中进行投资跟踪控制，定期地进行投资实际支出值与计划目标值的比较；发现偏差，分析产生偏差的原因，采取纠偏措施。
(5) 协商确定工程变更的价款，审核竣工结算。
(6) 对工程施工过程中的投资支出作好分析与预测，经常或定期向建设单位提交项目投资控制及其存在问题的报告。

8. 根据投资控制目标和要求的不同，投资目标的分解可以分为(　　)类型。
　　A. 按工期分解　　B. 按投资构成　　C. 按子项目　　D. 按时间分解
　　E. 按主体分解
答案：B、C、D

【解析】 根据投资控制目标和要求的不同，投资目标的分解可以分为按投资构成、按子项目、按时间分解三种类型。

9. 工程师一般只对以下(　　)方面的工程项目进行计量：

A. 组织措施费项目　　　　　　　B. 工程量清单中的全部项目
C. 合同文件中规定的项目　　　　D. 工程变更项目
E. 技术措施费项目

答案：B、C、D

【解析】 工程师一般只对以下三方面的工程项目进行计量：(1)工程量清单中的全部项目；(2)合同文件中规定的项目；(3)工程变更项目。

10. 下列关于我国现行工程变更价款的确定，说法正确的有(　　)。
    A. 合同中没有适用或类似于变更工程的价格，由承包商提出适当的变更价格，经总监理工程师确认后执行
    B. 工程变更价款需经造价工程师确定后执行
    C. 合同中已有适用于变更工程的价格，按合同中已有的价格变更合同价款
    D. 合同中只有类似于变更工程的价格，可以参照类似价格变更合同价款
    E. 业主和承包商未能就工程变更价款等方面达成协议时，项目监理机构应提出一个暂定价格，作为临时支付工程款的依据

答案：A、C、D、E

【解析】《建设工程施工合同(示范文本)》约定的工程变更价款的确定方法如下：
(1) 合同中已有适用于变更工程的价格，按合同已有的价格变更合同价款；
(2) 合同中只有类似于变更工程的价格，可以参照类似价格变更合同价款；
(3) 合同中没有适用或类似于变更工程的价格，由承包人提出适当的变更价格，经工程师确认后执行。

在建设单位和承包单位未能就工程变更的费用等方面达成协议时，项目监理机构应提出一个暂定的价格，作为临时支付工程款的依据。该工程款最终结算时，应以建设单位与承包单位达成的协议为依据。在总监理工程师签发工程变更单之前，承包单位不得实施工程变更。

11. 时间——投资累计曲线的绘制步骤有(　　)。
    A. 确定工程项目进度计划，编制进度计划的横道图
    B. 根据每单位时间内完成的实物工程量或投入的人力、物力和财力，计算单位时间(月或旬)的投资，在时标网络图上按时间编制投资支出计划
    C. 计算规定时间 t 计划累计完成的投资额
    D. 按各规定时间的 Q_t 值，绘制 S 形曲线
    E. 按 S 形曲线，编制建设资金贷款利息计划

答案：A、B、C、D

【解析】 时间——投资累计曲线的绘制步骤如下：
(1) 确定工程项目进度计划，编制进度计划的横道图；
(2) 根据每单位时间内完成的实物工程量或投入的人力、物力和财力，计算单位时间(月或旬)的投资，在时标网络图上按时间编制投资支出计划；
(3) 计算规定时间 t 计划累计完成的投资额，其计算方法为：各单位时间计划完成的投资额累加求和。可按下式计算：

$$Q_t = \sum q_n \quad (n=1\sim t)$$

式中　Q_t——某时间 t 计划累计完成投资额；
　　　q_n——单位时间 n 的计划完成投资额；
　　　t——某规定计划时刻。

(4) 按各规定时间的 Q_t 值，绘制 S 形曲线。

12. 工程变更单应包括（　　）等内容，有设计变更文件的工程变更应附设计变更文件。

　　A. 质量　　　　　　　　　　B. 工程变更要求
　　C. 工程变更说明　　　　　　D. 工程变更费用
　　E. 工期

答案：B、C、D、E

【解析】　工程变更单应包括工程变更要求、工程变更说明、工程变更费用和工期、必要的附件等内容，有设计变更文件的工程变更应附设计变更文件。

13. 按照 FIDIC《施工合同条件》的约定，具备（　　）条件下，宜对有关工作内容采用新的费率或价格。

　　A. 如果此项工作实际测量的工程量比工程量表中规定的工程量变动大于 15％
　　B. 如果此项工作实际测量的工程量比工程量表中规定的工程量变动大于 10％
　　C. 工程量的变化与该项工作规定的费率的乘积超过了中标的合同金额的 0.01％
　　D. 由此工程量的变化直接造成该项工作单位成本的变动超过 1％
　　E. 这项工作不是合同中规定的"固定费率项目"

答案：B、C、D、E

【解析】　除非合同中另有规定，工程师应通过 FIDIC(1999 年第一版)第 12.1 款和第 12.2 款商定或确定的测量方法和适宜的费率和价格，对各项工作的内容进行估价，再按照 FIDIC 第 3.5 款，商定或确定合同价格。

第一种情况：
(1) 如果此项工作实际测量的工程量比工程量表或其他报表中规定的工程量的变动大于 10％；
(2) 工程量的变化与该项工作规定的费率的乘积超过了中标的合同金额的 0.01％；
(3) 由此工程量的变化直接造成该项工作单位成本的变动超过 1％；
(4) 这项工作不是合同中规定的"固定费率项目"。

第二种情况：
(1) 此工作是根据变更与调整的指示进行的；
(2) 合同没有规定此项工作的费率或价格；
(3) 由于该项工作与合同中的任何工作没有类似的性质或不在类似的条件下进行，故没有一个规定的费率或价格适用。

工程师应在商定或确定适宜费率或价格前，确定用于期中付款证书的临时费率或价格。

14. FIDIC 合同条件对不可抗力系指（　　）某种异常事件或情况。

　　A. 一方无法控制的
　　B. 该方在签订合同前，不能对之进行合理准备的

C. 发生后，该方不能合理避免或克服的
D. 不能主要归因他方的
E. 确定主材

答案：A、B、C、D

【解析】 FIDIC合同条件对不可抗力系指某种异常事件或情况有：(1)一方无法控制的；(2)该方在签订合同前，不能对之进行合理准备的；(3)发生后，该方不能合理避免或克服的；(4)不能主要归因他方的。

15. 业主在确定误期损害赔偿费的费率时，一般要考虑(　　)因素。

    A. 业主盈利损失
    B. 由于工程拖期而引起的贷款利息增加
    C. 工程拖期带来的附加监理费
    D. 由于工程拖期不能使用，继续租用原建筑物或租用其他建筑物的租赁费
    E. 工程看护费

答案：A、B、C、D

【解析】 业主在确定误期损害赔偿费的费率时，一般要考虑以下因素：

(1) 业主盈利损失；

(2) 由于工程拖期而引起的贷款利息增加；

(3) 工程拖期带来的附加监理费；

(4) 由于工程拖期不能使用，继续租用原建筑物或租用其他建筑物的租赁费。

16. 根据FIDIC施工合同条件，如果造成成本增加和工程延期，承包商可同时索赔成本、工期和合理利润的情况有(　　)。

    A. 战争、敌对行动
    B. 工程所在国的叛乱、恐怖主义
    C. 超音速飞机的飞机所产生的压力波
    D. 业主提前占用或使用合同规定以外的永久工程
    E. 由业主委托的设计单位所做的工程设计的错误

答案：D、E

【解析】根据教材表7-1判断。

17. 索赔费用的计算方法(　　)。

    A. 实际费用法　　　　　　B. 总费用法
    C. 票据法　　　　　　　　D. 修正的总费用法
    E. 累计法

答案：A、B、D

【解析】 索赔费用的计算方法：(1)实际费用法；(2)总费用法；(3)修正的总费用法。

18. 竣工结算要有严格的审查，一般从(　　)方面入手。

    A. 核对合同条款　　　　　　B. 检查隐蔽验收纪录
    C. 落实设计变更签证　　　　D. 实测工程数量
    E. 执行定额单价

答案：A、B、C、E

【解析】 竣工结算要有严格的审查，一般从以下几个方面入手：(1)核对合同条款；(2)检查隐蔽验收纪录；(3)落实设计变更签证；(4)按图核实工程数量；(5)执行定额单价；(6)防止各种计算误差。

19. 按照 FIDIC《施工合同条件》的约定，如果遇到下列情况造成承包商成本增加和工期延长，则承包商可同时索赔成本、工期和合理利润的有（   ）。
    A. 业主未能按时提供现场
    B. 工程暂停
    C. 难以合理预见的地下障碍物
    D. 由业主委托的设计单位所做的工程设计的错误
    E. 业主提前占用合同规定以外的永久工程
    答案：A、D、E
    【解析】 根据教材表 7-1 判断。

20. 当采用可调工料单价法计算工程进度款时，在确定已完工程量后，可按（   ）步骤计算工程进度款。
    A. 根据已完工程量的项目名称、分项编号、单价得出合价
    B. 将本月所完全部项目合价相加，得出直接费小计
    C. 按规定计算其他直接费、现场经费、间接费、利润
    D. 按规定计算主材差价或差价系数
    E. 按规定计算税金
    答案：A、B、C、D
    【解析】 当采用可调工料单价法计算工程进度款时，在确定已完工程量后，可按以下步骤计算工程进度款：
(1) 根据已完工程量的项目名称、分项编号、单价得出合价；
(2) 将本月所完全部项目合价相加，得出直接费小计；
(3) 按规定计算其他直接费、现场经费、间接费、利润；
(4) 按规定计算主材差价或差价系数；
(5) 按规定计算税金；
(6) 累计本月应收工程进度款。

21. 工程费用支付的程序（   ）。
    A. 承包商提出付款申请
    B. 监理工程师审核申请
    C. 工程师审核，编制期中付款证书
    D. 支付金额必须大于期中支付证书规定的最小限额
    E. 业主支付
    答案：A、C、E
    【解析】 工程费用支付的程序：(1)承包商提出付款申请；(2)工程师审核，编制期中付款证书；(3)业主支付。

22. 采用合同中工程量清单的单价或价格有（   ）情况。
    A. 组合价　　　B. 直接套用　　　C. 间接套用　　　D. 监理工程师确认

E. 部分套用

答案：B、C、E

【解析】 采用合同中工程量清单的单价或价格有以下几种情况：一是直接套用；二是间接套用；三是部分套用。

23. 由于业主原因，工程暂停一个月，则承包商可索赔（   ）。
    A. 材料超期储存费用　　　　　　B. 施工机械窝工费
    C. 合理的利润　　　　　　　　　D. 工人窝工费
    E. 增加的利息支出

答案：A、B、D、E

【解析】 按我国现行规定，建安工程合同价包括直接工程费、间接费、计划利润和税金。一般承包商可索赔的具体费用内容如教材图 7-6 所示。

从原则上说，承包商有索赔权利的工程成本增加，都是可以索赔的费用。这些费用都是承包商为了完成额外的施工任务而增加的开支。但是，对于不同原因引起的索赔，承包商可索赔的具体费用内容是不完全一样的。哪些内容可索赔，要按照各项费用的特点、条件进行分析论证。

24. 纠偏可采用（   ）措施。
    A. 法律　　　　B. 组织　　　　C. 经济　　　　D. 技术
    E. 合同

答案：B、C、D、E

【解析】 纠偏可采用组织措施、经济措施、技术经济和合同措施。

25. 在 FIDIC 施工合同条件下，材料、设备预付款的支付条件为（   ）。
    A. 材料、设备已部分用于工程
    B. 材料、设备必须已运至工地
    C. 材料、设备已订货，但尚未运至工地
    D. 材料、设备的质量和储存方式得到监理工程师认可
    E. 承包商提交材料、设备供应合同或订货合同的影印件

答案：B、D、E

【解析】 在支付材料、设备预付款时，承包商需提交材料、设备供应合同或订货合同的影印件，要注明所供应材料的性质和金额等主要情况；材料已运至工地并经工程师认可其质量和储存方式。

26. 工程价款结算可以根据不同情况采取（   ）方式。
    A. 按季结算　　　　　　　　　　B. 按月结算
    C. 竣工后一次结算　　　　　　　D. 分段结算
    E. 年终结算

答案：B、C、D

【解析】 按现行规定，工程价款结算可以根据不同情况采取多种方式。

(1) 按月结算。即先预付工程备料款，在施工过程中按月结算工程进度款，竣工后进行竣工结算。我国现行建筑安装工程价款结算中，相当一部分是实行这种按月结算方式。

(2) 竣工后一次结算。建设项目或单项工程全部建筑安装工程建设期在 12 个月以内，

或者工程承包合同价值在100万元以下的,可以实行工程价款每月月中预支,竣工后一次结算。

(3) 分段结算。即当年开工,当年不能竣工的单项工程或单位工程按照工程形象进度分段估算。

实战练习题

一、单项选择题

1. 监理工程师在施工阶段进行投资控制的基本原理是( )。
   A. 把实际投资额作为投资控制的目标值
   B. 把合同价作为投资控制的目标值
   C. 把计划投资额作为投资控制的目标值
   D. 把中标价作为投资控制的目标值

2. 编制资金使用计划过程中最重要的步骤,就是项目投资( )。
   A. 目标的分解 B. 目标的合成 C. 目标的分离 D. 目标的分和

3. 时间——投资累计曲线表示方式有两种:一种是( );另一种是利用时间——投资曲线(S形曲线)表示。
   A. 在总体控制时标网络图上表示 B. 在总体控制双代号网络图上表示
   C. 在总体控制单代号网络图上表示 D. 在总体控制横道图上表示

4. 除合同另有规定外,凡需根据记录进行测量的任何永久工程,此类记录应由( )准备。
   A. 工程师 B. 承包方 C. 发包方 D. 总监理工程师

5. 在建设单位和承包单位未能就工程变更的费用等方面达成协议时,项目监理机构应提出一个( ),作为临时支付工程款的依据。
   A. 折中的价格 B. 暂定的价格 C. 预算价格 D. 成本价格

6. 由于法规的变化导致承包商在工程实施中降低了成本,产生了超额利润,应( )。
   A. 一半归发包方 B. 重新调整合同价格,收回部分超额利润
   C. 全部归发包方 D. 全部归承包方

7. 根据国际惯例,对建设工程已完成投资费用的结算,一般采用( )。
   A. 竣工调价系数法 B. 调值公式法
   C. 按实际价格结算法 D. 按主材抽料计算差价法

8. 纠偏的主要对象是( )造成的投资偏差。
   A. 施工原因 B. 设计原因
   C. 业主原因 D. 业主原因和设计原因

9. 工程计量是指根据设计文件及承包合同中关于工程量计算的规定,项目监理机构对承包商申报的( )进行的核验。
   A. 已完成工程的工程量 B. 在建工程的工程量
   C. 已完成工程的工程量增量 D. 不含变更的已完成工程的工程量增减量

10. FIDIC合同条件规定、业主对承包商的付款,是以工程师批准的( )为凭据的,

工程师对计量支付有充分的批准权和否决权。

  A. 签字认可书 B. 付款证书 C. 签字拨款书 D. 申请付款书

11. 监理工程师在施工阶段进行投资控制的基本原理是把计划投资额作为投资控制的（　　）。

  A. 目标值 B. 依据值 C. 最高值 D. 有效值

12. 按子项目分解的资金使用计划，对各单位工程的建筑安装工程投资还需要进一步分解，在施工阶段一般可分解到（　　）。

  A. 分部工程   B. 分部分项工程

  C. 安装工程   D. 建筑工程

13. 一般而言，所有工作都按（　　）开始，对节约建设单位的建设资金贷款利息是有利的，但同时，也降低了项目按期竣工的保证率。

  A. 进场开工时间   B. 最迟开始时间

  C. 最初开始时间   D. 奠基时间

14. 所谓均摊法，就是对（　　）中某些项目的合同价款，按合同工期平均计量。

  A. 合同 B. 清单 C. 中标价 D. 标底价

15. 由于工程变更所引起的工程量的变化、承包商的索赔等，都有可能使项目投资超出原来的预算投资，监理工程师必须严格予以控制，密切注意其对（　　）的影响及对工期的影响。

  A. 质量   B. 投资

  C. 未完工程投资支出   D. 造价

16. 在建设单位和承包单位未能就工程变更的费用等方面达成协议时，（　　）应提出一个暂定的价格，作为临时支付工程款的依据。

  A. 项目监理机构 B. 监理工程师 C. 总监理工程师 D. 专业监理工程师

17. 根据 FIDIC 施工合同条件（1999 年第一版）的约定，在颁发（　　）前的任何时间，工程师可通过发布指示或要求承包商提交建议书的方式，提出变更。

  A. 工程接收证书 B. 工程交工证书 C. 工程验收证书 D. 工程竣工证书

18. 按我国现行规定，建安工程合同价包括内容与按国际惯例不同之处（　　）。

  A. 税金 B. 利润 C. 直接工程费 D. 间接费

19. 设计单位对原设计存在的缺陷提出的工程变更，应编制设计变更文件；建设单位或承包单位提出的变更，应提交（　　）。

  A. 监理工程师 B. 设计单位 C. 总监理工程师 D. 施工单位

20. 我国现行工程变更价款的确定方法，合同中没有适用或类似于变更工程的价格，由承包人提出适当的变更价格，经（　　）确认后执行。

  A. 工程师   B. 业主

  C. 由当地造价管理部门   D. 造价师

21. （　　）是建设工程施工阶段投资控制的重要手段。

  A. 变更的控制   B. 反索赔的控制

  C. 索赔的控制   D. 设计的控制

22. 工程变更的估价第一种情况：工程量的变化与该项工作规定的费率的乘积超过了

中标的合同金额的（　　）。

  A. 1%   B. 10%   C. 0.01%   D. 固定费率项目

23. 拖延支付工程款的索赔中 FIDIC 合同规定利息以高出支付货币所在国中央银行的贴现率加（　　）的年利率进行计算。

  A. 一个百分点 B. 二个百分点 C. 三个百分点 D. 五个百分点

24. 某工程合同总额 200 万元，工程预付款为 24 万元，主要材料、构件所占比重为 60%，则起扣点为（　　）万元。

  A. 160   B. 176   C. 185.6   D. 120

25. 工程保修金一般为施工合同价款的（　　），在专用条款中具体规定，发包人在质量保修期后 14 天内，将剩余保修金和利息返还承包商。

  A. 2%   B. 3%   C. 5%   D. 10%

26. 对偏差原因进行分析的目的是为了有针对性地采取纠偏措施，从而实现投资的（　　）和主动控制。

  A. 动态控制 B. 宏观控制 C. 静态控制 D. 微观控制

27. 纠偏的主要对象是业主原因和（　　）造成的投资偏差。

  A. 施工原因 B. 设计原因 C. 监理原因 D. 政府原因

28. 建设项目或单项工程全部建筑安装工程建设期在（　　）以内，或者工程承包合同价值在（　　）以下的，可以实行工程价款每月月中预支，竣工后一次结算。

  A. 6 个月，30 万元   B. 12 个月，100 万元

  C. 12 个月，50 万元   D. 12 个月，80 万元

29. 工程竣工验收报告经发包人认可后（　　）天内，承包人向发包人递交竣工结算报告及完整的结算资料，双方按照协议书约定的合同价款及专用条款约定的合同价款调整内容，进行工程竣工结算。

  A. 14   B. 21   C. 28   D. 30

30. 根据 FIDIC 施工合同条件（1999 年第一版）第 14.9 条规定，当已颁发工程接收证书时，工程师应确认将保留金的前（　　）支付给承包商。如果某分项工程或部分工程颁发了接收证书，保留金应按一定比例予以确认和支付，此比例应是该分项工程或部分工程估算的合同价值，除以估算的最终合同价格所得比例的（　　）。

  A. 五分之二（40%），一半   B. 一半，五分之二（40%）

  C. 90%，五分之三（60%）   D. 一半，五分之三（60%）

31. 投资偏差结果为正，表示（　　），结果为负，表示（　　）。

  A. 投资节约，投资超支   B. 物价上涨，物价下降

  C. 投资超支，投资节约   D. 进度加快，进度放慢

32. 如果把进度偏差与投资偏差联系起来，则进度偏差可表示为（　　）与已完工程计划投资的差异。

  A. 拟完工程计划投资   B. 已完工程实际投资

  C. 未完工程计划投资   D. 已完工程计划投资

33. 为监理工程师提供食宿，一般采用（　　）进行计量。

  A. 凭据法 B. 分解计量法 C. 均摊法 D. 估价法

34. 工程变更由（   ）审查批准。
   A. 业主   B. 监理工程师   C. 承包商   D. 造价工程师
35. 编制按（   ）分解的资金使用计划，通常可利用控制项目进度的网络图进一步扩充而得。
   A. 子项目   B. 时间进度   C. 投资构成   D. 形象进度
36. 在 FIDIC 合同条件下，承包商应提交（   ），说明：(1)根据合同应完成的所有工作的价值；(2)承包商认为根据合同或其他规定应支付给他的任何其他款额。
   A. 竣工报表   B. 最终报表和结清单
   C. 最终付款证书   D. 履约证书
37. 某工程基础底板的设计厚度为 1m，承包商根据以往的施工经验，认为设计有问题，未报监理工程师，即按 1.2m 施工。多完成的工程量在计量时监理工程师（   ）。
   A. 予以计量   B. 计量一半
   C. 不予计量   D. 由业主与施工单位协商处理
38. 1996 年 3 月实际完成的某土方工程按 1995 年 5 月签约时的价格计算工程价款为 10 万元，该工程的固定系数为 0.2，各参加调值的品种除人工费的价格指数增长了 10％外都未发生变化，人工费占调值部分的 50％，按调值公式法完成的该土方工程应结算的工程款为（   ）万元。
   A. 10.5   B. 10.4   C. 10.3   D. 10.2
39. 发包人收到承包人递交的竣工结算报告结算资料后（   ）天内进行核实，给予确认或者提出修改意见。
   A. 14   B. 28   C. 30   D. 15

二、多项选择题

1. 施工阶段投资控制的工作流程图中业主工作有（   ）。
   A. 竣工结算   B. 确定投资目标
   C. 确定投资目标调整方向   D. 确定资金使用计划
   E. 认可索赔文件
2. 施工阶段投资控制的工作流程图中承包人工作有（   ）。
   A. 修改施工组织设计   B. 修改已完工程结算单
   C. 修改竣工决算文件   D. 已完工程结算单
   E. 认可索赔文件
3. 施工阶段投资控制的工作流程图中监理工程师主线工作有（   ）。
   A. 修改施工组织设计   B. 修改已完工程结算单
   C. 修改竣工决算文件   D. 已完工程结算单
   E. 认可索赔文件
4. 施工阶段投资控制的工作流程图中监理工程师针对"承包方的'施工'"工作，有（   ）。
   A. 审核设计挖潜、修改、变更   B. 设计与施工协调
   C. 不同施工单位间协调   D. 投资目标与进度目标、质量目标调控
   E. 审核施工组织设计

5. 施工阶段投资控制的技术措施（　　）。
   A. 对设计变更进行技术经济比较，严格控制设计变更
   B. 继续寻找通过设计挖潜节约投资的可能性
   C. 审核承包商编制的施工组织设计，对主要施工方案进行技术经济分析
   D. 做好工程施工记录，保存各种文件图纸
   E. 进行工程计量

6. FIDIC 合同条件规定，业主对承包商的付款，是以工程师批准的付款证书为凭据的，工程师对计量支付有充分的（　　）。
   A. 决定权　　　B. 批准权　　　C. 否决权　　　D. 支付权
   E. 变更权

7. 物价上涨引起的索赔中按价差调整合同价的，由业主向承包商补偿有（　　）。
   A. 材料价调整数＝（现行价－基础价）×材料数量
   B. 人工费调整数＝（现行工资－基础工资）×（实际工作小时数＋加班工作小时数×加班工资增加率）
   C. 对管理费及利润不进行调整
   D. 机械使用费调整数＝（现行机械台班单价－基础机械台班单价）×台班数量
   E. 对管理费作响应调整

8. 利息的索赔通常发生于下列情况（　　）。
   A. 拖期付款的利息
   B. 由于工程变更和工程延期增加投资的利息
   C. 索赔款的利息
   D. 错误扣款的利息
   E. 预付款拖期的利息

9. 在偏差分析的方法中涉及投资偏差的有（　　）。
   A. 拟完工程实际投资　　　B. 已完工程实际投资
   C. 已完工程计划投资　　　D. 拟完工程计划投资
   E. 投资偏差程度

10. 投资控制的目的是为了确保投资目标的实现。因此，监理工程师必须编制资金使用计划，合理地确定投资控制目标值，包括投资的（　　）。
    A. 单位目标值　　B. 总目标值　　C. 分目标值　　D. 各详细目标值
    E. 单项目标值

11. 按子项目分解得到的资金使用计划表其内容一般包括（　　）。
    A. 工程数量　　B. 工程分项编码　　C. 工程内容　　D. 计量单位
    E. 实际综合单价

12. 根据 FIDIC 合同条件的规定，一般可按照（　　）方法进行计量。
    A. 均摊法　　B. 凭据法　　C. 估价法　　D. 断面法
    E. 合成计量法

13. 对施工阶段的投资控制应给予足够的重视，仅仅靠控制工程款的支付是不够的，应从（　　）等多方面采取措施，控制投资。

A. 组织 B. 经济 C. 技术 D. 合同
E. 法律

14. 编制资金使用计划的方法有（　　）。
   A. 按投资构成分解的资金使用计划　　B. 按子项目分解的资金使用计划
   C. 按时间进度分解的资金使用计划　　D. 按组织形式分解的资金使用计划
   E. 按工程性质分解的资金使用计划

15. 计量依据一般有（　　）。也就是说，计量时必须以这些资料为依据。
   A. 质量合格证书　　B. 工程量清单前言
   C. 技术规范中的"计量支付"条款　　D. 设计图纸
   E. 法律

16. 工程计量的方法中，所谓凭据法，就是按照承包商提供的凭据进行计量支付。如（　　），一般按凭据法进行计量支付。
   A. 建筑工程险保险费　　B. 第三方责任险保险费
   C. 履约保证金　　D. 材料购货发票
   E. 赔偿金

17. 《建设工程施工合同（示范文本）》约定的工程变更价款的确定方法（　　）。
   A. 按合同约定的工程变更价款幅度确定
   B. 合同中已有适用于变更工程的价格，按合同已有的价格变更合同价款
   C. 合同中只有类似于变更工程的价格，可以参照类似价格变更合同价款
   D. 合同中没有适用或类似于变更工程的价格，由承包人提出适当的变更价格，经工程师确认后执行
   E. 合同中没有适用或类似于变更工程的价格，由承包人提出适当的变更价格，经业主确认后执行

18. 常见的索赔内容（　　）。
   A. 业主向设计单位的索赔　　B. 承包商向业主的索赔
   C. 业主向承包商的索赔　　D. 业主向监理单位的索赔
   E. 承包商向监理单位的索赔

19. 业主向承包商的索赔有（　　）。
   A. 工期延误索赔　　B. 质量不满足合同要求索赔
   C. 承包商不履行的保险费用索赔　　D. 对超额利润的索赔
   E. 对指定分包商的索赔

20. 工程变更单应包括（　　）等内容，有设计变更文件的工程变更应附设计变更文件。
   A. 工程变更要求　　B. 工程变更说明
   C. 工程变更费用和工期　　D. 必要的附件
   E. 工程变更贷款数额

21. 下列哪些公式是对的（　　）。
   A. 工程预付款数额＝{[工程总价×材料比重（%）]/年度施工天数}
   B. 工程预付款数额＝{[工程总价×材料比重（%）]/年度施工天数}×材料储备定额天数

C. 工程预付款数额＝工程总价×材料比重(%)
D. 工程预付款比率＝工程预付款数额/工程总价×100%
E. 工程预付款比率＝工程预付款数额/工程总价×材料比重(%)

22. FIDIC合同条件下工程费用的支付的条件(   )。
   A. 质量合格是工程款支付的必要条件
   B. 符合合同条件
   C. 变更项目必须有工程师的变更通知
   D. 支付金额必须大于期中支付证书规定的最小限额
   E. 承包商的工作使业主满意

23. 偏差分析的方法(   )。
   A. 公式法   B. 横道图法   C. 表格法   D. 曲线法
   E. 赢值法

24. 工程量清单项目分为(   )。
   A. 一般项目   B. 暂列金额
   C. 技术措施性项目   D. 组织措施性项目
   E. 计日工作

25. 投资偏差原因中施工原因的有(   )。
   A. 投资规划不当   B. 施工方案不当
   C. 材料代用   D. 赶进度
   E. 工期拖延

26. 遇到(   )情况时，承包商可以向业主要求既延长工期，又索赔费用。
   A. 设计文件有缺陷   B. 由于业主原因造成临时停工
   C. 业主供应的设备和材料推迟到货   D. 特殊恶劣气候，造成施工停顿
   E. 工程师对竣工试验干扰

27. 施工阶段投资控制的措施有(   )。
   A. 经济措施   B. 合同措施   C. 技术措施   D. 纪律措施
   E. 组织措施

28. 下列属于业主对承包商索赔的是(   )。
   A. 工程变更引起的索赔   B. 工期延误索赔
   C. 对超额利润的索赔   D. 对指定分包商的付款索赔
   E. 法律、货币及汇率变化引起的索赔

29. 下列说法正确的是(   )。
   A. 可调工料单价法和固定综合单价法在分项编号、项目名称方面是一致的
   B. 可调工料单价法和固定综合单价法在计量单位、工程量计算方面是一致的
   C. 可调工料单价法将工、料、机再配上预算价作为直接成本单价，其他直接成本、间接成本、利润、税金分别计算
   D. 固定综合单价法将工、料、机再配上预算价作为直接成本单价，其他直接成本、间接成本、利润、税金分别计算
   E. 用固定综合单价法计算工程进度款比用可调工料单价法更方便、省事

30. FIDIC合同条件下工程费用的支付范围中属于工程量清单项目的是（　　）。
    A. 一般项目　　　　　　　　　　B. 计日工作
    C. 材料设备预付款　　　　　　　D. 工程变更的费用
    E. 暂列金额

31. FIDIC合同条件下，下列工程支付的报表与证书中，由承包商提交的是（　　）。
    A. 月报表　　　　　　　　　　　B. 竣工报表
    C. 最终报表和结清单　　　　　　D. 最终付款证书
    E. 履约证书

32. 常用的偏差分析的方法有（　　）。
    A. 曲线法　　　B. 表格法　　　C. 网络图法　　　D. 横道图法
    E. 综合法

33. 工程计量的依据是（　　）。
    A. 施工方所报已完工程量　　　　B. 质量合格证书或签证
    C. 工程量清单前言和技术规范　　D. 批准的设计图纸文件及工程变更签证
    E. 工程结算价格规定

34. 由于业主原因，导致工程暂停二个月，则下列（　　）承包商可索赔。
    A. 利润　　　　　　　　　　　　B. 人工窝工费
    C. 机械设备窝工费　　　　　　　D. 增加的利息支出
    E. 增加的履约保函手续费

35. 由于承包商的原因造成工期延误，业主进行反索赔，在确定违约金费率时，一般应考虑（　　）因素。
    A. 业主盈利损失　　　　　　　　B. 由于工期延长造成的贷款利息增加
    C. 由于工期延长带来的附加监理费　D. 由于工期延长导致的设备涨价
    E. 由于工程拖期不能使用，继续租用原建筑物或租用其他建筑物的租赁费

36. 承包商根据协议规定提出的付款申请表主要包括（　　）等付款内容。
    A. 已完工程量　　　　　　　　　B. 工程变更费
    C. 返工损失费　　　　　　　　　D. 恶劣气候造成的窝工损失费
    E. 索赔

37. 在保修期内，由于施工单位的原因，项目出现了质量问题，原施工单位又不能及时的检查修理，影响了使用，造成了一定的损失，业主对此（　　）。
    A. 可以另行委托其他施工单位进行维修，其费用由原施工单位负责
    B. 不能另行委托其他施工单位，但可就造成的损失提出索赔
    C. 不仅可以另行委托其他施工单位，还应就造成的损失提出索赔
    D. 原施工单位质量问题处理后，如预留的保修费用有所剩余，至保修期满应将所剩余的保修费用结付给原施工单位
    E. 因原施工单位在保修期内严重违约，保修关系应予解除，剩余的保修费用不再结付给施工单位

38. 下列属于承包商可索赔的情况是（　　）。
    A. 设计错误引起的索赔　　　　　B. 加速施工费用的索赔

C. 工程变更引起的索赔
D. 对指定分包商的付款索赔
E. 工程中人为障碍引起的索赔

39. 常用的动态结算办法有（　　）。
A. 按实际价格结算法
B. 按估计价格结算法
C. 按调价文件结算法
D. 调值公式法
E. 按凭据结算法

实战练习题答案

一、单项选择题

1. C； 2. A； 3. A； 4. A； 5. B； 6. B； 7. B； 8. D； 9. A； 10. B；
11. A； 12. B； 13. B； 14. B； 15. C； 16. A； 17. A； 18. A； 19. C； 20. A；
21. C； 22. C； 23. C； 24. A； 25. B； 26. A； 27. B； 28. B； 29. C； 30. B；
31. C； 32. A； 33. C； 34. B； 35. B； 36. B； 37. C； 38. B； 39. B

二、多项选择题

1. B、C、D、E；   2. A、B、C、D；   3. A、B、C、D；   4. A、B、C、D；
5. A、B、C；   6. B、C；   7. A、B、C；   8. A、B、C、D；
9. B、C、D；   10. B、C、D；   11. A、B、C、D；   12. A、B、C、D；
13. A、B、C、D；   14. A、B、C；   15. A、B、C、D；   16. A、B、C；
17. B、C、D；   18. B、C；   19. A、B、C、D；   20. A、B、C、D；
21. B、D；   22. A、B、C、D；   23. B、C、D、E；   24. A、B、E；
25. B、C、D、E；   26. A、B、C、E；   27. A、B、C、E；   28. B、C、D、E；
29. A、B、C、E；   30. A、B、E；   31. A、B、C；   32. A、B、D；
33. B、C、D；   34. B、C、D、E；   35. A、B、C、E；   36. A、B、E；
37. C、D；   38. A、B、C、E；   39. A、C、D

第八章 建设工程竣工决算

📖 考纲解析

一、考纲要求：了解竣工决算与竣工结算的区别

考纲解析：主要是区别项目不同。

具体考点：竣工决算与竣工结算的区别如下表所示。

区别项目	工程竣工结算	工程竣工决算
编制单位及其部门	承包方的预算部门	项目业主的财务部门
内容	承包方承包施工的建筑安装工程的全部费用。它最终反映承包方完成的施工产值	建设工程从筹建开始到竣工交付使用为止的全部建设费用，它反映建设工程的投资效益
性质和作用	1. 承包方与业主办理工程价款最终结算的依据； 2. 双方签订的建筑安装工程承包合同终结的凭证； 3. 业主编制竣工决算的主要资料	1. 业主办理交付、验收、动用新增各类资产的依据； 2. 竣工验收报告的重要组成部分

二、考纲要求：了解竣工决算的内容

考纲解析：主要是竣工决算的概念组成。

具体考点：竣工决算是建设工程从筹建到竣工投产全过程中发生的所有实际支出，包括设备工器具购置费、建筑安装工程费和其他费用等。竣工决算由竣工财务决算报表、竣工财务决算说明书、竣工工程平面示意图、工程造价比较分析四部分组成。

三、考纲要求：了解竣工财务决算报表的结构

考纲解析：主要是大中型工程项目及小型工程项目的竣工财务决算报表内容。

具体考点：竣工财务决算报表的格式根据大、中型项目和小型工程项目不同情况分别制定，共有六种表。

(1) 工程项目竣工财务决算审批表；
(2) 大中型工程项目概况表；
(3) 大中型工程项目竣工财务决算表；
(4) 大中型工程项目交付使用资产总表；
(5) 工程项目交付使用资产明细表；
(6) 小型工程项目竣工财务决算总表。

四、考纲要求：熟悉新增固定资产、无形资产、流动资产、其他资产价值的构成

考纲解析：特别是新增固定资产和其他资产价值的构成。

具体考点：

（一）新增固定资产

1. 确定新增固定资产价值的作用

（1）如实反映企业固定资产价值的增减变化，保证核算的统一性。

（2）真实反映企业固定资产的占用额。

（3）正确计提企业固定资产折旧。

（4）反映一定范围内固定资产再生产的规模与速度。

（5）分析国民经济各部门的技术构成变化及相互间适应的情况。

2. 新增固定资产价值的构成

（1）第一部分工程费用，包括设备及工器具费用、建筑工程费、安装工程费；

（2）固定资产其他费用，主要有建设单位管理费、勘察设计费、研究试验费、工程监理费、工程保险费、联合试运转费、办公和生活家具购置费及引进技术和进口设备的其他费用等；

（3）预备费；

（4）融资费用，包括建设期利息及其他融资费用。

3. 新增固定资产价值的计算

新增固定资产价值的计算是以独立发挥生产能力的单项工程为对象的，当单项工程建成经有关部门验收鉴定合格，正式移交生产或使用，即应计算新增固定资产价值。

（二）新增无形资产

无形资产是指能使企业拥有某种权利、能为企业带来长期的经济效益，但没有实物形态的资产。无形资产包括专利权、商标权、专有技术、著作权、土地使用权、商誉等。

（三）新增流动资产

依据投资概算核拨的项目铺底流动资金；由建设单位直接移交使用单位。

（四）新增其他资产

其他资产，是指除固定资产、无形资产、流动资产以外的资产。形成其他资产原值的费用主要是生产准备费（含职工提前进厂费和培训费），样品样机购置费和农业开荒费等。

📖 重要考点

1. 竣工决算概念；

2. 竣工决算与竣工结算的区别；

3. 竣工决算的内容、竣工决算的编制依据、竣工决算的编制步骤；

4. 新增固定资产、新增无形资产、新增流动资产、新增其他资产；

5. 工程项目竣工财务决算审批表；

6. 大中型工程项目概况表；

7. 大中型工程项目竣工财务决算表；

8. 大中型工程项目交付使用资产总表；

9. 工程项目交付使用资产明细表；

10. 小型工程项目竣工财务决算总表。

📖 答疑解析

1. 竣工决算作用有哪些？

答：通过竣工决算，一方面能够正确反映建设工程的实际造价和投资结果；另一方面可以通过竣工决策与概算、预算的对比分析，考核投资控制的工作成效，总结经验教训，积累技术经济方面的基础资料，提高未来建设工程的投资效益。

2. 竣工决算的概念是什么？

答：竣工决算是建设工程经济效益的全面反映，是项目法人核定各类新增资产价值、办理其交付使用的依据。

3. 工程竣工结算与工程竣工决算是一个编制单位及其部门编制的吗？

答：不是，工程竣工结算是承包方的预算部门；工程竣工决算是项目业主的财务部门。

4. 工程竣工结算与工程竣工决算编制的内容一样吗？

答：不一样，工程竣工结算是承包方承包施工的建筑安装工程的全部费用。它最终反映承包方完成的施工产值；工程竣工决算是建设工程从筹建开始到竣工交付使用为止的全部建设费用，它反映建设工程的投资效益。

5. 工程竣工结算与工程竣工决算编制的性质和作用相同吗？

答：不同，工程竣工结算的性质和作用是承包方与业主办理工程价款最终结算的依据，双方签订的建筑安装工程承包合同终结的凭证，业主编制竣工决算的主要资料；工程竣工决算的性质和作用是业主办理交付、验收、动用新增各类资产的依据，竣工验收报告的重要组成部分。

6. 竣工决算是建设工程从什么时间到什么时间的所有实际支出？

答：竣工决算是建设工程从筹建到竣工投产全过程中发生的所有实际支出。

7. 竣工决算包括什么费用？

答：竣工决算包括设备工器具购置费、建筑安装工程费和其他费用等。

8. 竣工决算由哪几部分组成？

答：竣工决算由竣工财务决算报表、竣工财务决算说明书、竣工工程平面示意图、工程造价比较分析四部分组成。

9. 哪些属于竣工财务决算的内容？

答：竣工财务决算的内容包括竣工财务决算报表、竣工财务决算说明书。

10. 哪个是办理固定资产交付使用手续的依据？

答：竣工财务决算是办理固定资产交付使用手续的依据。

11. 哪个是正确核定资产价值反映竣工项目建设成果的文件？

答：竣工财务决算是正确核定资产价值反映竣工项目建设成果的文件。

12. 索赔报告与记录、停（交）工报告等是否是竣工决算的编制依据？

答：是。竣工决算的编制依据中第六条依据为施工记录或施工签证单，以及其他施工中发生的费用记录，如：索赔报告与记录、停（交）工报告等。

13. 竣工决算的编制步骤中第一步是什么？

答：收集、整理、分析原始资料。从建设工程开始就按编制依据的要求，收集、清点整理有关资料，主要包括建设工程档案资料。

14. 竣工决算的编制步骤中最后一步是什么？

答：按国家规定上报、审批、存档。

15. 新增资产是按照什么划分的？

答：按照资产的性质不同，其核算的方法也不同。

16. 新增固定资产价值的构成中融资费用包括什么？

答：融资费用包括建设期利息及其他融资费用。

17. 新增固定资产价值的构成内容有什么？

答：新增固定资产价值的构成内容有：第一部分工程费用，包括设备及工器具费用、建筑工程费、安装工程费；固定资产其他费用，主要有建设单位管理费、勘察设计费、研究试验费、工程监理费、工程保险费、联合试运转费、办公和生活家具购置费及引进技术和进口设备的其他费用等；预备费；融资费用。

18. 新增固定资产价值的计算是以什么为对象的？

答：新增固定资产价值的计算是以独立发挥生产能力的单项工程为对象的。

19. 分期分批交付生产或使用的工程应怎么计算新增固定资产价值？

答：分期分批交付生产或使用的工程，应分期分批计算新增固定资产价值。

20. 什么是无形资产？

答：无形资产是指能使企业拥有某种权利、能为企业带来长期的经济效益，但没有实物形态的资产。

21. 无形资产包括哪些内容？

答：无形资产包括专利权、商标权、专有技术、著作权、土地使用权、商誉等。

22. 新增无形资产的计价原则是什么？

答：(1)投资者将无形资产作为资本金或者合作条件投入的，按照评估确认或合同协议约定的金额计价；(2)购入的无形资产，按照实际支付的价款计价；(3)企业自创并依法确认的无形资产，按开发过程的实际支出计价；(4)企业接受捐赠的无形资产，按照发票凭证所载金额或者同类无形资产市场价作价。

23. 无形资产计价入账后其价值怎么办？

答：无形资产计价入账后，其价值从受益之日起，在有效使用期内分期摊销。

24. 依据投资概算核拨的项目铺底流动资金，竣工结算后怎么办？

答：依据投资概算核拨的项目铺底流动资金，由建设单位直接移交使用单位。

25. 形成其他资产原值的费用主要有哪些？

答：形成其他资产原值的费用主要是生产准备费(含职工提前进厂费和培训费)，样品样机购置费和农业开荒费等。

26. 小型工程项目竣工财务决算总表由哪两个表合并而成？

答：是由大、中型工程项目概况表与大、中型工程项目竣工财务决算表合并而成。

27. 工程项目竣工财务决算审批表中的主管部门是指谁？

答：是指建设单位的主管部门。

28. 大中型工程项目概况表中"主要技术经济指标"根据什么填列？

答：大中型工程项目概况表中"主要技术经济指标"根据概算和主管部门规定的内容分别按概算数和实际数填列。

29. 大中型工程项目竣工财务决算表是反映什么的？

答：是反映竣工的大中型项目全部资金来源和资金占用情况。

30. 大中型工程项目交付使用资产总表是反映什么的？

答：该表反映工程项目建成后新增固定资产、流动资产、无形资产和其他资产价值，作为财产交接的依据。

31. 工程项目交付使用资产明细表是反映什么的？

答：该表反映交付使用资产及其价值的更详细的情况，适用于大、中、小型工程项目。

32. 小型工程项目竣工财务决算总表是反映什么的？

答：该表主要反映小型工程项目的全部工程和财务情况。

例题解析

一、单项选择题

1. 竣工决算是指建设工程从（　　）到竣工所发生的所有实际支出。
   A. 筹建　　　　B. 可行性研究　　　C. 初步设计　　　D. 开工

答案：A

【解析】　竣工决算是建设工程从筹建到竣工投产全过程中发生的所有实际支出，包括设备工器具购置费、建筑安装工程费和其他费用等。竣工决算由竣工财务决算报表、竣工财务决算说明书、竣工工程平面示意图、工程造价比较分析四部分组成。

2. 新增固定资产价值的计算是以（　　）为对象的。
   A. 分项工程　　B. 分部工程　　　C. 单位工程　　　D. 单项工程

答案：D

【解析】　新增固定资产价值的计算是以独立发挥生产能力的单项工程为对象的，当单项工程建成经有关部门验收鉴定合格，正式移交生产或使用，即应计算新增固定资产价值。

3. 建设工程竣工决算时，新增固定资产价值计算的对象是已经完成并经验收鉴定合格的（　　）。
   A. 建设项目　　B. 单项工程　　　C. 单位工程　　　D. 分部工程

答案：B

【解析】　新增固定资产价值的计算是以独立发挥生产能力的单项工程为对象的，当单项工程建成经有关部门验收鉴定合格，正式移交生产或使用，即应计算新增固定资产价值。

4. 竣工决算是指（　　）。
   A. 业主与承包商的最终决算
   B. 甲乙双方签订的建筑安装工程承包合同终结的凭证

C. 建设工程从筹建开始到竣工交付使用为止的全部建设费用

D. 竣工验收时业主与承包商的结算

答案：C

【解析】 建设工程从筹建开始到竣工交付使用为止的全部建设费用，它反映建设工程的投资效益。

5. 大中型工程项目竣工财务决算表中资金占用总额应等于( )。

  A. 投资总额   B. 资金来源总额

  C. 竣工决算总额   D. 基建拨款总额

答案：B

【解析】 大中型工程项目竣工财务决算表中资金占用总额应等于资金来源总额。

6. 在工程项目交付使用资产总表中，融资费用列入( )。

  A. 固定资产   B. 流动资产   C. 无形资产   D. 其他资产

答案：A

【解析】 新增固定资产价值的构成：

(1) 第一部分工程费用，包括设备及工器具费用、建筑工程费、安装工程费；

(2) 固定资产其他费用，主要有建设单位管理费、勘察设计费、研究试验费、工程监理费、工程保险费、联合试运转费、办公和生活家具购置费及引进技术和进口设备的其他费用等；

(3) 预备费；

(4) 融资费用，包括建设期利息及其他融资费用。

7. 建设工程从筹建开始到竣工交付使用为止的全部建设费用，它反映( )。

  A. 建设方完成的施工产值   B. 施工方完成的投资效益

  C. 建设工程的投资效益   D. 建设工程的施工产值

答案：C

【解析】 建设工程从筹建开始到竣工交付使用为止的全部建设费用，它反映建设工程的投资效益。

8. 工程项目竣工投入运营后，生产准备费形成新增( )。

  A. 其他资产   B. 流动资产   C. 无形资产   D. 固定资产

答案：A

【解析】 新增其他资产，是指除固定资产、无形资产、流动资产以外的资产。形成其他资产原值的费用主要是生产准备费(含职工提前进厂费和培训费)，样品样机购置费和农业开荒费等。

二、多项选择题

1. 下列费用支出中，形成建设项目新增固定资产的有( )。

  A. 建设期利息   B. 土地使用权出让金

  C. 生产准备费   D. 联合试运转费

  E. 样品样机购置费

答案：A、D

【解析】 新增固定资产价值的构成：

(1) 第一部分工程费用，包括设备及工器具费用、建筑工程费、安装工程费；
(2) 固定资产其他费用，主要有建设单位管理费、勘察设计费、研究试验费、工程监理费、工程保险费、联合试运转费、办公和生活家具购置费及引进技术和进口设备的其他费用等；
(3) 预备费；
(4) 融资费用，包括建设期利息及其他融资费用。

2. 建设工程竣工决算资料包括（   ）。
    A. 竣工财务决算报表　　　　　　　B. 竣工财务决算说明书
    C. 竣工工程平面示意图　　　　　　D. 竣工工程整体效果图
    E. 工程造价比较分析资料
    答案：A、B、C、E

【解析】 竣工决算是建设工程从筹建到竣工投产全过程中发生的所有实际支出，包括设备工器具购置费、建筑安装工程费和其他费用等。竣工决算由竣工财务决算报表、竣工财务决算说明书、竣工工程平面示意图、工程造价比较分析四部分组成。

3. 竣工决算是建设工程经济效益的全面反映，包括（   ）。
    A. 工程造价比较分析　　　　　　　B. 竣工财务决算报表
    C. 竣工工程平面示意图　　　　　　D. 施工方案技术经济分析
    E. 竣工财务决算说明书
    答案：A、B、C、E

【解析】 竣工决算是建设工程从筹建到竣工投产全过程中发生的所有实际支出，包括设备工器具购置费、建筑安装工程费和其他费用等。竣工决算由竣工财务决算报表、竣工财务决算说明书、竣工工程平面示意图、工程造价比较分析四部分组成。

4. 新增资产分为（   ）。
    A. 固定资产　　　B. 无形资产　　　C. 流动资产　　　D. 其他资产
    E. 递延资产
    答案：A、B、C、D

【解析】 工程项目竣工投入运营后，所花费的总投资应按会计制度和有关税法的规定，形成相应的资产。这些新增资产分为固定资产、无形资产、流动资产和其他资产四类。

5. 建设工程竣工决算时，计入新增固定资产价值的有（   ）。
    A. 生产准备费　　　　　　　　　　B. 工程监理费
    C. 土地使用权出让金　　　　　　　D. 联合试运转费
    E. 预备费
    答案：B、D、E

【解析】 新增固定资产价值的构成：
(1) 第一部分工程费用，包括设备及工器具费用、建筑工程费、安装工程费；
(2) 固定资产其他费用，主要有建设单位管理费、勘察设计费、研究试验费、工程监理费、工程保险费、联合试运转费、办公和生活家具购置费及引进技术和进口设备的其他费用等；

(3) 预备费；

(4) 融资费用，包括建设期利息及其他融资费用。

6. 工程竣工结算性质和作用（　　）。

　　A. 承包方与业主办理工程价款最终结算的依据

　　B. 双方签订的建筑安装工程承包合同终结的凭证

　　C. 业主编制竣工决算的主要资料

　　D. 业主办理交付、验收、动用新增各类资产的依据

　　E. 竣工验收报告的重要组成部分

答案：A、B、C

【解析】 工程竣工结算性质和作用：(1)承包方与业主办理工程价款最终结算的依据；(2)双方签订的建筑安装工程承包合同终结的凭证；(3)业主编制竣工决算的主要资料。工程竣工决算性质和作用：(1)业主办理交付、验收、动用新增各类资产的依据；(2)竣工验收报告的重要组成部分。

7. 在竣工决算中，属于新增固定资产价值的有（　　）。

　　A. 生产准备费　　　　　　　　B. 建设单位管理费

　　C. 研究试验费　　　　　　　　D. 土地使用权出让金

　　E. 工程监理费

答案：B、C、E

【解析】 新增固定资产价值的构成：

(1) 第一部分工程费用，包括设备及工器具费用、建筑工程费、安装工程费；

(2) 固定资产其他费用，主要有建设单位管理费、勘察设计费、研究试验费、工程监理费、工程保险费、联合试运转费、办公和生活家具购置费及引进技术和进口设备的其他费用等；

(3) 预备费；

(4) 融资费用，包括建设期利息及其他融资费用。

📖 实战练习题

一、单项选择题

1. 竣工决算是建设工程经济效益的全面反映，是（　　）核定各类新增资产价值、办理其交付使用的依据。

　　A. 建设项目主管单位　　　　　B. 施工企业

　　C. 项目法人　　　　　　　　　D. 国有资产管理局

2. （　　）是承包方将所承包的工程按照合同规定全部完工交付之后，向发包单位进行的最终工程价款结算。

　　A. 竣工结算(乙方编制)　　　　B. 竣工决算(甲方编制)

　　C. 竣工结算(甲方编制)　　　　D. 竣工决算(乙方编制)

3. 竣工决算是建设工程从筹建到竣工投产全过程中发生的所有（　　）。

　　A. 收入和支出　　B. 投资　　　C. 实际支出　　D. 支出

4. 新增固定资产价值的计算是以独立发挥生产能力的（　　）为对象的。
   A. 建安工程　　　B. 单位工程　　　C. 建设项目　　　D. 单项工程
5. 新增无形资产计价入账后，其价值从受益之日起，在有效使用期内（　　）。
   A. 一次摊销　　B. 分期摊销　　C. 一次计算　　D. 加权摊销
6. 竣工财务决算报表的格式根据大、中型项目和小型工程项目不同情况分别制定。其共有（　　）种表。
   A. 三　　　　　B. 五　　　　　C. 六　　　　　D. 八
7. 工程项目交付使用资产明细表反映交付使用资产及其价值的更详细的情况，适用于（　　）。
   A. 小型工程项目　　　　　　　B. 大、中型工程项目
   C. 大、中、小型工程项目　　　D. 大型工程项目
8. 大中型工程项目竣工财务决算表：该表是反映竣工的大中型项目竣工财务决算表，它反映竣工的大中型项目全部资金来源和资金占用情况。对于跨年度的项目，在编制该表前，一般应先编制出（　　）。根据编出的竣工年度财务决算和历年财务决算编制出该项目的竣工财务决算。
   A. 项目竣工年度财务预算　　　B. 项目竣工年度计划决算
   C. 项目竣工年度财务决算　　　D. 项目竣工年度财务概算
9. 工程项目竣工决算应包括（　　）全过程的全部实际支出费用。
   A. 从开工到竣工　　　　　　　B. 从破土动工到竣工
   C. 从筹建到竣工投产　　　　　D. 从开工到投产
10. 在竣工决算中，作为无形资产入账的是（　　）。
    A. 通过政府无偿划拨的土地的使用权　　B. 土地使用权出让金
    C. 开办费　　　　　　　　　　　　　　D. 广告宣传费

二、多项选择题
1. 竣工决算由（　　）组成。
   A. 竣工结算报表　　　　　　　B. 竣工财务决算报表
   C. 竣工财务决算说明书　　　　D. 竣工工程平面示意图
   E. 工程造价比较分析
2. 竣工决算的编制依据（　　）。
   A. 经批准的项目建议书及其投资估算　　B. 竣工图及各种竣工验收资料
   C. 经批准的施工图设计及其施工图预算　　D. 设计交底或图纸会审纪要
   E. 招投标的标底、承包合同、工程结算资料
3. 竣工决算的编制步骤有（　　）。
   A. 收集、整理、分析原始资料
   B. 作好工程造价对比分析
   C. 对照、核实工程变动情况，重新核实各单位工程、单项工程造价
   D. 编制竣工财务决算说明书
   E. 按监理规定上报、审批、存档
4. 竣工财务决算是竣工决算的组成部分，是（　　）。

A. 是落实项目建议书及其投资估算的考核
   B. 正确核定新增资产价值
   C. 正确反映竣工项目建设成果的文件
   D. 是办理固定资产交付使用手续的依据
   E. 是考核项目建成后发挥效益的重要指标
5. 新增固定资产价值的构成（　　）。
   A. 第一部分工程费用　　　　　B. 固定资产其他费用
   C. 预备费　　　　　　　　　　D. 融资费用
   E. 招标费用
6. 形成其他资产原值的费用主要是（　　）。
   A. 生产准备费　　　　　　　　B. 样品样机购置费
   C. 农业开荒费　　　　　　　　D. 试验费
   E. 第一次点火费用
7. 大、中型工程项目竣工财务决算报表与小型工程项目竣工财务决算报表相同的有（　　）。
   A. 工程项目竣工财务决算审批表　　B. 大、中型工程项目概况表
   C. 大、中型工程项目竣工财务决算表　D. 小型工程项目竣工财务决算总表
   E. 工程项目交付使用资产明细表
8. 建设工程竣工决算时，计入新增固定资产价值的有（　　）。
   A. 已经投入生产或交付使用的建筑安装工程造价
   B. 达到固定资产标准的设备工器具的购置费用
   C. 可行性研究费
   D. 土地使用权出让金
   E. 土地征用及迁移补偿费
9. 工程项目竣工决算的内容有（　　）。
   A. 竣工结算书　　　　　　　　B. 竣工财务决算报表
   C. 竣工财务决算说明书　　　　D. 竣工工程平面示意图
   E. 工程造价比较分析

📖 实战练习题答案

一、单项选择题
1. C；　2. A；　3. C；　4. D；　5. B；　6. C；　7. C；　8. C；　9. C；　10. B

二、多项选择题
1. B、C、D、E；　2. B、C、D、E；　3. A、B、C、D；　4. B、C、D；
5. A、B、C、D；　6. A、B、C；　7. A、E；　8. A、B、C、E；
9. B、C、D、E

模拟试题(一)

一、单项选择题(共40题,每题1分。每题的备选项中,只有一个最符合题意)

1. 建设工程总投资,一般是指进行某项工程建设花费的全部费用。生产性建设工程总投资包括建设投资和( )两部分;非生产性建设工程总投资则只包括建设投资。
   A. 预备费　　　　B. 无形资产　　　　C. 有形资产　　　　D. 铺底流动资金

2. 建设工程投资构成中的"积极投资"是指( ),其占投资费用的比例大小,意味着生产技术的进步和资本有机构成的程度。
   A. 建筑安装工程投资　　　　B. 固定资产投资方向调节税
   C. 建设工程其他投资　　　　D. 设备工器具投资

3. 世界银行规定的项目总建设成本中,下列哪项不是其组成部分( )。
   A. 应急费用　　　　　　　　B. 项目间接建设成本
   C. 估算误差费用补偿　　　　D. 建设成本上升费用

4. 在建筑安装工程造价中,含税工程造价等于不含税工程造价加上( )。
   A. 营业税、城乡维护建设税及教育费附加
   B. 增值税、城乡维护建设税及教育费附加
   C. 营业税及所得税
   D. 增值税及所得税

5. 在建安工程造价中,材料预算价格是指材料由其来源地运到( )的价格。
   A. 施工工地　　　　　　　　B. 施工操作地点
   C. 施工工地仓库后出库　　　D. 施工工地仓库

6. 某项目建筑安装工程投资为1000万元,基本预备费为60万元,设备购置费为300万元,涨价预备费为20万元,贷款利息为50万元,则上述投资中属于静态投资的为( )万元。
   A. 1300　　　　B. 1360　　　　C. 1380　　　　D. 1430

7. 当建设工程竣工验收时,为了鉴定工程质量,对隐蔽工程进行必要的开挖和修复,费用应从( )中支付。
   A. 建设单位的基本预备费　　　B. 建设单位的管理费
   C. 施工单位的企业管理费　　　D. 施工单位的措施费

8. 企业定额水平与国家、行业或地区定额的关系是( )国家、行业或地区定额,才能适应投标报价,增强市场竞争能力的要求。
   A. 低于　　　　B. 等于　　　　C. 高于　　　　D. 无关于

9. 编制地区单位计价表的基础是( )。
   A. 工程合同价　　B. 估算指标　　C. 概算定额　　D. 基础定额

10. 已知$(F/A, i, n)=1.25$,$F=100$万元,则A应为( )。

A. 100万元 B. 50万元 C. 80万元 D. 40万元

11. 某银行年贷款利率 r，一年计算利息 m 次，如果折算为一年计息一次，则对应的年计息率 i 为（　　）。

　　A. mr　　　　B. r^m　　　　C. $(1+mr)m-1$　　D. $(1+r/m)^m-1$

12. 当财务内部收益率为（　　），则认为项目在财务上可行（i_c 为行业基准收益率）。

　　A. $FIRR \geq i_c$　　B. $FIRR < i_c$　　C. $FIRR > 0$　　D. $FIRR < 0$

13. 项目可行性研究的核心内容是（　　）。

　　A. 投资估算与资金筹措　　　　B. 需求预测和拟建规模
　　C. 建设条件与厂址方案　　　　D. 项目经济评价

14. 当项目处于规划或项目建议书阶段，又无其他类似工程可以参照时，其投资估算的编制方法可采用（　　）。

　　A. 资金周转率法　　　　　　　B. 郎格系数法
　　C. 生产能力指数法　　　　　　D. 按设备费用的百分比估算法

15. 投资利润率是反映项目（　　）的重要指标。

　　A. 盈利能力　　B. 偿债能力　　C. 运营能力　　D. 负债能力

16. 某建设工程，当折现率 $i_c=10\%$ 时，财务净现值 $FNPV=200$ 万元；当 $i_c=12\%$ 时，财务净现值 $FNPV=-100$ 万元，用内插公式法可求得内部收益率为（　　）。

　　A. 12%　　　B. 10%　　　C. 11.33%　　D. 11.67%

17. 价值工程的重要特点是以提高项目的（　　）为目标。

　　A. 投资　　　B. 价值　　　C. 功能　　　D. 美观

18. 扩大单价法编制单位工程概算以（　　）为依据。

　　A. 概算指标　　　　　　　　　B. 概算定额
　　C. 预算定额　　　　　　　　　D. 类似工程预算资料

19. 价值工程的核心是（　　）。

　　A. 功能与成本进行系统分析　　B. 成本分析
　　C. 价值分析　　　　　　　　　D. 寿命周期分析

20. 下列（　　）方法不属于审查施工图预算方法。

　　A. 筛选法　　B. 对比审查法　　C. 扩大单价法　　D. 逐项审查法

21. 设计概算审查的方式一般采用（　　）方式进行。

　　A. 单审　　　B. 集中会审　　　C. 设计部门审查　　D. 建设单位审查法

22. 下列说法中，符合标底价格编制原则的是（　　）。

　　A. 标底价格应有成本、税金组成，不包含利润部分
　　B. 一个工程可根据投标企业的不同编制若干个标底价格
　　C. 标底的计价依据可由编制单位自主选择
　　D. 标底价格作为招标单位的期望计划价，应力求与市场的实际变化相吻合

23. 在按成本加酬金确定合同价时，最不利于降低成本的是（　　）。

　　A. 成本加固定百分比酬金　　　B. 成本加固定金额酬金
　　C. 成本加奖罚金　　　　　　　D. 成本加固定利润

24. 工程变更由（　　）审查批准。

A. 业主   B. 监理工程师   C. 承包商   D. 造价工程师

25. 编制按( )分解的资金使用计划，通常可利用控制项目进度的网络图进一步扩充而得。

A. 子项目   B. 时间进度   C. 投资构成   D. 形象进度

26. 在竣工决算中，作为无形资产入账的是( )。

A. 通过政府无偿划拨的土地使用权   B. 土地使用权出让金
C. 开办费   D. 广告宣传费

27. 某公司开发一项目投资100万元，资金时间价值率（相当于年利息率）为20%，计划5年内等额回收，则每年应回收资金额为( )万元。

A. 33.438   B. 34.438   C. 35.438   D. 36.438

28. 采用发行股票方式筹集建设资金可以( )。

A. 降低企业的负债比率   B. 使企业少缴部分所得税
C. 提高企业的融资风险   D. 保持原有股东对企业控制权

29. 在市场经济条件下，选择资金来源、拟定筹资方案的主要依据是( )。

A. 资金使用费率   B. 资金利润率   C. 资金成本率   D. 资金筹资费率

30. 国民经济评价中采用( )。

A. 市场价格   B. 影子价格   C. 不变价格   D. 可变价格

31. 监理工程师在接到承包商报告( )内未进行工程计量，此后承包方报告开列的工程量可作为工程价款支付的依据。

A. 7天   B. 9天   C. 10天   D. 11天

32. 某建设项目，当折现率 $i_1=10\%$ 时，财务净现值 $FNPV_1=200$ 万元；当 $i_2=15\%$ 时，$FNPV_2=-100$ 万元，用内插公式法可求得其财务内部收益率为( )。

A. 15%   B. 20%   C. 13.3%   D. 11.67%

33. 竣工后一次结算的方法适用的建筑安装工程是( )。

A. 工期小于1年或合同价值小于100万元
B. 工期小于1年或合同价值大于100万元
C. 工期大于1年或合同价值小于100万元
D. 工期大于1年或合同价值大于100万元

34. 某工程有①②③三个方案，分析后获得的结果是：
方案①，功能评价系数0.6，成本评价系数0.5；
方案②，功能评价系数0.65，成本评价系数0.6；
方案③，功能评价系数0.67，成本评价系数0.48。
按价值工程原理确定的最优方案是( )。

A. ①   B. ②   C. ③   D. ①和②

35. 某建筑工程采用类似工程预算法编制设计概算，已知同类工程1000m³，建筑人工费5600元，工资标准为10元/工日，可以认为完全类似于新建工程，人工费比重22%，新建工程按规定应采用的工资标准为15.8元/工日，则根据类似工程所确定新建工程的人工费指标为每1000m³建筑体积( )元。

A. 1947.0   B. 6648.0   C. 8848.0   D. 19465.6

213

36. 用实物法和单价法编制施工图预算的主要区别在于(   )。
    A. 计算其他直接费的方法不同
    B. 计算间接费的方法不同
    C. 计算计划利润和税金的方法不同
    D. 计算人工费、材料费和施工机械使用费三者之和的方法不同。

37. 建筑安装工程的(   )合同适用于工程内容和技术经济指标规定很明确的且工期较长的工程项目。
    A. 不可调值不变总价   B. 可调值不变总价
    C. 纯单价   D. 估计工程量单价

38. 在合同执行过程中，由于通货膨胀而使用的工料成本增加，按合同规定可以对合同总价进行相应的调整的合同形式称为(   )。
    A. 不可调值不变总价合同   B. 可调值不变总价合同
    C. 纯单价合同   D. 成本加酬金合同

39. 某建筑工程工程价款总额580万元，计划年内半年时间完工，主材及结构件金额约占合同价款总额的55%，预付备料款比例为25%，则预付备料款的起扣点为(   )万元。
    A. 216.36   B. 316.36   C. 356.36   D. 416.36

40. 某工程设备采购合同签订时，设备有关材料的物价指数为125，人工成本指数80，设备合同价为8.2万美元，双方合同明确，合同价中固定费用占20%，材料费用占56%，人工成本占24%，三个月后交货采用动态结算。结算时，材料物价指数为150，人工成本指数为88，则设备的结算款是(   )。
    A. 8.3152万美元   B. 8.5232万美元
    C. 9.3152万美元   D. 9.5232万美元

二、**多项选择题**(共20题，每题2分。每题的备选项中，有2个或2个以上符合题意，至少有1个错项。错选，本题不得分；少选，所选的每个选项得0.5分)

1. 建筑安装工程投资由(   )所组成。
    A. 税金   B. 间接费   C. 计划利润   D. 设备购置费
    E. 施工供电贴费

2. 应列入直接工程费中人工费的有(   )。
    A. 生产工人劳动保护费   B. 生产工人探亲假期工资
    C. 原生产一线工人的退休工资   D. 生产工人福利费
    E. 生产工人教育经费

3. 预备费包括的内容有(   )。
    A. 物价上涨费   B. 器材处理亏损费
    C. 设计变更增加的费用   D. 利率、汇率变化增加的费用
    E. 竣工后隐蔽工程重新开挖增加的费用

4. FOB交货方式的进口设备抵岸价包括(   )。
    A. 货价   B. 国外运输费
    C. 运输保险费   D. 商检、卫生检疫费

E. 关税与增值税

5. 如果（　　），则项目可行。
   A. 财务评价可行，国民经济评价不可行
   B. 财务评价可行，国民经济评价可行
   C. 财务评价不可行，国民经济评价不可行
   D. 财务评价不可行，国民经济评价可行
   E. 国民经济评价不可行

6. 在国民经济评价中，不列入费用项目的有（　　）。
   A. 固定资产投资　　　　　　　B. 流动资金投资
   C. 税金　　　　　　　　　　　D. 国内投资贷款利息
   E. 国外投资贷款利息

7. 国民经济评价与财务经济评价的相同之处是（　　）。
   A. 计算期相同　　　　　　　　B. 评价目的相同
   C. 采用的价格相同　　　　　　D. 评价基础相同
   E. 评价用的参数相同

8. 采用类似工程预算法编制拟建工程的设计概算，必须考虑类似工程与拟建工程之间存在的差别，通过各种差别的修正系数，求出拟建工程的概算造价。差异修正系统中包括（　　）。
   A. 设计对象与类似预算在结构上的差别修正系数
   B. 设计对象与类似预算的人工工资修正系数
   C. 设计对象与类似预算的材料费修正系数
   D. 设计对象与类似预算的机械使用费修正系数
   E. 设计对象与类似预算的间接费修正系数

9. 下列（　　）属于项目总概算中建设工程其他费用。
   A. 土地使用费　　　　　　　　B. 生产准备费
   C. 辅助和服务性工程项目综合概算　　D. 供电贴费
   E. 工程监理费

10. 建设项目总概算是根据所包括的（　　）汇总编制而成的。
    A. 单项工程综合概算　　　　　B. 建设工程其他费用
    C. 单位工程概算　　　　　　　D. 预算费用
    E. 预备费用

11. 建设单位决定合同形式，应根据（　　）因素综合考虑。
    A. 设计工作深度　　　　　　　B. 工期长短
    C. 质量要求的高低　　　　　　D. 工程规模、复杂程度
    E. 施工单位的要求

12. 监理工程师在协助业主单位决定采用什么合同计价形式时，应根据（　　）综合考虑。
    A. 设计图纸的深度　　　　　　B. 工期的长短
    C. 质量要求的高低　　　　　　D. 工程规模、复杂程度

E. 施工单位的要求

13. 审查用实物法编制的施工图预算时,可以确定其直接费的大小与( )有关,应作为审查的内容。
    A. 工程量　　　　　B. 定额用量　　　　　C. 市场价格　　　　　D. 设计图纸
    E. 利税费率

14. 施工图预算是在施工图设计完成后,以施工图为依据,根据( )进行编制的。
    A. 预算定额
    B. 设计概算
    C. 地区人工、材料、机械台班的预算价格
    D. 取费标准
    E. 概算定额

15. 由于承包商的原因造成工期延误,业主进行反索赔,在确定违约金费率时,一般应考虑( )因素。
    A. 业主盈利损失　　　　　　　　　　　B. 由于工期延长造成的贷款利息增加
    C. 由于工期延长带来的附加监理费　　　D. 由于工期延长增加的保险费开支
    E. 由于工期延长增加的租赁费

16. 由于业主设计变更,导致工程暂停一个月,则承包商可索赔的费用有( )。
    A. 利润　　　　　　　　　　　　　　　B. 人工窝工费
    C. 机械设备窝工费　　　　　　　　　　D. 增加的管理费
    E. 材料涨价

17. 根据FIDIC合同条件下,下列哪些费用承包商可索赔( )。
    A. 异常恶劣气候导致的机械窝工费
    B. 非承包商责任工效降低增加的机械使用费
    C. 由于完成额外工作增加的机械使用费
    D. 由于监理工程师原因导致的机械窝工费
    E. 施工组织设计不合理导致的机械窝工费

18. 工程自办理交工验收手续后,在保修期内因( )等原因造成的工程质量缺陷,要由施工单位负责维修。
    A. 设计　　　　　　B. 施工　　　　　　C. 材料　　　　　　D. 使用单位
    E. 地震

19. 建设项目竣工决算中,建设单位管理费按( )总额作等比例分摊。
    A. 建筑工程　　　　　　　　　　　　　B. 安装工程
    C. 需安装设备价值　　　　　　　　　　D. 工器具及生产用家具购置费
    E. 装饰装修工程

20. 在保修期内,由于施工单位的原因,项目出现了质量问题,原施工单位又不能及时检查修理,影响了使用,造成了一定的损失,业主对此( )。
    A. 不能另行委托其他施工单位,但可就造成的损失提出索赔
    B. 不仅可另行委托其他施工单位,还应就造成的损失提出索赔
    C. 原施工单位质量问题处理后,如预留的保修费有所剩余,至保修期满应将所

剩余的保修费用结付给原施工单位
D. 因原施工单位在保修期内严重违约，保修关系应予解除，剩余的保修费用不再结付给原施工单位
E. 不能委托其他施工单位施工工程

参考答案

一、单项选择题

1. D； 2. D； 3. C； 4. A； 5. C； 6. B； 7. A； 8. C； 9. D； 10. C；
11. D； 12. A； 13. D； 14. A； 15. A； 16. C； 17. B； 18. B； 19. A； 20. C；
21. B； 22. D； 23. A； 24. B； 25. B； 26. B； 27. A； 28. A； 29. C； 30. B；
31. A； 32. C； 33. A； 34. C； 35. C； 36. D； 37. B； 38. B； 39. B； 40. C

二、多项选择题

1. A、B、C； 2. A、B、D； 3. A、C、D、E； 4. A、B、C、E；
5. B、D； 6. C、D； 7. A、B、D； 8. B、C、D、E；
9. A、B、D、E； 10. A、B、E； 11. A、B、D； 12. A、B、D；
13. A、B、C； 14. A、C、D； 15. A、B、C、E； 16. B、C、D；
17. B、C、D； 18. A、B、C； 19. A、B、C； 20. B、C

模拟试题(二)

一、单项选择题(共 40 题,每题 1 分。每题的备选项中,只有一个最符合题意)

1. 按工程构成分部组合计算是指计算建设工程投资时,按( )顺序计算,并逐层汇总。
   A. 分项、分部、单位、单项工程　　B. 单位、单项、分项、分部工程
   C. 分部、分项、单项、单位工程　　D. 分项、分部、单项、单位工程

2. 实行建设工程投资控制最有效的手段是( )。
   A. 实行经济承包责任制　　B. 进行招标和投标
   C. 经济核算　　D. 技术与经济相结合

3. 采用装运港船上交货价(FOB)进口设备时,卖方的责任是( )。
   A. 承担货物装船后的一切费用和风险　　B. 承担接货后的一切费用和风险
   C. 负责提供有关装运单据　　D. 负责办理保险及支付保险费

4. 国产标准设备的原价一般是指( )。
   A. 设备制造厂的交货价(带配件)　　B. 出厂价与运费、装卸费之和
   C. 设备预算价格　　D. 设备成本价

5. 工业项目的交工验收一般分为三个工作程序,即:技术竣工(单体试车)、无负荷联动试车和有负荷联动试车;其中单体无负荷试车费应由( )支付。
   A. 建设单位的设备购置费　　B. 建设单位的联合试运转费
   C. 建设单位的研究试验费　　D. 施工单位的设备安装工程费

6. 为完成工程项目施工,发生于该工程施工前和施工过程中非工程实体项目的费用是指( )。
   A. 安装工程费　　B. 企业管理费　　C. 措施费　　D. 规费

7. 在施工图设计阶段,编制施工图预算时采用的是( )。
   A. 预算定额　　B. 概算定额　　C. 概算指标　　D. 企业定额

8. 在各种建设工程定额中,属于基础性定额的式( ),它也是编制基础定额的基础。
   A. 造价定额　　B. 施工定额　　C. 预算定额　　D. 估算定额

9. 工程量清单主要用于编制招标工程的标底价格和供投标人进行投标报价由( )提供。
   A. 招标人　　B. 国家统一发放
   C. 监理机构　　D. 特定的咨询单位

10. 不列入工程量清单项目表编制程序的是( )。
    A. 工程量的计算　　B. 计量单位的选定
    C. 编号及项目名称的确定　　D. 制定工程量计算规则

11. 某公司开发一项投资 100 万元,资金时间价值率(相当于年利息率)为 20%。计划

5年内等额回收，则每年应回收资额为（　　）万元。

　　A. 33.438　　　　B. 24.438　　　　C. 35.438　　　　D. 36.438

12. 项目的（　　）计算结果越大，表明其盈利能力越强。

　　A. 财务净现值　　B. 投资回收期　　C. 盈亏平衡点　　D. 借款偿还期

13. 反映项目清偿能力的主要评价指标是（　　）。

　　A. 静态投资回收期　　　　　　　　B. 动态投资回收期

　　C. 投资借款偿还期　　　　　　　　D. 投资利润率

14. 财务内部收益率是指项目对初始投资的偿还能力或项目对贷款利率的（　　）承受能力。

　　A. 最小　　　　　B. 最大　　　　　C. 全部　　　　　D. 部分

15. 某建设工程固定资产投资为3176.39万元，流动资金为436.55万元，项目投产期年利润总额为845.84万元，达到设计能力的正常年份（生产期）的年利润总额为1171.89万元，则该项目的投资利润率为（　　）。

　　A. 26.63%　　　　B. 32.44%　　　　C. 31.68%　　　　D. 36.89%

16. 某建设工程计算期为5年，各年净现金流量如下表表示，该项目的行业基准收益率为 $i_C=10\%$，该项目财务净现值（FNPV）为（　　）万元。

年　　份	1	2	3	4	5
净现金流量	-200	50	100	100	100

　　A. 150　　　　　B. 65.02　　　　C. 71.52　　　　D. 281.06

17. 在限额设计的横向控制中，经济责任制的核心是正确处理（　　）三者之间的关系。

　　A. 工、料、机　　　　　　　　　　B. 量、价、费

　　C. 责、权、利　　　　　　　　　　D. 国家、集体、个人

18. 当初步设计深度不够，不能准确地计算工程量，但工程采用的技术比较成熟而又有类似指标可以利用时，可采用（　　）编制设计概算。

　　A. 概算定额法　　　　　　　　　　B. 概算指标法

　　C. 类似工程预算法　　　　　　　　D. 生产能力指数法

19. 用实物法编制施工图预算，有关人工、材料和施工机械台班的单价，采用的是（　　）。

　　A. 预算定额手册中的价格　　　　　B. 当时当地的实际市场价格

　　C. 调价文件公布的价格　　　　　　D. 国家计划价格

20. 采用单价法和实物法编制施工图预算的主要区别是（　　）。

　　A. 计算工程量的方法不同　　　　　B. 计算直接工程费的方法不同

　　C. 计算利税的方法不同　　　　　　D. 计算措施费、间接费的方法不同

21. 采用可调值总价合同，发包方承担（　　）的风险。

　　A. 工程量因素　　B. 工期因素　　　C. 通货膨胀因素　D. 成本因素

22. 按照编制标底的原则，工程总承包的标底价格（　　）。

　　A. 应控制在国家批准的投资估算限额以内

B. 应控制在国家(或投资单位)建议的总投资限额以内
C. 应控制在国家(或投资单位、或业主)批准的投资限额(建设工程总概算)以内
D. 应控制在业主建议的总投资限额以内

23. 如果把进度偏差与投资偏差联系起来,则进度偏差可表示为( )与已完工程计划投资的差异。
    A. 拟完工程计划投资   B. 已完工程实际投资
    C. 未完工程计划投资   D. 已完工程计划投资

24. 为监理工程师提供食宿,一般采用( )进行计量。
    A. 凭据法   B. 分解计量法   C. 均摊法   D. 估价法

25. 在FIDIC合同条件下,承包商应提交( ),说明:(1)根据合同应完成的所有工作的价值;(2)承包商认为根据合同或其他规定应支付给他的任何其他款额。
    A. 竣工报表   B. 最终报表和结清单
    C. 最终付款证书   D. 履约证书

26. 工程项目竣工决算应包括( )全过程的全部实际支出费用。
    A. 从开工到竣工   B. 从破主动工到竣工
    C. 从筹建到竣工投产   D. 从开工到投产

27. 某银行年贷款利率为r,一年计算利息m次,如果折算为一年计算一次,则对应的年计息率i为( )。
    A. mr B. r^m C. $(1+mr)m-1$ D. $(1+r/m)^m-1$

28. 某建设项目建设期为3年,在建设期第一年贷款100万元,第二年贷款200万元,第三年贷款100万元,贷款利率为10%,则用复利法计息时建设期第二年的贷款利息应为( )。
    A. 50万元   B. 20.5万元   C. 25.5万元   D. 11万元

29. 我国进口设备采用最多的一种货价是( )。
    A. FOS   B. FOB   C. CIF   D. CSLF

30. 财务评价与国民经济评价的区别主要表现在( )。
    A. 两者价格依据不同,前者是采用影子价格,后者是采用现行价格
    B. 两者采用的主要参数不同,前者是采用影子汇率,统一社会折现率,后者采用官方汇率,各行业基准收益率
    C. 两者计算期不同,前者重点在生产期,后者是在全寿命期
    D. 两者费用、收益范围划分不同,前者是采用直接费用收益,后者是采用直接的和间接的费用、收益

31. 项目在计算期内净现值为零时的折现率为( )。
    A. 静态收益率   B. 动态收益率   C. 内部收益率   D. 基准折现率

32. 用财务内部收益率判定项目是否可行的标准是当财务内部收益率( ),项目经济上可行、合理。
    A. 大于0   B. 小于基准收益率
    C. 大于或等于基准收益率   D. 大于或等于行业投资利润率

33. 价值工程的核心是( )。

A. 价值分析　　　B. 功能分析　　　C. 成本分析　　　D. 寿命周期费用

34. 价值工程定义中的成本是指（　　）。

A. 一次性投资费用

B. 使用过程中的运营费用

C. 使用过程中的维修费用

D. 一次性投资费用与使用过程中运营费用

35. 某项目提出了4个设计方案，成本和功能评价系数如下表所示，根据价值工程原理，最优方案为（　　）方案。

方案名称	甲	乙	丙	丁
成本系数	1.07	0.91	1.12	1.31
功能系数	2.12	2.10	1.90	2.50

A. 甲　　　B. 乙　　　C. 丙　　　D. 丁

36. 某工程由于工期紧迫，必须发包，而工程内容和技术经济指标的不确定性又很大，合同形式宜采用（　　）。

A. 成本加酬金合同　　　　　　　B. 纯单价合同

C. 可调值不变总价合同　　　　　D. 不可调值不变总价合同

37. 用单价法编制施工图预算的主要工作有：A 套用预算定额单价；B 计算工程量；C 作工料分析；D 列出分部分项工程；E 计算各项费用汇总造价；F 准备工作；G 复核整理。其编制步骤应为（　　）。

A. F—B—A—D—C—E—G　　　　B. F—A—B—D—C—E—G

C. F—D—B—A—C—E—G　　　　D. F—D—C—B—A—E—G

38. 监理工程师在项目招投标阶段进行投资控制的主要工作如下：①审查投标单位标书；②编制标底；③通过评标提出决标意见，推荐承包商；④编制与发送招标文件；⑤协助业主与承包商签订工程承包合同；其合理的工作程序是（　　）。

A. ④→②→③→①→⑤　　　　B. ④→①→②→③→⑤

C. ④→②→①→③→⑤　　　　D. ④→③→②→①→⑤

39. 无论工期长短，投资多少，其最终结算款一般不应超过承包工程价值的（　　）。

A. 95%　　　B. 90%　　　C. 92%　　　D. 98%

40. 某工程承包合同金额为3000万元，则该工程一般情况下应预留（　　）万元作为保留金。

A. 60　　　B. 90　　　C. 120　　　D. 150

二、**多项选择题**（共20题，每题2分。每题的备选项中，有2个或2个以上符合题意，至少有1个错项。错选，本题不得分；少选，所选的每个选项得0.5分）

1. 属于设备工器具购置费的有（　　）。

A. 设备从交货地点至工地的运费　　　B. 新建项目首批生产家具购置费

C. 新建项目首批生活家具购置费　　　D. 进口设备商检费

E. 进口设备银行手续费

2. 项目资本金的来源主要是（　　）。
   A. 吸收国外资本直接投资　　　　　B. 自筹投资
   C. 银行贷款　　　　　　　　　　　D. 发行股票
   E. 发行债券

3. 下列费用项目中应列入设备工器具费用的是（　　）。
   A. 设备原价　　　　　　　　　　　B. 设备从出厂地至工地仓库的运费
   C. 设备的安装工程费　　　　　　　D. 需安装设备的联合试运转费
   E. 设备的单机试运转费

4. 企业发行股票筹集资金的特点有（　　）。
   A. 增发股票，降低原有股东控制权
   B. 发行公司少缴所得税
   C. 降低了公司的负债比率
   D. 普通股股东有权参与公司的剩余利润分配
   E. 需要还本付息

5. 静态投资回收期可以从（　　）起算。
   A. 项目开始产生净收益的年份　　　B. 项目投入建设年份
   C. 项目试生产年份　　　　　　　　D. 项目投产年份
   E. 项目计划年份

6. 财务评价的动态指标有（　　）等。
   A. 投资利润率　　　　　　　　　　B. 借款偿还期
   C. 财务净现值　　　　　　　　　　D. 财务内部收益率
   E. 财务换汇成本

7. 基准收益率的确定考虑的因素有（　　）。
   A. 投资风险　　B. 社会折现率　　C. 资金成本　　D. 资金限制
   E. 资产负债率

8. 在价值工程活动过程中，分析出 $V>1$，则表明（　　）。
   A. 实际成本偏低　　　　　　　　　B. 功能可能过剩
   C. 实际成本偏高　　　　　　　　　D. 功能可能不足
   E. 不能确定

9. 运用价值工程原理，通过（　　）等基本途径可以提高价值，进行优化设计。
   A. 保证工程功能不变，降低项目投资
   B. 略降低项目投资，使工程功能大幅度下降
   C. 在项目投资不变的情况下，提高工程功能
   D. 在项目投资不变的情况下，降低工程功能
   E. 略提高工程功能，使项目投资大幅度上升

10. 价值工程的主要特征表现为（　　）。
    A. 管理上的特征　　　　　　　　　B. 活动领域上的特征性
    C. 组织上的特征　　　　　　　　　D. 经济上的特征
    E. 方法上的特征

11. 下列哪些时间应计入人工预算定额量之中（　　）。
    A. 准备与结束工作时间　　　　　B. 不可避免中断时间
    C. 施工本身造成的停工时间　　　D. 违反劳动纪律损失时间
    E. 基本工作时间

12. 在FIDIC合同条件下，材料设备预付款的支付条件为（　　）。
    A. 材料、设备已运至工地
    B. 材料、设备的质量和储存方式得到监理工程师认可
    C. 承包商提交材料、设备供应合同或订货合同的影印件
    D. 材料、设备已部分用于工程
    E. 甲供材料、设备

13. 成本加奖罚合同的优点在于可以（　　）。
    A. 降低成本　　B. 缩短工期　　C. 业主风险小　　D. 承包商风险小
    E. 提高工程质量

14. 编制标底价格应遵循（　　）原则。
    A. 一个工程只能编制一个标底价格书
    B. 按企业级别取费
    C. 工程量清单的配价上可采用两种方法：工料单价和综合单价
    D. 标底价格应由成本和利润组成，不包括税金
    E. 标底价格由监理工程师编制

15. 常用的动态结算方法有（　　）。
    A. 实际价格结算法　　　　　　B. 调价文件结算法
    C. 调值公式法　　　　　　　　D. 价格指数法
    E. 比率调整法

16. 在FIDIC合同条件下，工程支付的条件除工程质量合格外，还有（　　）。
    A. 支付符合合同条件
    B. 变更项目必须有监理工程师的变更通知
    C. 支付金额必须大于临时支付证书规定的最小金额
    D. 已扣完工程保留金
    E. 承包商的工作使监理工程师满意

17. FIDIC合同条件下工程费用的支付中，工程量清单项目包括（　　）。
    A. 暂定金额　　　　　　　　　B. 计日工
    C. 工程变更的费用　　　　　　D. 材料设备预付款
    E. 保留金

18. 建设项目竣工决算中，计入新增固定资产价值的有（　　）。
    A. 已经投入生产或交付使用的建筑安装工程造价
    B. 达到固定资产标准的设备工器具的购置费用
    C. 可行性研究费
    D. 其他相关建筑安装工程造价
    E. 预备费

19. 大中型建设项目的竣工决算报表由下列( )部分组成。
   A. 建设成本和投资效果的分析　　B. 竣工工程概况表
   C. 竣工财务决算表　　　　　　　D. 交付使用财产明细表
   E. 建设项目建成交付使用后投资效益表
20. 建设项目的竣工决算报表主要有( )。
   A. 资产负债表　　　　　　　　　B. 交付使用财产明细表
   C. 竣工财务决算表　　　　　　　D. 工程造价执行情况分析表
   E. 工程概况表

参考答案

一、单项选择题

1. A； 2. D； 3. C； 4. A； 5. D； 6. C； 7. A； 8. B； 9. A； 10. D；
11. A； 12. A； 13. C； 14. B； 15. B； 16. B； 17. C； 18. B； 19. B； 20. B；
21. C； 22. C； 23. A； 24. C； 25. B； 26. C； 27. D； 28. B； 29. B； 30. D；
31. C； 32. C； 33. B； 34. D； 35. B； 36. A； 37. C； 38. C； 39. A； 40. D

二、多项选择题

1. A、B、E；   2. A、B、D；   3. A、B；   4. A、C、D；
5. B、D；   6. C、D、E；   7. A、C、D；   8. A、B；
9. A、C；   10. B、C、E；   11. A、B、E；   12. A、B、C；
13. A、B、C、D；   14. A、C；   15. A、B、C；   16. A、B、C、E；
17. A、B；   18. A、B、C、E；   19. B、C、D、E；   20. B、C、D、E

模拟试题(三)

一、单项选择题(共40题,每题1分。每题的备选项中,只有一个最符合题意)

1. 建设工程投资控制的原理是( )。
   A. 静态控制 B. 动态控制 C. 分析控制 D. 比较控制
2. 建设工程设计方案选择和初步设计的投资控制目标是( )。
   A. 设计概算   B. 施工图预算
   C. 建安工程承包合同价 D. 投资估算
3. 根据设计要求,在施工过程中需对某新型钢筋混凝土屋架进行一次破坏性试验,以验证设计的正确性,此项试验费应由( )支付。
   A. 设计单位   B. 建设单位的研究试验费
   C. 施工单位的其他直接费 D. 施工单位的间接费
4. 施工阶段控制建安工程投资的目标是( )。
   A. 投资估算 B. 设计概算
   C. 修正概算 D. 施工图预算
5. 根据我国税法规定,从国外进口的设备,其增值税按照( )计算其应纳税额。
   A. 离岸价格   B. 到岸价格
   C. 组成计税价格 D. 交货价
6. 土地使用权出让金是指建设工程通过( )土地使用权时按规定支付的金额。
   A. 划拨方式取得有限期的   B. 土地使用权出让方式取得有限期的
   C. 土地使用权出让方式取得无限期的 D. 划拨方式取得无限期的
7. 下列哪项不属于静态投资( )。
   A. 建筑工程费用 B. 工程建设其他费用
   C. 流动资金   D. 基本预备费
8. 某工业建设项目,需进口一批生产设备,CIF价为200万美元,银行财务费费率为5‰,外贸手续费费率为1.5%,关税税率为22%,增值税税率为17%,美元对人民币汇率为1:8.3,则这批设备应缴纳的增值税为( )万元人民币。
   A. 282.20 B. 344.28 C. 349.93 D. 41.48
9. 材料消耗定额是指完成一定( )所消耗的材料的数量标准。
   A. 合格产品 B. 产品数量 C. 投资数额 D. 单位
10. 工程结算时的工程量应以招标人或由其授权委托的监理工程师核准的( )为依据。
    A. 清单中的工程量 B. 预算工程量
    C. 实际完成量   D. 计划完成量
11. 设名义利率为r,在一年中计算利息m次,则当m大于1时,实际利率i将( )

名义利率 r。

  A. 不确定   B. 小于   C. 等于   D. 大于

12. 某建设单位拟向银行贷款订购设备，有两家银行可供选择，甲银行年利率为12%，计息期一年，乙银行年利率12%，计息期半年，按复利计算，因此，建设单位的结论是( )。

  A. 甲银行年实际利率高于乙银行年实际利率

  B. 乙银行年实际利率高于甲银行年实际利率

  C. 两家银行的年实际利率完全相同

  D. 两家银行的年实际利率相同但偿还利息次数不同

13. 如果以年利率10%投资某项目100万元，拟在今后5年中把本利和在每年年末按相等的数额提取，每年可回收的资金为( )。

  A. 33.37   B. 25.38   C. 20.15   D. 26.38

14. 国民经济评价中采用( )。

  A. 市场价格 B. 影子价格 C. 不变价格 D. 可变价格

15. 根据某建设工程的有关数据(见下表)，可知该项目的静态投资回收期为( )年。

年 份	1	2	3	4	5	6
净现金流量	-100	-200	100	250	200	200

  A. 3.4   B. 4.8   C. 3.8   D. 3.2

16. 某项目现金流量如表所示，基准收益率为12%，该项目财务净现值为( )万元。

年末 项目	0	1	2	3	4
现金流入	0	50	50	50	60
现金流出	100	10	10	10	10

  A. 27.85   B. 70   C. 43.20   D. 35.53

17. 某投资项目建设期为3年，在建设期第一年贷款100万元，第二年贷款200万元，第三年贷款100万元，贷款利率为10%，用复利法计息建设期第二年的贷款利息应为( )万元。

  A. 50   B. 20.5   C. 25.5   D. 11

18. 在项目财务评价中，当财务净现值( )时，项目方案可行。

  A. $FNPV \leq 0$ B. $FNPV < 0$ C. $FNPV \geq 0$ D. $FNPV = 0$

19. 如果一个工业项目的盈亏平衡产量(或生产负荷率)低，则该项目承受风险的能力就( )。

  A. 小   B. 大   C. 低   D. 等于零

20. 某监理公司计划第5年末购置一套20万元的检测设备，拟在这5年内每年末等额存入一笔资金到银行作为专用基金，银行存款年利率为10%，按复利计算，则每年等额存入的资金额应不少于( )万元。

  A. 2.876   B. 2.976   C. 3.176   D. 3.276

21. 某建设工程固定资产投资3176.39万元，流动资金436.56万元，项目投产期年利润总额845.84万元，达到设计生产能力的正常年份（生产期）的年利润总额1171.89万元，则该项目的投资利润率为( )。

  A. 26.63%   B. 31.68%   C. 32.44%   D. 36.89%

22. 某项目有4个方案，甲方案财务净现值 $FNPV=200$ 万元，投资现值 $I_p=3000$ 万元，乙方案 $FNPV=180$ 万元，$I_p=2000$ 万元，丙方案 $FNPV=150$ 万元，$I_p=3000$ 万元，丁方案 $FNPV=200$ 万元，$I_p=2000$ 万元，据此条件，项目的最好方案是( )。

  A. 甲方案   B. 乙方案   C. 丙方案   D. 丁方案

23. 某建设工程，当折现率=10%时，财务净现值 $FNPV=200$ 万元；当折现率=13%时，$FNPV=-100$ 万元，用内插公式法可得其财务内部收益率大约为( )。

  A. 11%   B. 12%   C. 13%   D. 14%

24. 在设计阶段进行限额设计的最高限额是( )。

  A. 经批准的投资估算   B. 设计概算
  C. 施工图预算   D. 规划阶段的投资估算

25. 某工程设计有两个方案，甲方案功能评价系数0.85，成本系数0.92，乙方案功能评价系数0.6，成本系数0.7，则最优方案的价值系数为( )。

  A. 0.857   B. 0.911   C. 0.924   D. 0.950

26. 扩大单价法编制单位工程概算以( )为依据。

  A. 概算指标   B. 预算定额差价
  C. 预算定额   D. 概算定额基价

27. 当初步设计有详细设备清单时，可按( )编制设备安装单位工程概算。

  A. 概算指标法   B. 扩大单价法
  C. 预算单价法   D. 设备费百分比法

28. 对两个条件基本相同的施工图预算进行审查，宜采用的审查方法是( )。

  A. 对比审查法   B. 分组计算审查法
  C. 标准预算审查法   D. 重点审查法

29. 作为施工单位，采用( )合同形式，风险最小。

  A. 固定总价 B. 可调值总价 C. 单价 D. 成本加酬金

30. 针对一个没有先例的新工程或工程内容及其技术经济指标尚未全面确定的新项目，一般采用( )合同。

  A. 固定总价 B. 单价 C. 可调值总价 D. 成本加酬金

31. 没有施工图，工程量不明，却急需开工的工程应采用( )合同。

  A. 估算工程量单价   B. 纯单价
  C. 不可调值总价   D. 可调值总价

32. 在编制招标工程标底时，一般不考虑的因素是( )。

  A. 工期   B. 质量标准
  C. 投标企业的资质   D. 自然地理条件

33. 在确定由成本、利润、税金等组成的（　　）时,应控制在批准的投资限额(建设工程总概算)以内。

　　A. 工程总费用　　B. 投标价格　　C. 标底　　D. 合同价格

34. 下列成本加酬金合同形式中,最难以控制成本的是(　　)。

　　A. 成本加固定百分比酬金合同　　B. 成本加固定酬金合同
　　C. 成本加奖罚合同　　D. 最高限额成本加固定最大酬金合同

35. 某埋管沟槽开挖分项工程,采用单价合同承包,价格为 18000 元/km,计日工每工日工资标准 30 元,管沟长 10km。在开挖过程中,由于建设方原因,造成施工方 8 人窝工 5 天,施工方原因造成 5 人窝工 10 天,由此施工方提出的人工费索赔应是(　　)元。

　　A. 1200.0　　B. 1500.0　　C. 1950.0　　D. 2700.0

36. 根据 FIDIC 合同条件,如果在(　　)以后,由于国家或地方的任何法规、法令、政令等发生变更,导致承包商成本上升。承包商由此增加的开支,业主应予补偿。

　　A. 投标截止日期前的 28 天　　B. 投标截止日期前 30 天
　　C. 授标　　D. 投标

37. 某土方工程发包方提出的估计工程量为 1500m³,合同中规定土方工程单价为 16 元/m³,实际工程量超过估计工程量 10% 时,调整单价,单价调为 15 元/m³。结束时实际完成土方工程量为 1800m³,则土方工程款为(　　)元。

　　A. 28650　　B. 27000　　C. 28800　　D. 28500

38. 工程索赔计算时最常用的一种方法是(　　)。

　　A. 总费用法　　B. 修正的总费用法
　　C. 实际费用法　　D. 协商法

39. 在建设工程竣工决算中,不计入新增固定资产价值的有(　　)。

　　A. 已经投入生产或交付使用的建筑安装工程造价
　　B. 勘察设计费
　　C. 施工机构迁移费
　　D. 其他在建的建筑安装工程造价

40. 工程项目竣工财务决算报表中,可分为大中型和小型工程项目竣工财务决算报表。小型工程项目竣工决算财务报表比大中型项目缺少(　　)。

　　A. 工程项目概况表　　B. 财务决算审批表
　　C. 交付使用资产明细表　　D. 交付使用资产总表

二、多项选择题(共 20 题,每题 2 分。每题的备选项中,有 2 个或 2 个以上符合题意,至少有 1 个错项。错选,本题不得分;少选,所选的每个选项得 0.5 分)

1. 下列费用中哪些不属于项目静态投资?(　　)。

　　A. 办公和生活家具购置费　　B. 固定资产投资方向调节税
　　C. 建设期贷款利息　　D. 利率、汇率调整预备费
　　E. 竣工验收时为鉴定工程质量对隐蔽工程进行必要的挖掘和修复费用

2. 监理工程师在控制建设工程投资方面的主要业务内容包括(　　)。

　　A. 审核承包商的工程核算成本
　　B. 审查结算

C. 用技术经济方法组织评选设计方案
D. 调解建设单位和承建单位之间的经济纠纷
E. 编制施工组织设计

3. 世行建设工程投资构成中，预备费包括（　　）。
   A. 未明确项目准备金 B. 建设成本上升费
   C. 不可预见准备金 D. 运费和保险费
   E. 各种酬金

4. 以下哪些费用应计入设备安装工程费（　　）。
   A. 整个车间的负荷联合试运转费
   B. 为测定安装工程质量进行的单机试车费用
   C. 为测定安装工程质量对系统设备进行系统联动无负荷试运转工作的调试费
   D. 单台设备调试费用

5. 下列费用属于土地征用及迁移补偿费的有（　　）。
   A. 征地动迁费 B. 土地使用权出让金
   C. 安置补助费 D. 土地清理费
   E. 青苗补偿费

6. 下列关于工程量清单的作用说法正确的有（　　）。
   A. 提供公开的竞争环境 B. 为办理工程结算提供了依据
   C. 编制估算指标的基础 D. 询标评标的基础
   E. 为施工过程中支付工程进度款提供依据

7. 项目经济评价常用的风险分析方法有（　　）。
   A. 投资回收期分析 B. 盈亏平衡分析
   C. 敏感性分析 D. 概率分析
   E. 借款偿还期分析

8. 保证项目可行的条件有（　　）。
   A. 净现值≥0 B. 净现值≤0
   C. 内部收益率≥基准贴现率 D. 内部收益率≤基准贴现率
   E. 投资回收期≤基准投资回收期

9. 社会评价的主要内容包括（　　）。
   A. 财务评价 B. 社会影响分析
   C. 社会风险分析 D. 互适性分析
   E. 市场分析

10. 建筑工程概算审查的内容包括（　　）。
    A. 工程量 B. 采用的定额或指标
    C. 材料价格 D. 各项费用
    E. 工程变更

11. 施工图预算审查的主要内容有（　　）。
    A. 审查工程量 B. 审查其他有关费用
    C. 审查预算单价的套用 D. 审查有无设计漏项

E. 审查材料代用是否合理

12. 建筑工程概算审查的内容包括(　　)。
    A. 工程量　　　　　　　　　　B. 采用的定额或指标
    C. 材料价格　　　　　　　　　D. 各项取费
    E. 设计规范

13. 标底是(　　)。
    A. 招标人控制建设工程投资、确定工程合同价格的参考依据
    B. 招标工程的预期价格
    C. 判断投标价格是否合理的依据
    D. 由上级主管部门编制并审定的
    E. 是评标的依据之一

14. 固定总价合同一般适用于(　　)的工程。
    A. 设计图纸完整齐备　　　　　B. 工程规模小
    C. 工期较短　　　　　　　　　D. 技术复杂
    E. 工程量大

15. FIDIC合同条件下工程结算的条件是(　　)。
    A. 质量合格
    B. 符合合同条件
    C. 变更项目必须有造价工程师的变更通知
    D. 支付金额必须大于期中支付证书规定的最小限额
    E. 承包商的工作使监理工程师满意

16. 在FIDIC合同条件下,材料设备预付款的支付条件为(　　)。
    A. 材料、设备已运至工地
    B. 材料、设备已部分用于工程
    C. 承包商提交材料、设备供应合同或订货合同的影印件
    D. 材料、设备的质量和储存方式得到监理工程师认可
    E. 材料、设备已完成订货尚未运至工地

17. FIDIC合同条件下工程费用的支付范围中属于工程量清单以外项目的是(　　)。
    A. 计日工作　　B. 迟付款利息　　C. 暂列金额　　D. 业主索赔
    E. 保留金

18. 进行投资偏差分析的方法有(　　)。
    A. 网络图法　　B. 横道图法　　C. 曲线法　　　D. 直方图法
    E. 表格法

19. 无形资产包括(　　)。
    A. 专利权　　　B. 专有技术　　C. 土地使用权　D. 可行性研究费
    E. 商标权

20. 下列说法正确的是(　　)。
    A. 竣工决算是承包商与业主办理工程款最终结算的依据
    B. 竣工决算是竣工验收报告的重要组成部分

C. 竣工结算是业主办理交付、验收、动用新增各类资产的依据
D. 竣工结算是承包商与业主办理工程价款最终结算的依据
E. 竣工结算是业主编制竣工决算的主要资料

参考答案

一、单项选择题

1. B； 2. D； 3. B； 4. D； 5. C； 6. B； 7. C； 8. B； 9. A； 10. C；
11. D； 12. B； 13. D； 14. B； 15. C； 16. A； 17. B； 18. C； 19. B； 20. D；
21. C； 22. D； 23. B； 24. A； 25. C； 26. D； 27. C； 28. A； 29. D； 30. D；
31. B； 32. C； 33. C； 34. A； 35. A； 36. A； 37. A； 38. C； 39. D； 40. D

二、多项选择题

1. B、C、D； 2. B、C、D； 3. A、B、C； 4. B、C、D；
5. A、C、E； 6. A、B、D、E； 7. B、C、D； 8. A、C、E；
9. B、C、D； 10. A、B、C、D； 11. A、B、C； 12. A、B、C、D；
13. A、B、C、E； 14. A、B、C； 15. A、B、D、E； 16. A、C、D；
17. B、D、E； 18. B、C、E； 19. A、B、C、E； 20. B、D、E

尊敬的读者：

感谢您选购我社图书！建工版图书按图书销售分类在卖场上架，共设22个一级分类及43个二级分类，根据图书销售分类选购建筑类图书会节省您的大量时间。现将建工版图书销售分类及与我社联系方式介绍给您，欢迎随时与我们联系。

★ 建工版图书销售分类表（见下表）。

★ 欢迎登陆中国建筑工业出版社网站www.cabp.com.cn，本网站为您提供建工版图书信息查询、网上留言、购书服务，并邀请您加入网上读者俱乐部。

★ 中国建筑工业出版社总编室　　电　话：010—58934845　　传　真：010—68321361

★ 中国建筑工业出版社发行部　　电　话：010—58933865　　传　真：010—68325420
　　　　　　　　　　　　　　　　E-mail：hbw@cabp.com.cn

建工版图书销售分类表

一级分类名称（代码）	二级分类名称（代码）	一级分类名称（代码）	二级分类名称（代码）
建筑学（A）	建筑历史与理论（A10）	园林景观（G）	园林史与园林景观理论（G10）
	建筑设计（A20）		园林景观规划与设计（G20）
	建筑技术（A30）		环境艺术设计（G30）
	建筑表现·建筑制图（A40）		园林景观施工（G40）
	建筑艺术（A50）		园林植物与应用（G50）
建筑设备·建筑材料（F）	暖通空调（F10）	城乡建设·市政工程·环境工程（B）	城镇与乡（村）建设（B10）
	建筑给水排水（F20）		道路桥梁工程（B20）
	建筑电气与建筑智能化技术（F30）		市政给水排水工程（B30）
	建筑节能·建筑防火（F40）		市政供热、供燃气工程（B40）
	建筑材料（F50）		环境工程（B50）
城市规划·城市设计（P）	城市史与城市规划理论（P10）	建筑结构与岩土工程（S）	建筑结构（S10）
	城市规划与城市设计（P20）		岩土工程（S20）
室内设计·装饰装修（D）	室内设计与表现（D10）	建筑施工·设备安装技术（C）	施工技术（C10）
	家具与装饰（D20）		设备安装技术（C20）
	装修材料与施工（D30）		工程质量与安全（C30）
建筑工程经济与管理（M）	施工管理（M10）	房地产开发管理（E）	房地产开发与经营（E10）
	工程管理（M20）		物业管理（E20）
	工程监理（M30）	辞典·连续出版物（Z）	辞典（Z10）
	工程经济与造价（M40）		连续出版物（Z20）
艺术·设计（K）	艺术（K10）	旅游·其他（Q）	旅游（Q10）
	工业设计（K20）		其他（Q20）
	平面设计（K30）	土木建筑计算机应用系列（J）	
执业资格考试用书（R）		法律法规与标准规范单行本（T）	
高校教材（V）		法律法规与标准规范汇编/大全（U）	
高职高专教材（X）		培训教材（Y）	
中职中专教材（W）		电子出版物（H）	

注：建工版图书销售分类已标注于图书封底。